Ziele und Lenkungsmöglichkeiten des Bauherrn

Markus Egloff
Dr. sc. techn., dipl. Bau-Ing. ETH

Institut für Bauplanung und Baubetrieb ETH Zürich

v/d|f Hochschulverlag AG an der ETH Zürich

Diss. ETH Nr. 11'116

ISBN 3 7281 2364 1

Der Verlag dankt dem Schweizerischen Bankverein
für die Unterstützung zur Verwirklichung seiner Verlagsziele

VORWORT

Die vorliegende Arbeit ist in den Jahren 1992-1995 am Institut für Bauplanung und Baubetrieb der ETH Zürich (IBB) entstanden. Die Grundlage dazu bildete das Forschungsprojekt **Optimierung von Bau und Betrieb bei Investitionsprojekten**, das gemeinsam mit der Genossenschaft Migros Zürich (GMZ) und der finanziellen Unterstützung der Kommission zur Förderung der wissenschaftlichen Forschung (KWF) realisiert wurde. Mein Dank gilt der GMZ mit allen beteiligten Mitarbeitern, die durch ihre Zusammenarbeit wichtige Impulse beisteuerten und der KWF für das Interesse, welches die Forschungsarbeit überhaupt ermöglichte.

Die Forschungsarbeit stand unter der Leitung von Herrn Prof. Dr. H.R. Schalcher. Er hat die Arbeit massgeblich begleitet und gefördert. Für das mir entgegengebrachte Vertrauen und die Freiheit, die er mir gewährt hat, danke ich ihm herzlich.

Mein aufrichtiger Dank gilt auch Herrn Prof. Dr. C.J. Diederichs von der Bergischen Universität - GH Wuppertal für die Übernahme des Korreferats.

Zürich, im Juli 1996

Markus Egloff

INHALTSÜBERSICHT

FIGURENVERZEICHNIS

TABELLENVERZEICHNIS

Zusammenfassung

Planen und Bauen wird immer anspruchsvoller, kostspieliger und zeitraubender. Die wachsenden Ansprüche der Benutzer und der Gesellschaft an Bauwerke sowie die rasch ändernden wirtschaftlichen und gesetzlichen Rahmenbedingungen erschweren zusehends die Entscheidungsfindung und erhöhen die Risiken von Investoren und Bauträgern. In diesem Umfeld kommen der Zielformulierung in der Anfangsphase des Projektablaufs sowie der zielgerichteten Lenkung des gesamten Bauprojekts vermehrte Bedeutung zu. Der Bauherr als Baufachorgan eines Bestellers von Bauleistungen sieht sich dabei schon früh im Projektablauf mit einer Vielzahl von Fragestellungen konfrontiert, deren Tragweite er oft zu diesem frühen Zeitpunkt noch nicht abzuschätzen vermag.

Das ganzheitliche Denken und Handeln unterstützt den Bauherrn bei der Lösung seiner vielfältigen Aufgaben innerhalb eines Bauprojekts. Mit Hilfe dieses Ansatzes wird es möglich, die vielfältigen Parameter in Form von Umweltfaktoren, Zielen und Lenkungsfaktoren in einen Systemansatz zu integrieren. Die Ziele einer Unternehmung sowie die Ziele des einzelnen Bauprojekts können unter Berücksichtigung ihrer gegenseitigen Abhängigkeiten erfasst und dargestellt werden. Der Bauherr erhält damit die Grundlagen, um die wichtigsten Einflussgrössen auf die gesteckten Ziele und die zu ihrer Erreichung notwendigen Handlungsmöglichkeiten zu erkennen.

In dieser Arbeit wird ein mögliches Vorgehen zur Modellierung von Bauprojekten hinsichtlich der Ziele und Lenkungsmöglichkeiten aus der Sicht des Bauherrn vorgestellt. Dieses Vorgehen wird schrittweise erläutert und anhand von Beispielen erklärt. Das Modell geht von einer zweistufigen Betrachtungsweise einerseits auf der Ebene der Unternehmungsziele und anderseits auf der Ebene der Bauprojektziele aus, die in eine Systemumgebung mit Umweltfaktoren eingebettet ist. Dabei werden Beispiele für mögliche Systeme von Unternehmungs- und Bauprojektzielen vorgestellt sowie Umweltfaktoren aus der Systemumgebung beschrieben. Daneben wird auf die Möglichkeiten und Methoden bei der Zielgewichtung eingegangen.

In einem weiteren Schritt werden die Möglichkeiten zur Erfassung von Zusammenhängen zwischen den einzelnen Zielen und den Umweltfaktoren vorgestellt. Darauf aufbauend kann das Netzwerk des betrachteten Bauprojekts modelliert werden, anhand dessen sich die Einflussverhältnisse zwischen den Unternehmungs-, den Bauprojektzielen und den Umweltfaktoren für den betrachteten Fall aufzeigen lassen.

Aufgrund einer Analyse des so aufgebauten Netzwerks wird es möglich, einerseits die Stabilität der darin vorkommenden Einflussverhältnisse hinsichtlich veränderter Zielgewichtungen zu ermitteln und anderseits einflussreiche Elemente im Netzwerk zu definieren, welche als Ansatzpunkte für Lenkungsmöglichkeiten dienen können. Anhand dieser Grundlagen ist der Bauherr in der Lage, aus seiner Sicht verschiedene Handlungsstrategien zu erarbeiten, welche es ihm ermöglichen sollen, die gesteckten Bauprojektziele zu erfüllen.

In einem nächsten Schritt geht es darum, die verschiedenen Handlungsstrategien mit Bezug auf ihren Zielerfüllungsgrad und ihr Risiko zu vergleichen. Dazu wird eine Möglichkeit aufgezeigt, wie das zuvor erstellte Netzwerk für jede der zu untersuchenden Handlungsstrategien mit den darin aus der Sicht des Bauherrn zur Verfügung stehenden Handlungsfaktoren erweitert werden kann. Eine erneute Analyse des nun für jede der betrachteten Handlungsstrategien erweiterten Netzwerks gibt Aufschluss über die darin zur Verfügung stehenden Lenkungsmöglichkeiten und die Stabilität der Einflussverhältnisse im Hinblick auf Auswirkungen geänderter Gewichtungen der Unternehmungsziele.

Der hier vorgestellte Systemansatz wurde an zwei Fallbeispielen angewendet. Diese dienen einerseits zur Verdeutlichung des vorgeschlagenen Vorgehens bei der Modellierung von Bauprojekten und anderseits als Grundlage für eine Diskussion des gewählten Ansatzes hinsichtlich der vorgefundenen Grenzen aber auch der zu erwartenden Chancen und Möglichkeiten für die Zukunft.

Die Umsetzung der gewonnenen Erkenntnisse beruht dabei auf einer aus der Sicht des Bauherrn sinnvollen Abfolge von Entscheidungen im Projektablauf die es ihm ermöglichen, wirksame Lenkungsmöglichkeiten im Bauprojekt zu nutzen sowie die sich oft rasch verändernden Rahmenbedingungen des Bauprojekts zu erfassen und seine Handlungen zielgerichtet anzupassen.

Abstract

Planning and building is becoming ever more demanding, costly and time-consuming. The growing demands that users and society place on buildings and rapid changes in the economic and legal environment have complicated the decision making and increased the risks for investors and builders. As a result, setting specific goals in the early stages and goal-oriented management during the entire project is becoming increasingly important. The owner of a building project is confronted with a multitude of questions early in the planning, the consequences of which he can often not estimate at the time.

Integral thinking and acting supports the owner in tackling the many tasks required within a building project. This perspective integrates many parameters in the form of boundary conditions, objectives and steering factors. The goals of the company and of a specific building project can then be recorded and presented, taking into account their interdependences. This gives the owner the basis to recognize the most important factors affecting the objectives and to determine the actions necessary to achieve them.

A possible process for modeling a building project with regard to goals and steering is described in this paper. This process is explained step by step and demonstrated using examples. The company objectives and the goals of the building project are considered, both of which are embedded in an environment with defined boundary conditions. In the examples different company objectives and project goals are defined as well as specific boundary conditions resulting from different conditions in the project environment. In addition, methods for weighing the defined goals are discussed.

In a further step, methods are presented for recording links between the individual goals and the boundary conditions. Using these methods, a complete building project can be displayed as a network showing the relationships between the company objectives, project goals, and boundary conditions. A network analysis allows determining the susceptibility of the relationships, due to changes in the weighing of the goals, and the influential factors, which can serve as steering points in the project control. Using this information the owner can outline different strategies that should enable him to fulfill the set project goals.

In a next step, the potential for success and risk of different strategies in fulfilling the goals are compared. A method of expanding the network to include each of the strategies and the scope of action available to the owner is demonstrated. A renewed analysis of the expanded networks gives information about available project steering options and the susceptibility of the relationships for each of the considered strategies.

The concept for modeling building projects was applied in two case studies. These illustrate the proposed process and serve as a basis for discussion of the observed limitations as well as expected chances and possibilities for use in the future.

1. Einleitung

1.1. Problemstellung

Der Bauherr sieht sich schon zu Beginn seines Bauprojekts mit der Frage konfrontiert, was seine Aufgaben im weiteren Projektverlauf sein werden und wie er diese erfüllen soll. Eine seiner wichtigsten Aufgaben ist sicher die Definition der mit dem Bauprojekt zu erreichenden Ziele. Diese Zieldefinition birgt indessen auch Gefahren in sich. Einerseits hat sie schon früh im Projektablauf zu erfolgen, in einem Zeitpunkt also, da die Frage "bauen oder nicht bauen" grundsätzlich offen ist. Anderseits können sich die Umweltfaktoren und die Unternehmungsziele während der Dauer eines Bauprojekts verändern, bedingt durch äussere Einflüsse oder Verschiebungen der eigenen Prioritäten auf seiten des Bauherrn.

Die Ziele des Bauprojekts dienen, insbesondere aus der Sicht des Bauherrn, als Steuerungsinstrument sowie als Massstab zur Überprüfung des Projekterfolgs. In diesem Zusammenhang stellt sich in erster Linie die Frage nach dem Einfluss veränderter Zielgewichtungen des Bauherrn auf den weiteren Projektverlauf und schliesslich auf den Projekterfolg als solchen. Eine Antwort darauf findet der Bauherr jedoch meist erst später in der Bearbeitung des Bauprojekts oder sogar nach dessen Abschluss.

1.2. Zielsetzung

Mit dieser Arbeit sollen dem Bauherrn Grundlagen geschaffen werden, die es ihm einerseits ermöglichen, Einflussgrössen auf die gesteckten Ziele und die zu ihrer Erreichung notwendigen Handlungsmöglichkeiten zu erkennen sowie anderseits bei Veränderungen in der Zielgewichtung die damit verbundenen Folgen frühzeitig wahrzunehmen.

Sie bezweckt für Bauprojekte:

- taugliche Zielsysteme zu erarbeiten,
- mögliche Einflussfaktoren auf das Bauprojekt zu definieren,
- mögliche Handlungsfaktoren zur Erreichung der gesteckten Ziele aus der Sicht des Bauherrn zu formulieren,
- die Zusammenhänge zwischen den Zielen, Einflussfaktoren und Handlungsfaktoren aus der Sicht des Bauherrn aufzuzeigen und
- Aussagen über die Auswirkungen geänderter Gewichtungen der Unternehmungsziele auf die baulichen Ziele und auf die Lenkungsmöglichkeiten des Bauherrn im Bauprojektablauf zu machen.

1.3. Gewähltes Vorgehen

In jeder Unternehmung werden verschiedene Tätigkeiten ausgeführt, um damit bestimmte Produkte herzustellen bzw. Dienstleistungen zu erbringen. Die Unternehmung als offenes soziales System kann nur überleben, wenn ihre Erzeugnisse und Angebote bestimmte Bedürfnisse befriedigen und demzufolge eine Nachfrage nach den Produkten oder Dienstleistungen besteht. Mithin verfolgen alle Unternehmungen einen bestimmten Zweck und sie sind daher dazu gezwungen, zielorientiert zu handeln. Diese zielorientierte Handlungsweise erzeugt ihrerseits betriebliche Bedürfnisse innerhalb der Unternehmung. Um diese Bedürfnisse befriedigen zu können, muss die Unternehmung investieren, unter Umständen auch im baulichen Bereich. Solche betrieblichen Investitionsprojekte erfüllen nun wiederum einen bestimmten Zweck und dienen der Verfolgung von Zielen.

Es wird nachfolgend der Versuch unternommen, den Ansatz des ganzheitlichen Denkens und Handels nach Ulrich/Probst[1] auf Bauprojekte anzuwenden.

Dazu sollen aus der Sicht eines Bauherrn die für ihn relevanten Ziele erarbeitet sowie die für ihn notwendigen Lenkungsmöglichkeiten aufgezeigt werden. Weil insbesondere bei Bauprojekten die Zielgewichtung einem raschen Wandel unterworfen ist, wird versucht, den vor allem für stationäre Prozesse in Unternehmungen und anderen gesellschaftlichen Institutionen entwickelten Ansatz unter diesem Aspekt weiterzuentwickeln. Die ganzheitliche Betrachtungsweise soll es ermöglichen, die Zusammenhänge zwischen den gesetzten Zielen, den vorhandenen Rahmenbedingungen sowie den notwendigen Lenkungsmöglichkeiten aufzuzeigen und systematisch zu erfassen.

Durch sein Wissen über die relevanten Einflussfaktoren sowie seine Ziele und Handlungsfaktoren ist der Bauherr in der Lage, mögliche Handlungsstrategien zur Realisierung des Projekts zu entwickeln und zu verfolgen.

Der so gewählte Modellansatz soll bezüglich seiner Umsetzbarkeit für das Bauwesen diskutiert werden, wobei seine Vorzüge und Grenzen anhand von Erfahrungen aus bearbeiteten Fallbeispielen aufgezeigt werden.

---

[1] Ulrich, Hans / Probst, Gilbert:
Anleitung zum ganzheitlichen Denken und Handeln, Ein Brevier für Führungskräfte, Verlag Haupt, Bern/Stuttgart, 1991

2. Allgemeine Grundlagen

2.1. Systemansatz

Die allgemeine Systemtheorie wurde in den dreissiger Jahren dieses Jahrhunderts vom österreichischen Biologen Ludwig von Bertalanffy[2] begründet. Ihr historischer Ursprung liegt in den Denkansätzen der Ganzheitslehre und in der organismischen Auffassung der Biologie [Bertalanffy, 1973, S.10ff. S.89ff.]. Im Laufe der Entwicklung entstanden eine Vielzahl von sich am Systemkonzept orientierenden Fachrichtungen. Diese lassen sich grob in zwei Strömungen unterteilen. Zum einen handelt es sich um das theoretisch ausgerichtete Gebiet der *allgemeinen Systemtheorie*, auch *General Systems Theory* genannt, zum andern um die praxis- und verfahrenstechnisch orientierten Gebiete der *Systems Science*, worunter sich auch das *Systems Engineering* einordnen lässt [Bertalanffy, 1973, S.90ff.]

2.1.1. Allgemeiner Systembegriff

Das System wird von Hall [Hall, 1962, S.60] wie folgt definiert: "A system is a set of objects with relationships between the objects and between their attributes."

Daenzer [Daenzer, 1983, Hg., S.11] versteht unter dem Begriff *System* eine Gesamtheit von Elementen, die miteinander durch Beziehungen verbunden sind. Noch etwas enger wird der Begriff von Zangemeister [Zangemeister, 1976, S.15] definiert: "Ein System ist eine Gesamtheit geordneter Elemente. Diese Elemente haben Eigenschaften und sind miteinander durch Relationen verknüpft. Die formale Abbildung dieser Verknüpfung wird als Struktur des Systems bezeichnet."

Diese Systemdefinition sagt nach Ulrich [Ulrich, 1970, S.105] nichts aus über die Art der Elemente oder ihre Beziehungen zueinander, die Art und den Zweck einer Gesamtheit, über ihre Beziehungen nach aussen, die Art der Anordnung der Elemente sowie den Zweck eines allfälligen Verhaltens des Systems oder seiner Elemente.

Aufgrund dieser Aussagen lassen sich einige wichtige Systemmerkmale festhalten:

- Systeme bestehen aus Teilen, die entweder wiederum Systeme sind oder aber Elemente, falls eine weitere Unterteilung nicht mehr interessant ist. Diese Teile sind verknüpft miteinander.
- Die Teile und Beziehungen haben Eigenschaften und können als **Struktur** abgebildet werden.
- Teile innerhalb des Systems können von solchen, die ausserhalb des Systems liegen, abgegrenzt werden. Systeme haben demzufolge eine **Systemgrenze**.

---

2 vgl. hierzu vor allem die zahlreichen Beiträge in: General Systems; Yearbook of the Society for General Systems Research, hg. von L. von Bertalanffy und A. Rapoport, Ann Arbor/Mich.

- Teile innerhalb eines Systems können Beziehungen zu Teilen ausserhalb des Systems haben. In diesem Fall handelt es sich um ein offenes System.
- Die Teile ausserhalb des Systems bilden die **Systemumwelt**. Diejenigen Teile der Systemumwelt mit Beziehungen zu Teilen innerhalb des Systems bilden die **Systemumgebung**.

Es kann demnach etwas als System betrachtet werden, das von einem anderen Standpunkt aus als Teil eines eventuell grösseren Systems erscheint. Es liegt auf der Hand, dass aufgrund dieser Feststellungen die Welt voller Systeme ist, ja mehr noch, dass es vom einzelnen Beobachter abhängt, ob er etwas als System oder als Teil eines Systems betrachtet.

Das Verhalten eines Systems als Ganzes wird nicht bestimmt durch dasjenige eines einzelnen Teils, sondern ist das Ergebnis des Zusammenwirkens aller Teile. Weil die Teile miteinander verbunden sind wirken sie aufeinander ein, und erst dieses Zusammenwirken ergibt ein bestimmtes, erkennbares Verhalten des Ganzen.

Ulrich/Probst [Ulrich/Probst, 1991, S.30] machen in diesem Zusammenhang einige grundsätzliche Aussagen über die Beziehungen der Teile unter sich und zum Ganzen:

> "Ein **System** ist ein dynamisches Ganzes, das als solches bestimmte Eigenschaften und Verhaltensweisen besitzt. Es besteht aus Teilen, die so miteinander verknüpft sind, dass kein Teil unabhängig ist von andern Teilen und das Verhalten des Ganzen beeinflusst wird vom Zusammenwirken aller Teile."

Systeme lassen sich durch ihre Merkmale beschreiben. Berger [Berger, 1988, S.20] unterscheidet in Anlehnung an Haberfellner die folgenden Merkmale:
- Art der Entstehung (natürliche und künstliche, von Menschen geschaffene Systeme);
- Erscheinungsform (konkrete oder abstrakte, in Modellen oder Theorien vorliegende Systeme);
- Natur der Systemelemente (soziale, technische oder sozio-technische Systeme);
- innere und äussere Aktivität (statische oder dynamische Systeme);
- Bestimmtheitsgrad des Verhaltens (determinierte oder probabilistische Systeme).

Die **Dynamik** zeigt sich in verschiedenen Systemzuständen in Abhängigkeit von der Zeit. Die zeitliche Veränderbarkeit liegt in den folgenden Merkmalen:
- Art und Intensität der Verknüpfungen zwischen der Umwelt und dem System;
- Art und Intensität der Verknüpfungen im Innern des Systems;
- Anzahl und Eigenschaften der Teile des Systems;
- Anordnung der Teile zueinander.

2.1.2. Verhalten dynamischer Systeme

Alle dynamischen Systeme zeigen aufgrund ihrer Veränderbarkeit in Abhängigkeit zur Zeit ein gewisses Verhalten. Im Unterschied zu den natürlichen Systemen sollen die vom Menschen geschaffenen künstlichen Systeme dabei ein gewünschtes und beabsichtigtes Verhalten an den Tag legen.

Die Dynamik besteht einerseits in einem Verhalten des Systems gegenüber seiner Umwelt, kann also über die Veränderung des In- und Outputs erfasst oder gemessen werden. Anderseits existiert auch eine innere Dynamik in Form von Aktivitäten oder Verhalten einzelner Teile des Systems. Da Verknüpfungen bestehen zwischen den einzelnen Teilen eines Systems, können strukturierte Folgen von Aktivitäten ablaufen, die als **Prozesse** bezeichnet werden. Je mehr solcher Prozesse pro Zeiteinheit ablaufen, umso grösser ist die innere Dynamik des Systems. Dabei kann jedoch nicht davon ausgegangen werden, dass bei gleichem Input in ein System zu verschiedenen Zeitpunkten jedesmal das gleiche Verhalten des Systems hervorgerufen wird. Dieses Eigenleben eines Systems beruht auf der Tatsache, dass sich die Art und Intensität der Verbindungen zwischen den Teilen, wie auch die Teile selbst, verändern können. Die resultierende Vielzahl von Verhaltensmöglichkeiten ist begleitet von einer grossen Unsicherheit über die Art des jeweiligen Verhaltens. Es kann also nicht von einer bestimmten Anzahl von bekannten Verhaltensmustern ausgegangen werden. Diese Vielfalt von Verhaltensmöglichkeiten der Elemente und ihrer Beziehungen verstehen Ulrich/Probst [Ulrich/Probst, 1991, S.61] als **Komplexität** eines dynamischen Systems.

2.1.3. Lebensphasen von Systemen

Die hier betrachteten veränderlichen Systeme lassen sich wie erwähnt nach ihren Merkmalen in natürliche und künstliche, vom Menschen geschaffene Systeme unterteilen. Die vom Menschen geschaffenen Systeme können demnach nicht durch natürliche Einflüsse entstehen, sondern werden zweckgerichtet[3] [Ulrich, 1970, S.117] erzeugt. Das **Systems Engineering** unterscheidet verschiedene zeitlich abgegrenzte Phasen, welche die Entstehung und die Veränderung eines Systems in überschaubare Teilabschnitte unterteilen. Daenzer [Daenzer, 1983, Hg., S.31] unterteilt den Lebenszyklus eines Systems in drei Hauptphasen:

> "Die Phase der **Entwicklung** unterteilt in Vorstudie, Hauptstudie und Detailstudien, die Phase der **Realisierung**, bestehend aus Systembau und -einführung und schliesslich die **Nutzungsphase**. Die zu letzterer teilweise parallel verlaufende Phase der Umgestaltung (Anpassung) bzw. die anschliessenden Phasen der Neugestaltung oder Ausserdienstsetzung beschliessen den Lebenszyklus."

---

3 "Unter Zweck verstehen wir die Funktionen, welche ein System in seiner Umwelt ausübt beziehungsweise ausüben soll, unter Ziel die vom System selbst angestrebten Verhaltensweisen oder Zustände irgendwelcher Outputgrössen."

2.2. Grundbegriffe

Die Beschreibung und Abgrenzung von Begriffen ist im Bauwesen oft recht schwierig. Das Bauen beeinflusst direkt oder indirekt eine grosse Zahl von unterschiedlichen gesellschaftlichen Kreisen. Entsprechend verschiedenartig werden die Begriffe verwendet und interpretiert.

Im Hinblick auf komplexe Bauvorhaben und die verschiedenen daran beteiligten Interessengruppen wird die Kommunikation innerhalb der Projektorganisation sehr erleichtert, wenn einheitliche Begriffe verwendet werden. Daher wird in der Folge versucht, die für diese Arbeit wichtigen Begriffe zu definieren.

2.2.1. Organisation

Die Organisation bildet einen zentralen Begriff in der betriebswirtschaftlichen Literatur. Hill/ Fehlbaum/Ulrich [Hill/Fehlbaum/Ulrich, 1976, S.17] sagen darüber folgendes aus:

> "Unter **Organisation** soll hier die Gesamtheit der auf die Erreichung von Zwecken und Zielen gerichteten Massnahmen verstanden werden, durch die
> - ein soziales System strukturiert wird und
> - die Aktivitäten der zum System gehörenden Menschen, der Einsatz von Mitteln und die Verarbeitung von Informationen geordnet werden."

Neben der hier verwendeten Bedeutung im *instrumentalen* Sinn wird der Begriff *Organisation* ebenfalls *institutional* als soziales Gebilde verstanden. Danach ist die Organisation ein Oberbegriff für Institutionen wie Unternehmungen, öffentliche Dienstleistungsbetriebe, Verwaltungen, Spitäler, Schulen, Gefängnisse, Kirchen, politische Parteien, Verbände usw..

Unter *organisieren* im instrumentalen Sinn kann dagegen das ordnende Gestalten von Systemen und sozialen Gebilden verstanden werden, dessen Ergebnis eine Organisation ist. Das Organisieren ist sowohl Stufe des Problemlösungsprozesses als auch in manchen Fällen Problemlösungsmethode selbst. Dabei wird eine gegebene Gesamtaufgabe in Aufgabenbereiche, Aufgaben und Teilaufgaben zerlegt. Die einzelnen Teilaufgaben werden dann aufeinander abgestimmt, zu Paketen zusammengefasst und zur Erfüllung einem Aufgabenträger übertragen.

Innerhalb von Organisationen sind verschiedene Aufgabenträger in Form von Gremien oder Stellen institutionalisiert und mittels eines Beziehungsgeflechts untereinander verbunden, wobei die Gremien aus mehreren Stellen gebildet werden. Die Stellen wiederum werden von Personen besetzt.

Unter dem Begriff **Gremium** wird hier also eine Gruppe von zwei oder mehr Personen verstanden, die gemeinsam Aufgaben lösen oder Entscheide fällen und diese auch gemeinsam tragen. Unter dem Begriff **Stelle** wird eine einzelne Person verstanden, die bestimmte Aufgaben löst oder Entscheide fällt und diese im Rahmen ihrer Kompetenzen auch zu verantworten hat. In der **Aufgabe** als Grundbegriff der betriebswirtschaftlichen Organisationslehre sehen Hill/ Fehlbaum/Ulrich [Hill/Fehlbaum/Ulrich, 1976, S.122] die Zielsetzung des menschlichen Handelns, gleichbedeutend einer Soll-Leistung, d.h. einer **Leistungsverpflichtung**.

Mit der Aufgabe übernimmt jeder Aufgabenträger die Verantwortung diese richtig zu lösen. Es gibt keine Aufgabe, die nicht Verantwortung in sich einschliesst. Dabei kann eine Verantwortung nicht abgelehnt werden, weil der Aufgabenträger sich selbst oder die zur Verfügung stehenden Mittel als unzureichend erachtet, es sei denn, er lehne die Übernahme der Aufgabe überhaupt ab.

Aus der Verantwortung resultiert eine Verantwortlichkeit, d.h. eine Haftung oder Belangbarkeit für fahrlässige und vorsätzliche Fehler bei Nichtausübung von Kompetenzen und bei Misserfolgen [Hill/Fehlbaum/Ulrich, 1976, S.124]. Durch die Übertragung von Aufgaben, Kompetenzen und Verantwortung auf eine untergeordnete Stelle wird die Verantwortung der delegierenden Stelle jedoch nicht geschmälert oder gar aufgehoben.

Um eine Aufgabe richtig lösen zu können, braucht es vorab bestimmte Kompetenzen. Sie stellen Rechte und Befugnisse von Personen als Stelleninhaber dar, die zur ordnungsgemässen Erfüllung der übernommenen Aufgaben notwendig sind. Dabei ist das Bewusstsein der Verantwortung dort am ausgeprägtesten, wo sich Aufgabe und Kompetenzen entsprechen. Es gilt deshalb der Grundsatz der Übereinstimmung von Aufgaben, Kompetenzen und Verantwortung.

Neben dieser formalen Betrachtung von Beziehungen in einer Organisation sind auch informale Beziehungen zu beobachten. So sprechen Ulrich/Probst [Ulrich/Probst, 1991, S.244] im Zusammenhang mit Unternehmungen von einer *informalen* Organisation. Damit wird dem Umstand Rechnung getragen, dass Unternehmungen allein mit dem sehr einfachen Beziehungsgefüge, wie es in einem *formalen* Organisationsschema aufgezeichnet ist, nicht funktionieren könnten. Sie erwähnen dabei die Fähigkeit der Unternehmung zur **Selbstorganisation** und meinen damit eine Komplexitätsreduktion durch "das Entstehen von Ordnung einfach aufgrund des Verhaltens und Zusammenwirkens der Menschen ohne das planmässige Erlassen von Regeln durch damit beauftragte Instanzen." Dieses Phänomen zeigt sich vor allem bei kleinen Gruppen von Menschen, die unter sich in einem ständigen Kontakt stehen. Dabei können sich bestimmte Rollen herausbilden, die durch einzelne Gruppenmitglieder wahrgenommen werden. Diese Arbeitsteilung innerhalb einer Gruppe entspricht offenbar einem natürlichen Bedürfnis der Menschen nach einem geordneten Zusammenleben und Zusammenwirken, wobei die Zuordnung von bestimmten Rollen innerhalb der Gruppen von individuellen Fähigkeiten der einzelnen Gruppenmitglieder abhängt.

2.2.2. Prozesse

Als Prozess[4] wird die strukturierte Folge von Aktivitäten bezeichnet, wobei die einzelnen Aktivitäten eines Prozesses untereinander in einem Zusammenhang stehen. In bezug auf dynamische, soziale Systeme sind Prozesse das Zusammenwirken von Produktionsfaktoren wie Menschen, Maschinen, Material und Verfahren, welche darauf ausgerichtet sind, eine bestimmte Dienstleistung zu erbringen oder ein bestimmtes Endprodukt zu erzeugen.

Haberfellner [Haberfellner, 1974, S.47ff.] gibt eine sehr weitgefasste Definition des Begriffs, indem er sagt:

> "Als **Prozess** soll der Vorgang der Zustandsänderung in einem System bezeichnet werden. Die Zustandsänderung kann dabei Elemente des Systems und deren Beziehungen, aber auch Elemente des Umsystems umfassen, die sich während begrenzter Zeit innerhalb des Systems befinden."

Die obige Definition ist so allgemein, dass sie auch die ungeplanten, tatsächlich oder scheinbar ziellosen Zustandsänderungen umfasst. Viel interessanter sind jedoch die zielgerichteten Prozesse, wo bestimmte Zustände innerhalb oder ausserhalb des Systems bewusst angestrebt werden.

Laut Flechtner [Flechtner, 1972, S.10] ist **Kybernetik** die allgemeine, formale Wissenschaft von der Struktur, den Relationen und dem Verhalten dynamischer Systeme. Für Wiener [Wiener, 1963, S.32] und Beer [Beer, 1967, S.21] ist Kybernetik die Wissenschaft von Kommunikation und Regelung. Bei einer genaueren Betrachtung der künstlich geschaffenen dynamischen Systeme sind diejenigen von Interesse, welche ein zielgerichtetes Verhalten zeigen. Dieses Verhalten wird durch zielgerichtete Prozesse hervorgerufen und diese Zielorientiertheit kann durch Lenkungsmechanismen beeinflusst werden. Die Kybernetik unterscheidet dabei zwischen Steuerung, Regelung und Anpassung.

Steuerung und Regelung werden wie folgt [Ulrich/Probst, 1991, S.79] definiert:

> "**Steuerung** ist eine informationelle Anweisung an ein System und die **Einwirkung** auf ein System, damit es sich in einer bestimmten Art verhält und ein Ziel erreicht."
>
> "**Regelung** ist eine informationelle **Rückkoppelung** einer Abweichung von einem gewünschten Verhalten oder Ziel. Sie umfasst:
>
> a.) Die Feststellung, ob die Steueranweisungen zur entsprechenden Veränderung geführt haben und/oder Abweichungen festgestellt wurden.
>
> b.) Die Rückmeldung des festgestellten Ergebnisses an eine Steuerungsstelle.
>
> c.) Die Anweisung an die Steuerungsstelle für weitere Steuerungsmassnahmen."

---

[4] vgl. dazu Seite 5
"Als Prozesse werden strukturierte Folgen von Aktivitäten bezeichnet."

Steuerung ist also eine Einwirkung auf ein dynamisches System, so dass zukünftige Prozesse zielgerichtet ablaufen. Diese Art der Lenkung setzt eine genaue Kenntnis der Einflussfaktoren und ihrer Auswirkungen auf die abzulaufenden Prozesse voraus. Die Regelung hingegen lässt Abweichungen eines zukünftigen Systemverhaltens begrenzt zu und kümmert sich dabei nicht um die Ursachen, die zu diesen Abweichungen geführt haben. Die zu regelnde Grösse (Regelgrösse) wird fortlaufend erfasst und mit einer Sollgrösse (Führungsgrösse) verglichen. Der Regler ist nun in der Lage die durch Störungen auftretenden Abweichungen zu korrigieren.

In Anlehnung an Haberfellner [Haberfellner, 1974, S.50] wird dieser Kreislauf als Regelkreis bezeichnet und sodann in Regelstrecke und Regler unterteilt.

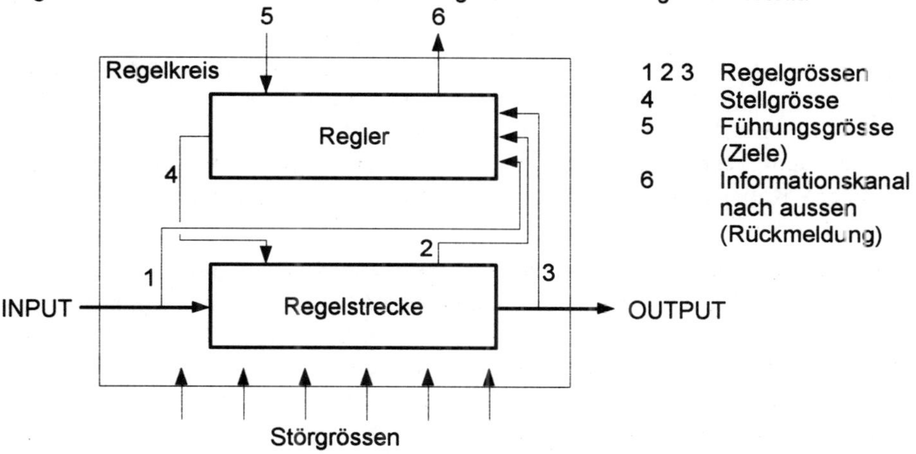

Figur 1: Regelkreis

Wird die Lenkung des Systems als primäres Anliegen betrachtet, so liefert die Regelung die dazu notwendigen Informationen selbst. Mit der Steuerung allein kann ein System nicht immer unter Kontrolle gehalten werden, da die dazu notwendige Rückkoppelung über das Systemverhalten fehlt. Steuerung und Regelung können sich jedoch ergänzen.

Neben Steuerung und Regelung kennt die Kybernetik [Flechtner, 1972, S.43ff.] als dritte Möglichkeit des Verhaltens von dynamischen Systemen die **Anpassung**. Dabei verändert ein System aufgrund einer Störung sein Verhalten so, dass sich ein Gleichgewichtszustand zwischen dem System und seiner Umwelt einspielt. Dieser *selbstentwickelte* Sollwert wird der künftigen Regelung zugrunde gelegt. Werden bei der Steuerung und bei der Regelung die Sollwerte vorgegeben, so setzt sich bei der Anpassung das System den neuen Sollwert selbst. Eine der wichtigsten Formen der Anpassung ist das Lernen. Dadurch erhält ein System die Fähigkeit selbständig Störungen zu beheben und sich so an Veränderungen anzupassen.

In Analogie zur Systemgliederung[5] kann zwischen technischen, sozio-technischen und sozialen Prozessen unterschieden werden, wobei die sozio-technischen und sozialen Prozesse auch als **betriebliche Prozesse** bezeichnet werden. Diese zeichnen sich dadurch aus, dass Menschen daran beteiligt sind. Die an betrieblichen Prozessen beteiligten Menschen sind darüberhinaus Mitglieder in vielen verschiedenen sozialen Systemen. Es ist daher unvermeidbar, dass sie eigene und nur bedingt beeinflussbare Ideen und Wertvorstellungen in den betrachteten betrieblichen Prozess einbringen.

Haberfellner [Haberfellner, 1974, S.53] unterscheidet in diesem Zusammenhang zwischen Zielsuchprozessen, Innovationsprozessen zur Gestaltung neuer Systeme und Operationsprozessen zum Betrieb bestehender Systeme.

Operationsprozesse werden in der gleichen oder ähnlichen Art mehrmals durchgeführt. Die zu ihrer Durchführung benötigten Systeme existieren bereits und müssen nicht erst im Hinblick auf die Prozessabwicklung neu geschaffen werden. Entsprechend voraussehbar ist auch das Ergebnis der Prozesse. Bei Operationsprozessen können demnach im Rahmen von Lenkungsmassnahmen eigentliche Regelkreise ablaufen. Sie dienen hauptsächlich dem Betrieb bestehender Systeme.

Im Gegensatz dazu haben die *Innovationsprozesse* einen gewissen Einmaligkeitscharakter. Sie dienen der Gestaltung neuer Systeme und werden erstmals durchgeführt, obwohl unter Umständen schon andere Prozesse mit den selben Zielsetzungen und Elementen durchgeführt wurden. So kann es sein, dass die zur Durchführung von Innovationsprozessen benötigten Systeme überhaupt noch nicht existieren oder, dass zwar bestehende Systeme erst noch entsprechend umgestaltet werden müssen. Darüber hinaus kann das Ergebnis des Prozesses nicht klar im voraus beschrieben werden. Die Lenkung solcher Prozesse beruht demnach hauptsächlich auf Steuerungsmassnahmen, wobei dazu klare Zielvorgaben benötigt werden.

Die *Zielsuchprozesse* beziehen sich schliesslich sowohl auf Operations- wie auch auf Innovationsprozesse. Im Zusammenhang mit Operationsprozessen besteht der Zielsuchprozess aus der Vorgabe von Soll-Werten und der Entscheidung über die zu wählende Variante. Bei Innovationsprozessen können keine klaren Soll-Werte vorgegeben werden, da zunächst das System selbst gestaltet werden muss. Hier ist die Aufgabe des Zielsuchprozesses Anforderungen an das zu gestaltende System und das zu wählende Vorgehen zu definieren. Entwicklung und Gestaltung von baulichen Systemen sind typische Vertreter von Innovationsprozessen.

---

[5] vgl. dazu Seite 4
"Aufgrund der Natur der Systemelemente als soziale, technische oder sozio-technische Systeme"

2.2.3. Investitionen

Investitionen bilden die Grundlage jeder Bautätigkeit. Eine weit gefasste Definition des Begriffs **Investition** findet sich im Brockhaus [Mayer, 1987, Hg.]:

"Langfristige Anlagen von Kapital in Sachgütern."

Dazu können die folgenden Typen unterschieden werden:

- *Finanzinvestitionen*: als Einsatz von Mitteln auf Geld- oder Kapitalmärkten, wie z.B. zum Erwerb einer Firma oder zum Kauf von Wertpapieren.
- *Realinvestitionen*: als Einsatz von Mitteln zum Aufbau, zur Erweiterung oder zur Veränderung von betrieblichen Leistungsprozessen, wie z.B. Bauinvestitionen bei Neubauten, Investitionen zur Instandhaltung bestehender Objekte oder Investitionen zur Aus- und Weiterbildung von Mitarbeitern.

Bauwerke sind also Realinvestitionen. Es stellt sich hier die Frage nach dem Hauptzweck der Investition, wobei sich die folgenden Arten unterscheiden lassen:

- *Neuinvestitionen*: wie Neubauten
- *Erweiterungs- und Umnutzungsinvestitionen*: bei Kapazitätserweiterungen oder bei der Aufnahme von neuen Leistungsangeboten
- *Ersatz- und Unterhaltsinvestitionen*: als Ersatz bestehender Einrichtungen oder zur Instandsetzung bestehender Anlagen.

Investitionen in Gebäude und bauliche Anlagen sind lediglich Mittel zum Zweck, um die so erhaltenen Bauwerke mit einer bestimmten Zielsetzung nutzen zu können. Die hierfür eingesetzten finanziellen Mittel erfüllen ihrerseits nur eine Hilfsfunktion zur Abgeltung der eingesetzten Produktionsfaktoren wie Arbeit, Boden, Maschinen, Anlagen und Know-how.

2.2.4. Projekt

Das deutsche Wort *Projekt* ist ein aus dem lateinischen *proicere* bzw. *proiectum* abgeleitetes Fremdwort. Die Bedeutung des lateinischen Wortes lässt sich in etwa mit *projizieren* oder *das nach vorn Geworfene* übersetzen; nach Duden [Duden, 1983] eine geplante oder bereits begonnene Unternehmung, Vorhaben.

Der Begriff *Projekt*, wie er heute verwendet wird, hat in den späten fünfziger Jahren unseres Jahrhunderts im Zusammenhang mit dem Aufkommen der Netzplantechnik seinen Eingang in die betriebswirtschaftliche Literatur, insbesondere im angelsächsischen Raum, gefunden.[6] Für den deutschsprachigen Raum ist die wohl am weitesten verbreitete Definition für **Projekt** in der DIN 69'901 [DIN 69'901, 1987] enthalten:

---

6 zitiert nach Gaddis, Paul O.: The Project Manager, in Harvard Business Review Boston, May/June, 1959

"**Vorhaben**, das im wesentlichen durch die Einmaligkeit der Bedingungen in ihrer Gesamtheit gekennzeichnet ist, wie z.B.
- Zielvorgabe
- zeitliche, finanzielle, personelle oder andere Begrenzungen
- Abgrenzung gegenüber anderen Vorhaben
- projektspezifische Organisation."

Diese Definition stimmt im wesentlichen mit der betriebswirtschaftlichen Auffassung von Zogg [Zogg, 1974, S.12] überein. "Als Projekte werden im folgenden zeitlich begrenzte Vorhaben zum Lösen von Problemen bezeichnet. Ein Projekt kann sowohl die Gesamtheit aller Handlungen zum Lösen eines Problems umfassen als auch nur Teile davon, z.B. einzelne oder mehrere funktionale Handlungsbereiche einer Unternehmung, eine Unternehmung als Ganzes oder mehrere Unternehmungen betreffen."

Eine weitere, oft zitierte Definition stammt von R.L. Martino:[7] "A project is any task which has a definable beginning and a definable end and requires the expenditure of one or more resources in each of the separate but interrelated and interdependent activities which must be completed to achieve the objectives for which the task was instituted."

Er bezeichnet ein Projekt als *task*, was Schröder[8] mit **Aufgabe** übersetzt. Dieser Auffassung sind auch Hill/Fehlbaum/Ulrich [Hill/Fehlbaum/Ulrich, 1976, S.201] mit ihrer Definition: "Projekte sind zeitlich beschränkte, innovative Aufgabenkomplexe."

Ob ein Projekt als Vorhaben oder als Aufgabe verstanden wird, ist eine Frage des Blickwinkels. Für den Initianten ist das Projekt eher ein Vorhaben (Plan), während ein Planer das gleiche Projekt mehr im Sinne einer Aufgabe betrachtet.

2.3. Das Bauprojekt

Projekte im Bauwesen zeichnen sich nach Berger [Berger, 1988, S.10] dadurch aus, dass das Aufgabenziel, der Soll-Zustand, eine nutzungsbereite bauliche Anlage oder Bauwerk ist. Entsprechend umfasst der Aufgabeninhalt die Planung, Projektierung und Herstellung oder Veränderung von Bauwerken unter den besonderen Bedingungen des Bauwesens. Diese Bedingungen sind im wesentlichen:
- Einzelfertigung;
- Ortsgebundenheit der Anlage;
- Wert und Langlebigkeit des Produkts;
- Auftragsfertigung.

Die besonderen Bedingungen führten in der Vergangenheit zur traditionellen Struktur des Bauens und der Bauwirtschaft. Ein Bauwerk wird mittels arbeitsteiliger Leistungen geplant, projektiert und erstellt. Auf diese Arbeitsteilung ist insbe-

---

7 zitiert nach Martino, R.L.: Project Management and Control, Vol 1, Finding the critical Path, New York, 1964

8 zitiert nach Schröder, H.J.: Projekt-Management - Eine Führungskonzeption für aussergewöhnliche Vorhaben, Wiesbaden, 1970

sondere auch die Abgrenzung zwischen Projektierung und Ausführung zurückzuführen.

Aufgrund der bisherigen Ausführungen steht ausser Frage, dass Bauprojekte allgemein die Bedingungen für ein Vorhaben erfüllen und somit als Projekte im definierten Sinn angesehen werden können.

2.3.1. Das Bauprojekt als System

Mittels der Anwendung einiger Überlegungen aus der allgemeinen Systemtheorie auf die Aussagen über Projekte können innerhalb der Bauprojekte verschiedene Systeme voneinander abgegrenzt werden.

Nach Scheifele [Scheifele, 1991, S.20] lassen sich diesbezüglich im wesentlichen die folgenden drei Systeme unterscheiden:

- Es muss ein System geben, das Tätigkeiten verrichtet, ein **erzeugendes System**.
- Im weiteren muss ein System existieren, für das die Tätigkeiten verrichtet werden, ein **erzeugtes System**.
- Damit alle zu verrichtenden Tätigkeiten eine Richtung bekommen, muss ebenfalls ein **Zielsystem** vorhanden sein. Dieses Zielsystem enthält Anforderungen an das erzeugte System und Anforderungen an das erzeugende System.

Jedes dieser Systeme grenzt an eine Umgebung, welche die Rahmenbedingungen repräsentiert. Erzeugendes, erzeugtes und Zielsystem sind veränderliche Systeme, die allesamt eine grosse Dynamik aufweisen.

Alle drei Hauptsysteme eines Bauprojekts (Ziel-, erzeugendes und erzeugtes System) stehen untereinander in Verbindung. Das Zielsystem definiert das erzeugte System und beeinflusst das erzeugende System. Das erzeugende System beeinflusst seinerseits wiederum das Zielsystem und das erzeugte System. Diese Wechselwirkungen treten ebenfalls beim erzeugten System auf.

Das erzeugende System besteht aus einer temporären Projektorganisation und den grösstenteils temporären Bauproduktionsanlagen. Es erzeugt als Produkt ein Bauwerk. In einigen Fällen wird dieses Produkt in der Nutzungsphase selbst zu einer permanenten Produktionsanlage und bildet zusammen mit der permanenten Betriebsorganisation wieder ein erzeugendes System.

Ziel-, erzeugendes und erzeugtes System sind stark zeitbezogen und verändern sich oft rasch und häufig im Verlauf der Zeit aufgrund ihres dynamischen[9] Charakters.

Das erzeugende System wird in der Folge auch als Bauprozess und das erzeugte System auch Bauwerk als Produkt des Bauprozesses bezeichnet.

---

[9] vgl. dazu Seite 4
"Die Dynamik zeigt sich in verschiedenen Systemzuständen in Abhängigkeit von der Zeit."

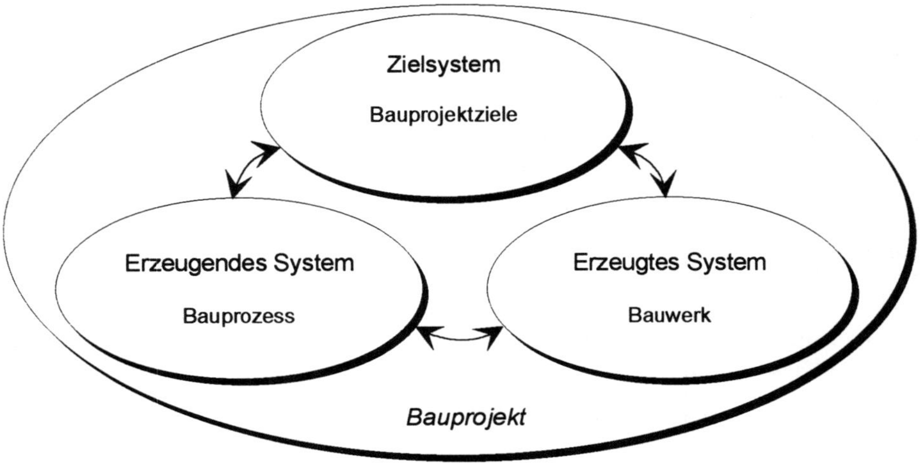

Figur 2: Bauprojektsystem

Der Begriff des Bauprozesses ist in diesem Zusammenhang noch nicht einheitlich definiert. Die wesentlichsten Unterschiede bestehen dabei in der Berücksichtigung einzelner Lebensphasen des Bauwerks im Bauprozess. Wird auf den Begriff des Bauens abgestützt, so lässt sich der Bauprozess relativ klar mit dem Ende der dazu notwendigen Arbeiten begrenzen. Die hier verwendete Definition basiert auf den Formulierungen von Schalcher [Schalcher, 1979, S.17]:

> Der **Bauprozess** umfasst die Menge aller Aktivitäten, welche für die Verwirklichung und Anpassung eines Bauwerks erforderlich sind, und die im Hinblick auf die bestmögliche Zielverwirklichung in logischer Folge miteinander verknüpft sind. Den Anfangspunkt des Bauprozesses bildet die Formulierung des Baubedürfnisses, und der Endpunkt ist gegeben duch die Fertigstellung des neu realisierten oder angepassten Bauwerks.

Unter dem *Produkt* des Bauprozesses soll in diesem Zusammenhang ein **Bauwerk** verstanden werden, welches das eigentliche Gebäude mit allen darin installierten Anlagen umfasst.

Nach Abschluss des Bauprozesses wird das erstellte Bauwerk in den Nutzungsprozess übergeführt, der im Idealfall bis zum Abbruch des Bauwerks dauert. Bei eventuell notwendigen Anpassungen des Bauwerks innerhalb des Nutzungsprozesses können in diesem Zusammenhang immer wieder neue Bauprozesse auftreten.

2.3.2. Funktionen im Bauprozess

Die Beteiligten im Bauprozess lassen sich nach Schalcher[10] im wesentlichen in die folgenden drei Gruppen unterteilen.

Der **Besteller** des Bauwerks, ihm werden folgende Funktionen zugeordnet:

- der **Investor** stellt die finanziellen Mittel ganz oder teilweise zur Verfügung und ist in der Regel der Eigentümer des Bauwerks;
- der **Benutzer** will nach Abschluss des Bauprojekts das erstellte Bauwerk nutzen;
- der **Betreiber** ist für die laufende Betriebsbereitschaft des Bauwerks verantwortlich;
- der **Bauherr** ist während der gesamten Dauer des Bauprojekts für dessen zielgerichtete Durchführung verantwortlich, er ist also das Baufachorgan des Bestellers.

Die **Gestalter** des Bauwerks setzen sich aus Betriebsplanern, Bauplanern (Architekt, Ingenieur, ...), Behörden und Ämtern, Nachbarn sowie eventuellen Beratern zusammen.

Die **Produzenten** des Bauwerks sind die am Bauprojekt beteiligten Unternehmer, Handwerker und Lieferanten.

Die Lenkung des Bauprojekts erfolgt über die Projektleitung des Bestellers selbst, die Gesamtleitung des Bauprojekts, die Leitung der Projektierung sowie die Leitung der Ausführung.

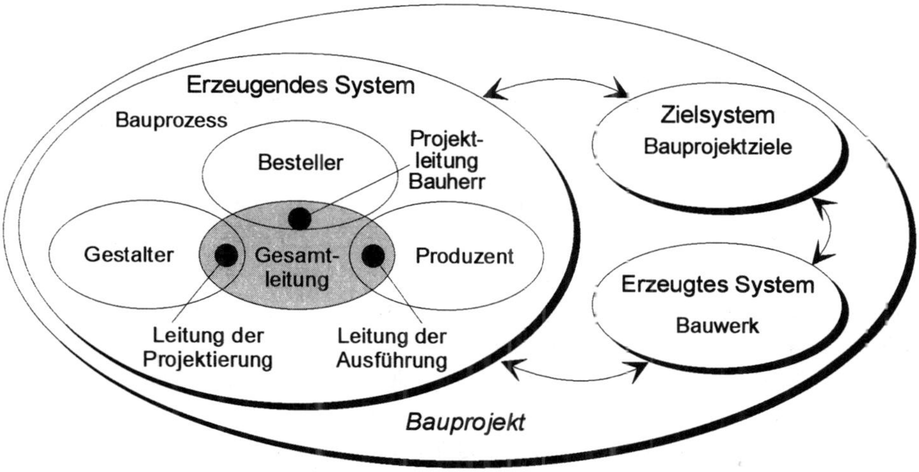

Figur 3: Funktionen im Bauprozess

Die Organisation aller am Bauprozess Beteiligten erfolgt im Rahmen der **Bauprojektorganisation**. Sie kann ebenfalls als System aufgefasst werden, d.h. als eine Menge von Elementen, zwischen denen im betrachteten Zeitraum Beziehungen

---

[10] nach Schalcher, H.R.: Institut für Bauplanung und Baubetrieb, ETH Zürich

bestehen. Sie entsteht durch die temporäre Delegation einzelner Aufgabenträger aus verschiedenen ständigen Organisationen, die für das Bauprojekt Leistungen erbringen oder auf das Bauprojekt Einfluss ausüben.

2.4. Ziele und ihre Bedeutung

2.4.1. Zielbegriff

Alle künstlichen, von Menschen geschaffenen Systeme werden für ganz bestimmte *Zwecke* gestaltet und haben dementsprechend ganz bestimmte Funktionen in ihrer Umwelt zu erfüllen. Damit sie diese auch tatsächlich wahrnehmen können, hat die Gestaltung, Lenkung und Entwicklung dieser Systeme zielorientiert zu erfolgen.

Laut Duden [Duden, 1983] ist ein "Ziel etwas, worauf jemandes Handeln, Tun oder ähnliches ganz bewusst gerichtet ist, was man als Sinn und Zweck, angestrebtes Ergebnis seines Handelns, Tuns zu erreichen sucht." Daraus ist ersichtlich, dass Ziele immer von Menschen getragen werden müssen. Diese Tatsache bringt auch die Umschreibung von Ackoff/Emery [Ackoff/Emery, 1975, S.59] zum Ausdruck:

> "Ein **Ziel** (angestrebtes intermediäres Ergebnis) ist demzufolge ein Ergebnis, welches ein Subjekt in einer Gruppe von Umgebungen und in einem Zeitabschnitt stärkstens anstrebt, und das unter diesen Bedingungen erreichbar ist."

Ziele beschäftigen sich also mit zukünftigen (Zwischen- oder End-) Ergebnissen. Sie beziehen sich auf zukünftige Zustände. Es wird jedoch nicht konkret gesagt, was diese Ergebnisse beinhalten. Es können dies Ereignisse im Ablauf oder Zustände von Objekten sein. Wichtig scheint aber, dass dieses zukünftige Ergebnis durch menschliches Handeln erreichbar ist.

Zusätzlich zu den Zielen, welche Aussagen über zukünftige Zustände machen, gibt es eine zweite Art von Zielen. Sie machen Aussagen, wie diese zukünftigen Zustände erreicht werden sollen.

Nach Daenzer [Daenzer, 1983, Hg., S.68] kann anhand dieser Überlegungen zwischen **Systemzielen** und **Vorgehenszielen** unterschieden werden. Er bezeichnet Aussagen über künftige Zustände bzw. Verhaltensweisen eines Systems als Systemziele. Dagegen beschreiben die Vorgehensziele wesentliche einzuhaltende Merkmale des Weges, der zur Erreichung der Systemziele eingeschlagen werden soll.

Die Existenz von Zielen ist die Grundlage für menschliches Handeln oder Tun. So ist bei der Abwicklung von Projekten der Stellenwert des Zielsystems sehr hoch anzusetzen, sagt doch Hall [Hall, 1962, S.105]: "Wichtiger als die Auswahl des richtigen Systems ist es, zunächst die richtigen Ziele zu bestimmen. Denn wählt man falsche Ziele, dann löst man eine irrelevante Problemstellung; wählt man dagegen ein falsches System (auf der Basis richtiger Ziele), so wählt man letztlich nur ein nicht optimales System."

Bei der Definition von Zielen sind die folgenden Punkte zu beachten:

- Der Zielinhalt und die Zielgrösse sollten wenn immer möglich aufgabenbezogen sein. Dadurch lassen sich die Ziele besser beurteilen als durch allgemeine, subjektive Wertvorstellungen von Individuen. (Was soll erreicht werden? Woran sind die Ziele gebunden?)
- Das Festlegen eines Wertes für die Ausprägung der zu erwartenden Wirkung macht erst die Kontrolle der Zielerreichung möglich. (Wieviel soll erreicht werden?)
- Im Zusammenhang mit dem Zeitbezug von Zielen stellen sich folgende Fragen: Zu welchem Zeitpunkt oder in welchem Zeitraum sollen die Wirkungen auftreten?
  Sind im Verlauf der Zeit Änderungen der Wertvorstellungen zu erwarten?

2.4.2. Persönliche Ziele

Persönliche Ziele bilden im allgemeinen die Grundlage für alle weiteren Ziele, in unserem Fall für die Ziele von Organisationen und Projekten. Diese Individualziele sind ein Ausdruck der Persönlichkeit des Menschen. Damit verbunden sind psychologische Überlegungen in bezug auf die Bedürfnisse und Motivationsmöglichkeiten von Individuen. Dazu lassen sich verschiedene Theorien zur Selbstverwirklichung [Thomae, 1965, Hg., S.456] von Maslow, Goldstein u.a. anführen. Diese können grob in den folgenden Aussagen zusammengefasst werden.

Decken sich die Ziele einer Organisation mit den persönlichen Erwartungen, Motiven oder Ansprüchen der in ihr tätigen Menschen, so werden sich diese Personen auch mit ihnen identifizieren können. Wenn diese Forderung zutrifft, so kann erwartet werden, dass es den in einer Organisation tätigen Menschen auch leichter fallen wird, die von ihnen geforderten Leistungen zu erbringen.

Werden diese Feststellungen auf Bauprojekte übertragen, so müssen die Bauprojektziele möglichst gut mit den Zielen des Bestellers eines Bauwerks als Bauträger und seiner Organisation in Übereinstimmung gebracht werden, um die gewünschte Akzeptanz des Bauprojekts zu erreichen.

2.4.3. Ziele von Organisationen

Um von den Zielen einer Organisation[11] (z.B. einer Unternehmung) sprechen zu können, muss zuerst geklärt werden, ob damit die Ziele **für** die Organisation oder die Ziele **der** Organisation gemeint sind. Dazu unterscheidet Berthel [Berthel, 1973, S.29] den subjektivistischen und den objektivistischen Zielansatz. Der *subjektivistische* Ansatz geht von Individualzielen aus, die in und mit der Unternehmung zu erreichen versucht werden. Dies kann zu Konflikten zwischen den einzelnen Per-

---

[11] der Begriff *Organisation* kann in diesem Zusammenhang neben dem definierten instrumentalen Sinn ebenfalls institutional als soziales Gebilde aufgefasst werden.

sonen der Organisation führen, indem es zur Machtfrage wird, wessen individuelle Zielvorstellungen durchgesetzt werden können. Der *objektivistische* Ansatz hingegen geht von Unternehmungszielen, d.h. einer notwendigen Endzielkonzeption aus. Er stellt in erster Linie die einzelnen Personen in der Organisation vor Probleme, die objektiv notwendigen Zielsetzungen zu akzeptieren bzw. sich mit ihnen zu identifizieren.

Die Umwandlung der subjektiven Ziele für die Organisation zu objektiven Zielen der Organisation kann als Transformationsprozess[12] aufgefasst werden, der verschiedenen Einflüssen ausgesetzt ist.

In Anlehnung an Haberfellner [Haberfellner, 1974, S.35] lassen sich die Einflüsse auf die Ziele von Organisationen schematisch darstellen. Dazu betrachtet er die Unternehmungen als künstlich geschaffene Systeme, die keinen natürlichen oder Selbstzweck haben. Solche Organisationen können demnach nur überleben, wenn sie durch ihre Aktivitäten nützliche Funktionen für andere Systeme ausüben. Die für solche Organisationen Handelnden haben dazu aus der Vielfalt der gesellschaftlich erwünschten Zielsetzungen diejenigen auszuwählen, welche ihren Vorstellungen und Möglichkeiten am besten entsprechen.

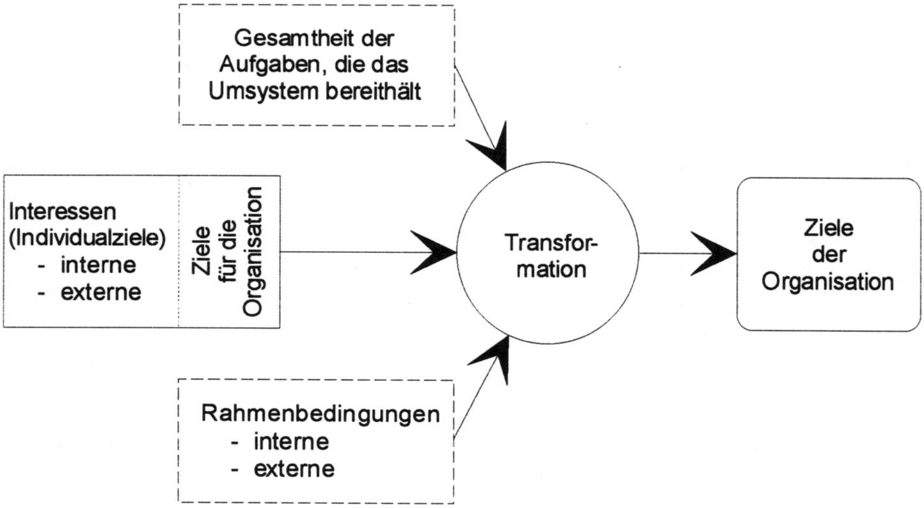

Figur 4: Einflüsse auf Ziele von Organisationen

Haberfellner unterscheidet dabei die folgenden Einflussarten:

- Die eigentlichen Ziele für die Organisation, aufgeteilt in **interne Interessen**, z.B. der Eigentümer, der Arbeitnehmer und ihrer Organisationen sowie die **externen Interessen** der Kunden, Lieferanten und der Öffentlichkeit, Gesellschaft.

---

12 vgl. dazu Seite 18
Figur: "Einflüsse auf Ziele von Organisationen"

- Die Rahmenbedingungen, aufgeteilt in **interne Rahmenbedingungen** wie Know-how, Kapazitäten und Organisation sowie die **externen Rahmenbedingungen** wie Konjunkturlage, Konkurrenz und öffentliche Meinung.
- Daneben muss jede Organisation als offenes, sozio-technisches System die Gesamtheit aller Aufgaben, welche die Umgebung bereithält, erkennen, immer wieder neu überdenken und eine entsprechende Auswahl treffen.

Die so gewonnenen Ziele der Organisation können, aus ihrer Entstehung heraus betrachtet, nicht gegeben und unabänderlich sein, sondern sind ständig neu zu überdenken. Im weiteren scheint es verständlich, dass als Resultat dieser Transformation nicht ein einziges Ziel der Organisation entstehen kann. Aufgrund der sehr verschiedenen Arten von Forderungen und Rahmenbedingungen, die aufeinander treffen, ist ein System von Zielen zu erwarten. Das so resultierende Zielsystem der Organisation ist also das Produkt der Bemühungen aller an ihr interessierten Personen und Organisationen.

2.4.4. Gliederung von Zielen

Haberfellner [Haberfellner, 1974, S.37] [13] versteht unter dem **Zielsystem** einer Unternehmung:

> "Eine strukturierte Menge von Zielen, die von der Unternehmung während einer oder mehrerer Wirtschaftsperioden verfolgt werden."

Ein Zielsystem ist demnach eine Menge von Zielen, die mit Hilfe von Beziehungen in eine Ordnung gebracht werden können. Dabei unterscheidet Zangemeister [Zangemeister, 1976, S.106ff.] zwischen vertikalen und horizontalen Beziehungen[14] und stellt damit eine ganze Reihe von Zielordnungen dar.

Grundsätzlich lassen sich Ziele nach mehreren Kriterien ordnen. Das Zielsystem einer Organisation kann dabei als hierarchische Struktur aufgefasst werden. Darin sind baumartig von oben nach unten allgemeine Wertvorstellungen sukzessive in konkretere und schliesslich operable Zielkriterien aufgegliedert.

Bei der Gliederung wird dabei hauptsächlich auf die **Art** der gegenseitigen Beeinflussbarkeit geachtet. So lassen sich **gleichrangige** Ziele aufgrund ihrer Interdependenz in drei Gruppen unterteilen. Beeinflussen sich zwei Ziele überhaupt nicht, so sind sie *indifferent*, steigt bei einem höheren Grad der Zielerreichung für das Ziel *A* auch derjenige für das Ziel *B*, so spricht man von *komplementären*

---

[13] Mit Bezug auf andere Autoren spricht er von einem Zielsystem als einem Zielbündel oder einer Zielkombination, die den betrieblichen Entscheidungsprozess steuert.

[14] "Eine *vertikale Ordnung* von Zielen im Sinne von Ober- und Unterzielen kann grundsätzlich unter folgenden Aspekten vorgenommen werden: (1) aufgrund von Zweck-Mittel-Beziehungen in Form von Zielketten. ... Ziele am Anfang einer Kette stellen in der Regel nur verbal formulierte Leitsätze dar, Ziele am Ende einer mehrstufigen Zielkette sind dagegen häufig leichter zu überprüfende Leitzahlen. (2) entsprechend den Ebenen der Entscheidungshierarchie einer Organisation.
Für die *horizontale Ordnung* einer Zielmenge sind folgende Ordnungsmerkmale von Bedeutung: (1) ein gemeinsames, direkt übergeordnetes Oberziel. (2) der funktionale Zielinhalt. (3) der sprachliche Zielbezug. (4) die Operationalität der Ziele."

Zielen, und wenn die Erreichung des Ziels *A* die Erreichung des Ziels *B* be- oder verhindert, spricht man von sich *konkurrenzierenden* Zielen. Zusätzlich zur Art der gegenseitigen Beeinflussbarkeit können auch Aussagen über die Intensität, den Verlauf und die Zeitabhängigkeit der Interdependenzen gemacht werden.

Neben der Unterteilung der Ziele nach ihrer Interdependenz können nach Nordmann [Nordmann, 1974, S.18ff.] die Ziele grundsätzlich auch nach folgenden Kriterien gegliedert werden:

- *Nach individuellen Präferenzen*:
Darunter wird die Aufteilung in Hauptziele mit hoher Gewichtung und in Nebenziele mit geringer Gewichtung verstanden, wobei die Nebenziele nicht in Konkurrenz zu den Hauptzielen stehen.

- *Nach dem eigentlichen Charakter*:
Darunter fallen verschiedene Kriterien die mit der Charakterisierung von Zielen zu tun haben, wie:
  - Quantifizierbarkeit (z.B. in Mengen oder Geld fassbar);
  - Operabilität (eine eindeutig verständliche Grösse);
  - Zeitdauer (z.B. lang-, mittel-, kurzfristig);
  - Entwicklung (Wachstum, Erhaltung, Schrumpfung);
  - externe Ziele (z.B. Absatz);
  - interne Ziele (z.B. Produktion, Finanzierung);
  - Zweck-Mittel-Beziehung (z.B. Gewinnsteigerung durch Senkung der Stückkosten, die mit einer Steigerung der Produktivität erreicht wird. Das ergibt eine Unterteilung in Oberziel = Gewinnsteigerung, Zwischenziel = Senkung der Stückkosten und Unterziel = Erhöhung der Produktivität).

Bei der Anwendung des **Zweck-Mittel**-Denkens [Daenzer/Huber, 1994, Hg., S.139] werden handlungsrelevante Sollaussagen mit Hilfe mehrstufiger hierarchischer Strukturen dargestellt. Die Mittel sind dabei mögliche Lösungen, welche zueinander in einer *und / oder* Beziehung stehen. Betrachtet man zwei aufeinanderfolgende Ebenen, so sind die Aussagen auf der oberen Ebene die Ziele und die Aussagen auf der unteren Ebene Mittel oder Massnahmen zur Erreichung der gesteckten Ziele. Der Zielbegriff wird dabei immer relativ zu einer bestimmten Ebene verwendet. Eine Aussage kann somit sowohl Ziel als auch Mittel sein. Dieser Denkansatz ist in folgender Sicht von Bedeutung:

- Eine Darstellung über mehrere Ebenen liefert Begründungszusammenhänge vor allem für untergeordnete Sollaussagen und stellt diese in einen grösseren Gesamtzusammenhang.

- Hat man sich einmal auf einer Ebene für ein Mittel entschieden, so kann seine Realisierung zum Ziel erklärt werden, und es genügt, sich bei der Erarbeitung von Lösungen auf diese Ebene zu beziehen.

Zur Auslotung des momentanen Standorts können zwei einfache Fragen verwendet werden:

- Die Frage *warum?* oder *wozu?* weist in der Ziel-Mittel-Hierarchie nach oben, zum Ziel.

- Die Frage *womit?* weist nach unten, zum Mittel bzw. zur Massnahme.

Es bleibt dem jeweiligen Entscheidungsträger vorbehalten, welche hierarchische Gliederung der Ziele er vornimmt. Sie sollte primär seinen Vorstellungen und Bedürfnissen entsprechen. Solche Zielhierarchien unterliegen einem ständigen Verfeinerungsprozess. Im Verlauf der Zeit kann sich durch eine zunehmend klarere Formulierung der einzelnen Ziele ein immer feiner gegliedertes Zielsystem ergeben.

Die folgende Figur gilt als Beispiel für die Gliederung von Unternehmungszielen nach ihrem Charakter [Bramsemann, 1990, S.122] [15].

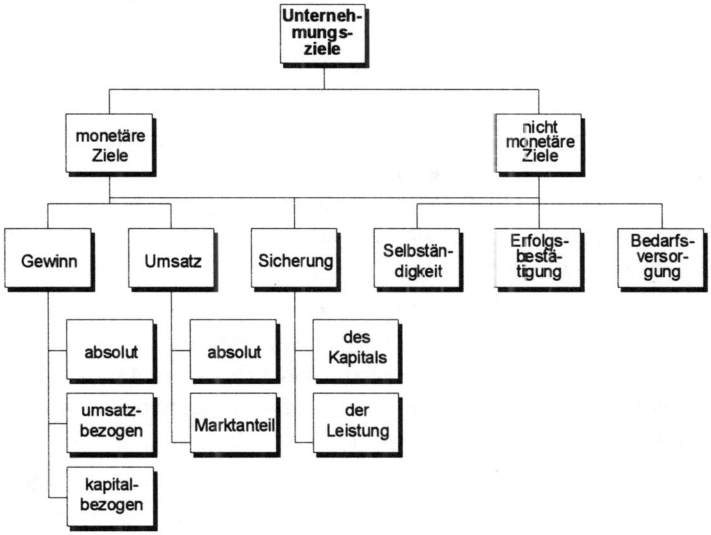

Figur 5: Unternehmungsziele nach Klein-Blenkers

Diese Zielhierarchie soll aufzeigen, dass nicht immer alle aufgestellten Ziele eindeutig in eine Struktur eingegliedert werden können. Unter dem Oberziel der Unternehmungssicherung lassen sich monetäre Ziele und nichtmonetäre Ziele zuordnen.

2.4.5. Gewichtung von Zielen

Durch ihre Gewichtung wird die relative Bedeutung der Ziele zueinander berücksichtigt. Da die verschiedenen betrachteten Ziele eines Zielsystems unterschiedlich wichtig sind, ist es notwendig, eine Zielgewichtung vorzunehmen. Wird auf die Gewichtung verzichtet, so hat jedes Ziel das gleiche relative Gewicht in bezug auf

[15] Er verweist auf Klein-Blenkers "Sicherung des Betriebs als ein Führungsproblem mittelständischer Unternehmer". Mitteilungen des Instituts für Handelsforschung an der Universität Köln, Heft 3, Jg. 35, S. 38 - 50

das Gesamtziel und eine Bewertung der oft unterschiedlichen Zielkriterien wird ungenau.

In bezug auf die Bewertung von einzelnen Kriterien definieren Rinza/Schmitz [Rinza/Schmitz, 1992, S.239] das **Gewicht** als eine

> "Wertziffer, die die Bedeutung eines Kriteriums für einen Entscheidungsträger angibt; auch Gewichtungsfaktor genannt."

Eine Gewichtung der oberen Ebene eines Zielsystems verursacht in der Regel keine Schwierigkeiten. Bei der Bearbeitung eines gesamten Zielsystems können aber Probleme auftreten, wenn bei der Gewichtung nicht systematisch vorgegangen wird.

Zur Vorgehensweise bei der Gewichtung des Zielsystems gibt es zwei unterschiedliche Verfahren:

- Bei der Gewichtung von *unten nach oben* werden alle Kriterien der untersten Ebene aufgelistet und gewichtet. Das Gewicht eines übergeordneten Kriteriums errechnet sich dann durch Addition der Gewichte der untergeordneten Kriterien. Diese Vorgehensweise eignet sich für einfache Zielsysteme mit wenigen Kriterien und Gewichtungsebenen.
- Bei der Gewichtung von *oben nach unten* werden die Kriterien jeweils eines Astes des Zielsystems gewichtet und die Gewichte der Kriterien eines untergeordneten Astes durch Multiplikation der Gewichte dieses Astes mit dem Gewicht des übergeordneten Kriteriums ermittelt. Diese Vorgehensweise muss bei komplexen Zielsystemen angewendet werden.

Alle Gewichtungsverfahren beruhen auf dem selben Prinzip. Zunächst wird eine qualitative Rangfolge der zu gewichtenden Ziele gebildet. Diese wird in weiteren Schritten in quantitative Gewichtungsfaktoren umgesetzt. Dabei ist die Summe aller Gewichtungsfaktoren gleich 100%. Zur Quantifizierung der einzelnen Gewichtsfaktoren können zwei prinzipielle Vorgehensweisen gewählt werden:

Bei der **Intervallskalierung** wird ein Punktevorrat von 100 oder auch 1000 Punkten so auf die Zielkriterien verteilt, wie es den Präferenzen der Entscheidungsträger entspricht. Die Gewichtung kann dann nach Ebenen vorgenommen werden, wobei das Gewicht eines Kriteriums auf der übergeordneten Hierarchieebene gleich der Summe der Gewichte aller direkt zugeordneten Teilziele der nächsttieferen Ebene ist.

Dazu ein einfaches Beispiel:

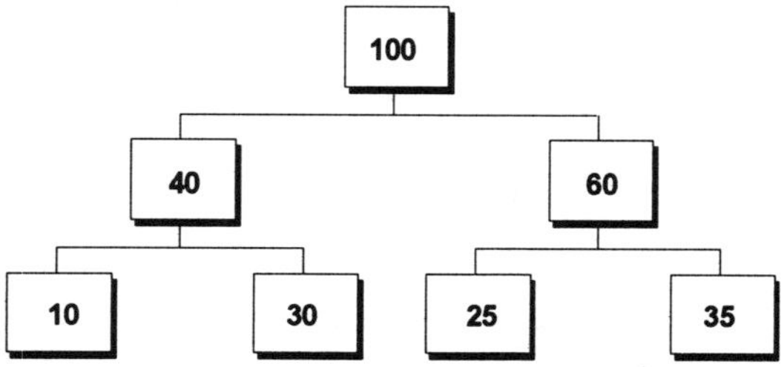

Figur 6: Beispiel Intervallskalierung

Die sogenannte **Verhältnisskalierung** (Methode der sukzessiven Vergleiche) hat sich in der praktischen Anwendung gut bewährt. Dabei soll durch eine Folge von Paarvergleichen zwichen einzelnen Gewichtungsfaktoren und Gewichtungsfaktorensummen eine genauere Abschätzung ermöglicht werden als bei der Intervallskalierung. Das Verfahren läuft in folgenden Schritten ab:

1. Die Zielkriterien sind entsprechend ihrer relativen Bedeutung in eine Reihenfolge zu bringen.
2. Es sind vorläufige Kriteriengewichte zu bestimmen. Dabei erhält das bedeutsamste und daher an erster Stelle stehende Teilziel den Gewichtungsfaktor 1. Die Gewichtungsfaktoren der übrigen Teilziele nehmen mit zunehmender Rangziffer ab.
3. Den endgültigen Gewichtungsfaktor für das bedeutsamste erste Teilziel erhält man, indem man zunächst abschätzt, ob dessen Gewichtungsfaktor grösser, gleich oder kleiner sein soll als die Summe der restlichen Gewichtungsfaktoren.
4. Bei der Festlegung der endgültigen Gewichtungsfaktoren für die übrigen Zielkriterien wird entsprechend ihrer Rangfolge sukzessive wie unter 3. vorgegangen. Der nächste Faktor wird dabei stets mit der Summe der restlichen, noch nicht endgültig festgelegten Gewichtungsfaktoren verglichen.
5. Die ermittelten Gewichte werden auf 100 normiert. Anwendungsgrenze der Methode der sukzessiven Vergleiche bildet sinnvollerweise eine Anzahl von max. 6 Zielkriterien. Aus diesem Grund sollte die Bildung einer Zielhierarchie angestrebt werden, bei der nach Möglichkeit auf jeder Ebene einem übergeordneten Ziel nicht mehr als 6 Teilziele zugeordnet sind.

Die **Methode der absoluten Gewichtung** [Rinza/Schmitz, 1992, S.178ff.] liegt zwischen den bisher vorgestellten Verfahren. Dieses Verfahren ist verhältnismässig einfach und, falls nicht mehr als sechs bis acht Ziele pro Oberziel zu gewichten sind, auch hinreichend genau. Dabei wird zunächst ein Massstab festgelegt (z.B. in Form von Zahlen wie: *3* = sehr wichtig, *2* = wichtig, *1* = unwichtig). In einem zweiten Schritt wird dann beurteilt, wie wichtig die einzelnen Ziele sind. Mit der Summe der absoluten Gewichte pro Stufe wird dann für jedes Ziel das relative Gewicht errechnet nach folgender Formel: $G_{i\,rel} = \dfrac{G_{i\,abs}}{\sum G_{i\,abs}}$

Dazu ein einfaches Beispiel:

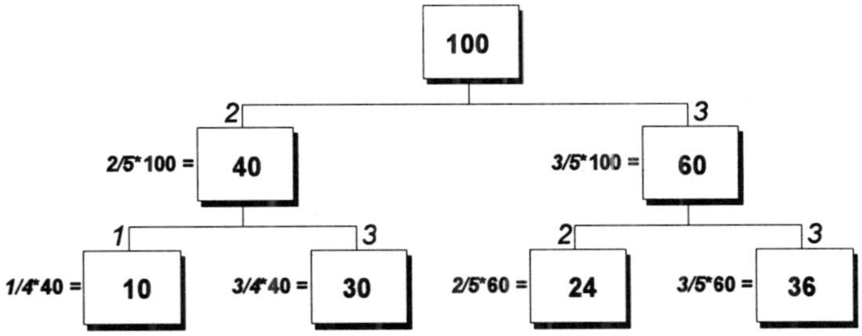

Figur 7: Beispiel absolute Gewichtung

2.5. Entscheidungen

Eng mit den Zielen oder dem Zielsystem einer Organisation ist auch der Begriff der Entscheidung verknüpft. Ackoff/Emery[16] [Ackoff/Emery, 1975, S.13] geben der Tätigkeit *entscheiden* eine passive Note mit ihrer Aussage: "Entscheiden ist dem Übergewicht einer Gruppe von Einflüssen über eine andere erliegen." Für Heinen [Heinen, 1971, Hg., S.18ff.] ist "die Entscheidung ein Vorgang der Willensbildung, der je nach Art des Entschlusses zu verschiedenen Verhaltensweisen führt."

Daraus lässt sich ersehen, dass dieser Vorgang aus aktiven und passiven Elementen zusammengesetzt ist. Ulrich [Ulrich, 1970, S.204] spricht von der **Entscheidung** als

> "die bewusste Wahl zwischen verschiedenen Handlungsalternativen."

Jede Entscheidung stellt somit einen Vorgang der Willensbildung dar. Am Schluss dieses Vorgangs steht die zielgerichtete Wahl einer bestimmten Verhaltensweise. Immer dann, wenn mehrere Alternativen offenstehen, kann und muss entschieden werden, welche Alternative gewählt werden soll.

2.5.1. Entscheidungsarten

Im wesentlichen lassen sich zwei Arten von unternehmerischen Entscheiden unterscheiden. Mit dem Vorgang der Festlegung von *Systemzielen* verbunden sind die **Zielsetzungsentscheidungen**. Sie determinieren die Verhaltensweisen der betroffenen Organisationen, d.h., damit werden erstrebenswerte Zustände von Systemen festgelegt. Daneben existieren diejenigen Ziele, welche Aussagen über den einzuschlagenden Weg zur Erreichung der Systemziele machen. Diese *Vorgehensziele* werden mittels **Zielerreichungsentscheidungen** festgelegt. Die Zielerreichungsentscheidungen befassen sich folglich mit der Wahl der einzusetzenden Mittel und Wege, um ein gesetztes Ziel zu erreichen.

2.5.2. Entscheidungsprozess

Wird nun der Vorgang der Willensbildung als eine Entwicklung im zeitlichen Ablauf gesehen, so kann von einem Entscheidungsprozess gesprochen werden. Er beinhaltet nach Heinen[17] [Heinen, 1971, Hg., S.19] "sämtliche Teilvorgänge, die für eine rationale Entscheidungsfindung notwendig sind." Heinen unterscheidet sodann zwischen echten und routinemässigen Entscheidungen. Bei *echten* Entscheidungen handelt es sich um Wahlprobleme, die entweder ihrer Natur nach einmalig sind oder doch stets in grundsätzlich voneinander abweichenden Erscheinungsformen und unter verschiedenen Bedingungen auftreten. Den *routinemässigen* Entscheidungen gehen keine planenden Entscheidungen voraus, sie

---

[16] in einem Zitat von Ambrose Bierce, aus dem "Wörterbuch des Teufels"

[17] Er gesteht nur den Zielerreichungsentscheidungen einen Prozesscharakter zu. Die Zielsetzungsentscheidungen haben für ihn imperativen Charakter und werden daher weitgehend autonom gefällt.

werden aufgrund früherer Erwägungen und unter Verwendung von schematischen Entscheidungsregeln getroffen.

Für die weiteren Betrachtungen interessieren hauptsächlich die echten Wahlprobleme. Diese Prozesse laufen nach Heinen in drei Phasen ab.

1. Die *Anregungsphase* beginnt mit der Feststellung eines Wahlproblems. In der anschliessenden Analyse wird die Problemstellung geklärt, und es werden die vorliegenden Informationen und Rahmenbedingungen zusammengestellt.
2. In der *Suchphase* werden die möglichen Alternativen erarbeitet sowie die zugrundeliegende Zielsetzung präzisiert. Es werden also alle nötigen Massnahmen getroffen, um einen Entscheid vorzubereiten. Damit eine Alternative ausgewählt werden kann, müssen zuerst die Konsequenzen aller zur Wahl stehenden Alternativen ermittelt werden. Daraus sind nur noch jene Alternativen zu berücksichtigen, deren Konsequenzen sich aus den ursprünglich zugrundegelegten Zielsetzungen ergeben.
3. Mit der *Optimierungsphase* wird die Willensbildung abgeschlossen. Es ist eine Rangordnung der berücksichtigten Alternativen zu erstellen nach dem Grad der zu erwartenden Zielerfüllung.

Liegt nun einem Entscheid nicht nur ein Ziel, sondern ein ganzes System von Zielen zugrunde, wird der Prozess der Willensbildung um einige Stufen komplexer, müssen doch bei der Aufarbeitung von Entscheidungsalternativen ein Vielfaches an Einflüssen berücksichtigt werden.

In Unternehmungen ab einer gewissen Grösse werden Entscheidungen nicht von einer Person allein gefällt. Die Vielzahl der Entscheidungen übersteigt das Fassungs- und Leistungsvermögen eines einzelnen. Die Zahl der Entscheidungstatbestände und die zu beachtenden vernetzten Gesichtspunkte im Zielsystem bewirken, dass ein einzelnes Individuum bei der Aufgabe, sämtliche Entscheidungen rational zu fällen, in bezug auf die Entscheidungsvorbereitung überfordert wäre

An die Stelle von *Individualentscheidungen* treten oft Gruppen- oder *Kollektiventscheidungen*. Der Grund dafür ist jedoch nicht nur die Überforderung des Einzelnen, sondern oft auch die Angst einzelner Entscheidungsträger vor den Folgen ihrer Entscheidungen. Diese ist ihrerseits in einer Unsicherheit über die Auswirkungen begründet, welche die Entscheide nach sich ziehen. Je umfassender die Grundlagen und Informationen sind, desto leichter können auch Entscheidungen an einzelne Personen delegiert werden. Demgegenüber müssen aber Entscheidungen, die auf der Grundlage ungenügender oder unsicherer Informationen getroffen werden, durch ein Gremium gefällt und auch getragen werden.

Die Beteiligung mehrerer Personen führt zu einem zusätzlichen Einflussfaktor im Entscheidungsprozess. Jeder Entscheidungsträger hat das Verhalten der übrigen Entscheidungsträger in der Gruppe zu beachten. So ist eine Gruppe durch Verhaltensbeziehungen zwischen den beteiligten Personen charakterisiert. Sie kann deshalb auch als soziales System betrachtet werden.

Die Formalisierung kollektiver Entscheidungen findet ihren Ausdruck in der Organisationsstruktur der Gruppe. Es scheint daher unerlässlich, sich zunächst über die Organisationsstrukturen der am Bauprojekt beteiligten Gruppen klar zu werden. Erst nachdem die gegenseitigen Beziehungen unter den Entscheidungsträgern geklärt sind, können nachvollziehbare Entscheidungen gefunden werden.

2.5.3. Entscheidungsfindung

Informationen sind eine wichtige Voraussetzung für optimale Entscheidungen. Um zielgerechte und situationsgerechte Entscheidungen treffen zu können, muss der Entscheidende im richtigen Zeitpunkt über gute und umfassende *Informationen* über heutige und zukünftige Zustände verfügen. Es gilt der Grundsatz, dass Entscheidungen nicht besser sein können als die verfügbaren Informationen oder anders ausgedrückt, als die beste der erkannten Möglichkeiten.

Bei der methodisch unterstützten Entscheidung wird von der Annahme ausgegangen, dass die Qualität der Entscheidung in dem Masse wächst, als der Grad des Wissens über die Konsequenzen aller möglichen Entscheidungen zunimmt. Deshalb ist hier eine intensive Informationsbeschaffung besonders wichtig. Zusätzlich werden formale Verfahren angewendet, die es erlauben, die entscheidungsrelevanten Informationen so zu verarbeiten, dass sich ein Entscheidungsvorschlag logisch ableiten lässt.

Die Investitionsentscheidung bedeutet also die **bewusste Wahl** zwischen Investitionsalternativen, wobei nur Alternativen betrachtet werden, die als Lösung zulässig und machbar sind. Eine Grundbedingung für optimale Entscheidungen ist die zweckmässige Organisation der Entscheidungsbefugnisse, d.h. die Regelung, wer für die Entscheidung zuständig ist. Dies wird umso wichtiger, je mehr Personen oder Gruppen auf die Entscheidung Einfluss nehmen können.

Bei der Beurteilung der einzelnen Alternativen geht es darum herauszufinden, welche Variante die beste, zweitbeste usw. ist. Eine solche Bewertung ersetzt nicht die Entscheidung. Sie macht aber die Entscheidungssituation transparenter, weil sie die an der Entscheidung beteiligten Personen zwingt, sich über ihre Wertmassstäbe Gedanken zu machen und diese zu strukturieren. Die Entscheidung baut auf den Ergebnissen der Bewertung auf und hat die Wahl der besten Handlungsalternative zum Ziel. Im Bestreben eine möglichst transparente und umfassende Entscheidung fällen zu können besteht die Tendenz, sehr viel Information zu sammeln und so lange als möglich mit der Entscheidung selbst zuzuwarten. Ein wichtiger Grund für dieses Hinauszögern der Entscheidung liegt sicher in der Unsicherheit über ihre Folgen und dem damit verbunden Risiko einer Fehlentscheidung. Diese Verzögerungstaktik kann jedoch auch genau den entgegengesetzten Effekt erzielen. Je später eine Entscheidung gefällt wird, desto weniger Zeit bleibt für die Entscheidungsumsetzung und den Aufbau eines Informations- und Steuerungssystems, welches die mit der Entscheidung anvisierte Zielerfüllung sicherstellt.

Diesbezüglich besteht ein Interessenkonflikt betreffend den Zeitpunkt der Entscheidungsfindung und dem Umfang der dazu benötigten Informationen. Einerseits sollen die Entscheidungen möglichst frühzeitig gefällt werden, da dadurch ihre Umsetzung erleichtert wird, und anderseits werden sich die Entscheidungsgrundlagen zu einem späteren Zeitpunkt markant verbessern, sodass eine bessere Entscheidung gefällt werden kann.

Jeder Investitionsentscheid stellt sich als ein **mehrdimensionales** Entscheidungsproblem dar. Die wichtigsten Dimensionen sind dabei:

- Die *Kapitaldimension*:
Es sind oft grosse Mengen von Kapital anderweitig freizusetzen, um sie durch ein Investitionsprojekt wieder zu binden.

- Die *Zeitdimension*:
Darunter werden die wirtschaftliche Lebensdauer, der Planungshorizont sowie die Zeitstruktur der Kapitalbindung und des Kapitalrückflusses verstanden.

- Die *Risikodimension*:
Es besteht immer eine gewisse Unsicherheit über Höhe und Zeitpunkt des Eintretens von Kapitalbindung und Gewinnausschüttung.

Einer erheblichen Zahl von Entscheidungsträgern ist gar nicht bewusst, dass sie ein mehrdimensionales Problem zu lösen haben.

3. Bauliche Investitionsprojekte

3.1. Einführung

Investitionen verfolgen immer einen bestimmten Zweck. Falls in ein Bauwerk[18] investiert werden soll, könnte das zur Erneuerung der bestehenden Produktionsanlagen, Büros, Lager usw. oder zur Schaffung neuer Produktionsmöglichkeiten sein. Mit solchen Investitionen werden aber gleichzeitig auch Ziele verfolgt, wie z.B. eine minimale Veränderung der bestehenden Bausubstanz für Umbauten oder minimale Baukosten bei maximaler Flexibilität in der Nutzung für Neubauten. Investitionen binden festgelegte Mittel während einer bestimmten Zeitspanne. Unter dem Gesichtspunkt, dass die meisten Bauwerke in ihrer Gesamtheit betrachtet nur einmal vorkommen, und dass zu ihrer Erstellung oder zu ihrer Erneuerung eine spezielle Organisation geschaffen wird, können Investitionen in bauliche Anlagen oder Bauwerke als Projekte im definierten Sinn[19] betrachtet werden.

Die Zielsetzungen eines Investitionsprojekts werden beeinflusst durch die betrieblichen Bedürfnisse und Ziele der Unternehmung, welche die Investition tätigt und/oder nutzt. Bezieht sich ein Investitionsprojekt auf ein Bauwerk, so wird in der Folge von einem **baulichen Investitionsprojekt** gesprochen. Solche baulichen Investitionen werden von einer Unternehmung im Regelfall nur getätigt, um die eigenen Unternehmungsziele besser erfüllen zu können. Bauliche Investitionsprojekte haben demnach aus der Sicht einer Unternehmung lediglich eine Unterstützungsfunktion, indem diese ermöglichen sollen, die eigentlichen unternehmenbezogenen Aufgaben besser zu erfüllen. Insoweit tragen bauliche Investitionsprojekte also zur Lösung von Problemen in Unternehmungen bei.

Mit der Definition eines baulichen Investitionsprojekts begibt sich eine Unternehmung jedoch in der Regel in eine für sie ungewohnte Rolle als Besteller[20] eines Bauwerks. Um nun klare und aus der Sicht des Bestellers verständliche Ziele für das bauliche Investitionsprojekt definieren zu können, müssen diese Bauprojektziele in das Zielsystem der Unternehmung eingebettet werden.

Darin wird in den weiteren Ausführungen das bauliche Investitionsprojekt als **Bauprojekt** mit eigenen Zielen betrachtet. Die Unternehmung als Besteller des Bauwerks hat ihre betrieblichen Bedürfnissen die sie befriedigen will. Die Ziele der Unternehmung werden daher ebenfalls als System betrachtet. Beide Systeme

---

[18] vgl. dazu Seite 14
"Das Bauwerk als Produkt des Bauprozesses. Es umfasst das eigentliche Gebäude mit allen darin installierten Anlagen."

[19] vgl. dazu Seite 11
"Vorhaben, das im wesentlichen durch Einmaligkeit der Bedingungen in ihrer Gesamtheit gekennzeichnet ist, wie z.B. Zielvorgabe, zeitliche, finanzielle, personelle oder andere Begrenzungen, Abgrenzung gegenüber anderen Vorhaben und eine projektspezifische Organisation."

[20] vgl. dazu Seite 15
"Dem Besteller eines Bauwerks werden die Funktionen Investor, Benutzer, Betreiber und Bauherr zugeordnet."

stehen in Beziehung zu einer sie umgebenden Systemumwelt, dem sogenannten Umsystem. Dabei ist das Zielsystem des Bauprojekts mit den verschiedenen Bauprojektzielen ein Subsystem des Zielsystems der Unternehmung mit den diversen Unternehmungszielen. Beide Zielsysteme sind eingebettet in die Umweltfaktoren als relevante Elemente des Umsystems.

Bei komplexen[21] Systemen, die so arbeitsteilig organisiert sind wie die Bauprojektorganisation oder Unternehmungen, sind sehr viele Gremien und Stellen in die darin ablaufenden Prozesse involviert. Zur Erreichung der gesteckten Unternehmungs- und Bauprojektziele ist ein vielfältiges Beziehungsgeflecht zwischen den einzelnen Systemelementen notwendig. So zeichnen sich komplexe Systeme, wie bauliche Investitionsprojekte, durch einen hohen Grad an *Vernetztheit* aus.

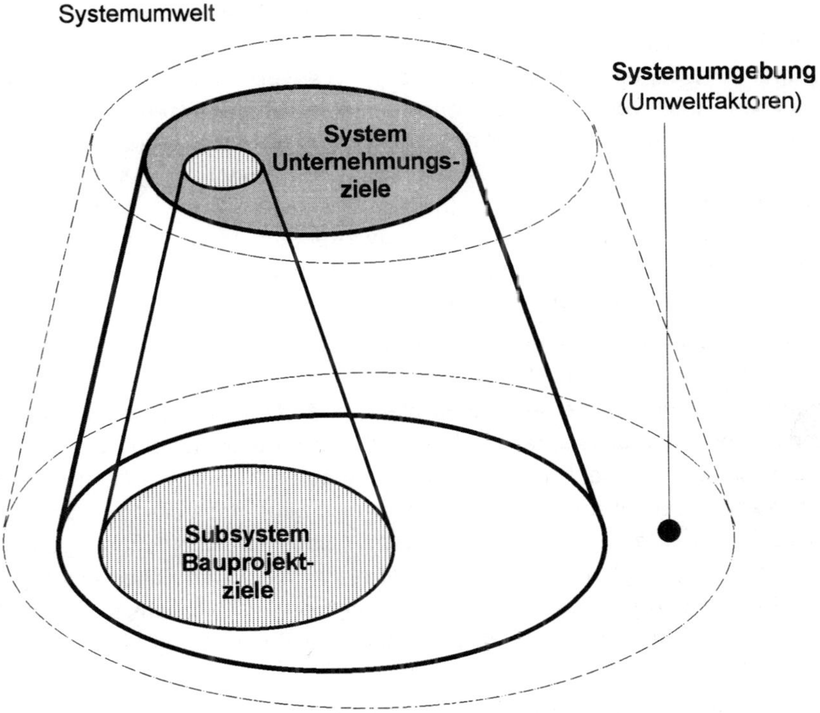

Figur 8: Zusammenhang zwischen Unternehmungs- und Bauprojektzielen

[21] vgl. dazu Seite 5
"Komplexität eines Systems ist dessen Fähigkeit, in einer gegebenen Zeitspanne eine grosse Zahl von verschiedenen Zuständen annehmen zu können."

3.2. Problemsituation

Mit baulichen Investitionsprojekten werden Probleme gelöst. Der Ursprung von Problemen liegt dabei immer in einer Diskrepanz zwischen einem Wunsch und der Wirklichkeit. Bezogen auf ein System kann diese Differenz entweder durch Veränderungen in der Systemumgebung, oder durch Veränderungen im System selber hervorgerufen werden, d.h. die Aussenwelt verändert sich, oder die Unternehmung nimmt sich etwas Neues vor. Dies führt zu einem Unterschied zwischen SOLL- und IST-Zustand.

SOLL- und IST- Zustand sind somit im Verlauf der Zeit ständigen Veränderungen unterworfen. Die wahrgenommene Wirklichkeit wird dabei immer wieder mit den eigenen, sich im Laufe der Zeit ebenfalls ändernden Absichten und Wünschen verglichen. Zeigt sich bei diesem Vergleich eine Differenz, so spricht man von einer **Problemsituation**. Die Probleme sind nicht einfach da, sie entstehen aufgrund der Beurteilung von menschlichen Wertvorstellungen. Es kann somit vorkommen, dass verschiedene Menschen eine Situation ganz verschieden wahrnehmen und beurteilen. Zeichnet sich eine Problemsituation dadurch aus, dass über ihre zu erwartenden Veränderungen klare Prognosen gemacht werden können, so spricht man von einer trivialen Problemsituation. Können jedoch keine verlässlichen Prognosen über die zu erwartenden Veränderungen in einer Situation gemacht werden, d.h. bezieht sich die Problemsituation auf ein komlexes System, so spricht man von einer nicht-trivialen Problemsituation.

Solche komplexe Problemsituationen, wie sie beispielsweise in baulichen Investitionsprojekten auftreten können, sind nicht immer einfach zu verstehen, weil sie sich durch eine grosse Veränderlichkeit im Zeitablauf ausweisen. Aufgrund der schlechten Prognostizierbarkeit ihrer weiteren Entwicklung sind sie nur schwer zu durchschauen. Diese Tatsache verleitet zu einer oft nur oberflächlichen Betrachtungsweise, was wiederum die Gefahr in sich birgt, dass die Problemsituation gar nicht richtig erfasst werden kann. Wenn aber Entscheidungen gefällt werden müssen, so genügt dieses flüchtige Bild nicht. In solchen Fällen empfiehlt sich eine Modellierung der Problemsituation. Damit soll die Möglichkeit geschaffen werden, das wirkliche Problem zu erkennen und Eingriffsmöglichkeiten in die Problemsituation zu finden.

Zur Modellierung von solch komplexen Problemsituationen bedarf es einiger wichtiger Komponenten. So muss zunächst geklärt werden, welche *Ziele* bei der Problemlösung verfolgt werden sollen. Darüber hinaus müssen die *Rahmenbedingungen* für den Problemlösungsprozess bekannt sein. Darauf aufbauend geht es darum die *Handlungsmöglichkeiten* zur eruieren, welche die eigentliche Suche nach Problemlösungen überhaupt erst ermöglichen.

3.3. Zielbildungsprozess

Die Ziele bilden die Grundlage zur Modellierung der Problemsituation. Sie geben dem gesamten Problemlösungsprozess eine Richtung, indem sie zukünftige Zustände und Verhaltensweisen festlegen. Aufgrund der gesteckten Ziele ist es auch jederzeit möglich den Erfolg der Problemlösung zu bestimmen, sie bilden daher den Massstab zur Bestimmung des Erfolgs bei baulichen Investitionsprojekten. Die Zielsysteme der Unternehmungs- und der Bauprojektziele widerspiegeln die Bedürfnisse und Wünsche der Unternehmung, welche eine Investition tätigt und/oder nutzt. Der Zielbildungsprozess spielt deshalb eine zentrale Rolle bei der Modellierung der Problemsituation.

In Anlehnung an Hill/Fehlbaum/Ulrich [Hill/Fehlbaum/Ulrich, 1976, S.145ff.] wird hier kurz auf die folgenden Aspekte des Zielbildungsprozesses in einer Unternehmung eingegangen:
- Die Teilnehmer am Zielbildungsprozess;
- Die Beziehungen zwischen den Teilnehmern und dem sozialen System;
- Der Ablauf des Zielbildungsprozesses;
- Das Resultat des Zielbildungsprozesses.

Die **Teilnehmer** des Zielbildungsprozesses in einer Unternehmung setzen sich aus zwei Gruppen zusammen. Einerseits aus der sogenannten *Kerngruppe*, bestehend aus Systemmitgliedern wie Geschäftsleitung, Bereichsleitungen oder Fachspezialisten der Belegschaft, andererseits aus der sogenannten *Randgruppe*, bestehend aus Personengruppen oder Organisationen des Umsystems wie Kapitalgeber, Lieferanten, Kunden oder Behörden. Aus dieser Zusammensetzung lässt sich erkennen, dass die Zielfindung ein Verhandlungsprozess zwischen diesen beiden Gruppen sein wird.

Typische Ziele der Kerngruppe sind z.B.:
- Macht, Prestige, hohes Einkommen, Verwirklichung schöpferischer Ideen
- Anwendung und Erweiterung der professionellen Fähigkeiten und Kenntnisse
- soziale Sicherheit, Selbstentfaltung am Arbeitsplatz.

Demgegenüber stehen die Ansprüche der Randgruppe wie z.B.:
- Einfluss auf die Unternehmungsleitung, hohe Gewinnausschüttung oder hohe Verzinsung
- Günstige Lieferkonditionen und qualitativ hochstehende Leistungen zu günstigen Preisen
- Arbeitsplätze, soziale und kulturelle Betätigung und die Einhaltung der gesetzlichen Vorschriften

Die **Beziehungen** zwischen Kern- und Randgruppe einerseits und dem betrachteten System der Unternehmung anderseits, lassen sich am einfachsten grafisch darstellen[22] [Hill/Fehlbaum/Ulrich, 1976, S.148]. Im wesentlichen bestehen zwei Arten von Beziehungen. Als *systemintern* bezeichnet man Beziehungen zwischen der Kerngruppe und dem Systemprozess oder anderen Elementen des Systems

---

22 vgl. dazu Seite 32
Figur: "Determinanten des Zielbildungsprozesses"

zum Vollzug der Systemprozesse. Daneben gibt es auch *systemexterne* Beziehungen zwischen dem System und der Randgruppe für die Lieferung des Inputs, die Abnahme des Outputs und die Akzeptanz in der Systemumwelt.

Die verschiedenen Ansprüche der Kern- und Randgruppe allein sind jedoch noch keine Systemziele. Diese müssen erst von einer dazu autorisierten Gruppe innerhalb der Kerngruppe offiziell formuliert und getragen werden.

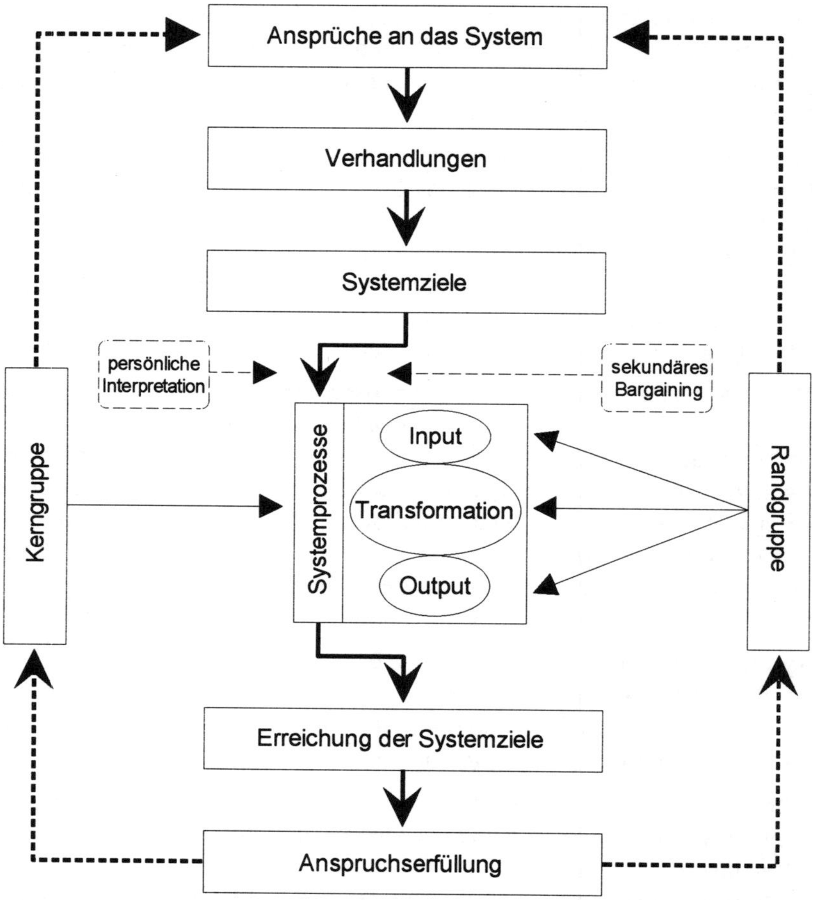

Figur 9: Determinanten des Zielbildungsprozesses nach Hill/ Fehlbaum/Ulrich

Der **Ablauf** des Zielbildungsprozesses gestaltet sich aufgrund der oben aufgezeigten, sich zum Teil konkurrenzierenden Ansprüche, als langwieriger Problemlösungsprozess. Dieser kollektive Problemlösungsprozess kann im wesentlichen zwei Formen annehmen:

- Ausgehend von einer *Teil-Einigung* wird versucht, zu einer Zielformulierung zu kommen.

- Ausgehend von einer *Nicht-Einigung* wird versucht, durch Modifikation der an das System gestellten Anforderungen sowie der vom System geforderten Leistungen zu einem Kompromiss zu gelangen, der von beiden Gruppen akzeptiert wird.

Der Zielbildungsprozess ist stark geprägt durch die Macht- und Einflussverhältnisse zwischen der Kern- und der Randgruppe. Als **Resultat** dieses Prozesses können deshalb nicht ausschliesslich klar formulierte Systemziele erwartet werden. Es muss oft auch mit nicht genau ausformulierten Kompromisslösungen gerechnet werden. Diese können jedoch nicht als Zielvorgaben für konkretes Handeln dienen, lassen aber Freiraum zur weiteren Konkretisierung. Solche sogenannte Bargaining-Prozesse können den gesamten Zielbildungsprozess bereichern, sie bergen aber auch die Gefahr, dass einzelne Systemmitglieder die eher vagen Kompromisslösungen nach ihren individuellen Zielsetzungen interpretieren. Das Ableiten der Systemziele aus Bargaining-Prozessen trägt ebenfalls dazu bei, dass Systemziele einem ständigen Wandel unterworfen sind.

In Form von Rückkoppelungen aus der Anspruchserfüllung der beiden Gruppen entsteht eine kontinuierliche Anpassung[23] der Systemziele. Die Zielanpassung geschieht einerseits aufgrund von Lernprozessen innerhalb der Kern- und Randgruppe und anderseits wegen der sich ändernden Umweltverhältnisse. In jedem Fall muss das System jedoch die Anforderungen der Kern- und Randgruppe zu erfüllen versuchen, andernfalls werden diese ihr Interesse verlieren.

Im Verlauf des gesamten Zielbildungsprozesses unterliegen die Vorstellungen aller Mitglieder aus Kern- und Randgruppe einem Konkretisierungsprozess. Die zu Beginn allgemein formulierten Bedürfnisse und Vorstellungen müssen zum Schluss in bewertbare Ziele gefasst sein. Nur klare, bewertbare Ziele können im Problemlösungsprozess bei der Durchführung von baulichen Investitionsprojekten umgesetzt und auch kontrolliert werden. So hat am Schluss des Zielbildungsprozesses ein Zielsystem mit klar definierten, bewertbaren und gewichteten Zielkriterien vorzuliegen.

Innerhalb dieses **Konkretisierungsprozesses** können verschiedene Stufen unterschieden werden. So unterteilt Kreikebaum [Kreikebaum, 1989] nach Absichten oder Visionen, Strategien, Massnahmen und Zielen[24] [Kreikebaum, 1981, S.123ff.].

In der Folge wird kurz auf die wichtigsten Stufen des Konkretisierungsprozesses eingegangen. Damit soll verdeutlicht werden, dass der Zielbildungs- und Konktretisierungsprozess zur Modellierung der Problemsituation bei baulichen Investitionsprojekten sehr stark mit der Unternehmung verknüpft ist, welche die Investition tätigt und/oder nutzt.

---

23 Es sind aber auch sprunghafte Zielumorientierungen denkbar. Die Ursachen dafür können in einem starken Interesse der Systemmitglieder am Ueberleben des Systems liegen, oder weil keine externen Koalitionspartner gefunden werden können, die Input liefern oder Output abnehmen wollen.

24 vgl. dazu Seite 34
Figur: "Zusammenhang zwischen Absichten, Strategien, Massnahmen und Zielen"

Zum einen wird das angestrebte Ergebnis in Form von Visionen und Zielen definiert und überdies wird im Verlauf des Vorgehens durch Handlungen über Strategien mit Massnahmen und Projekten das definierte Ergebnis angestrebt.

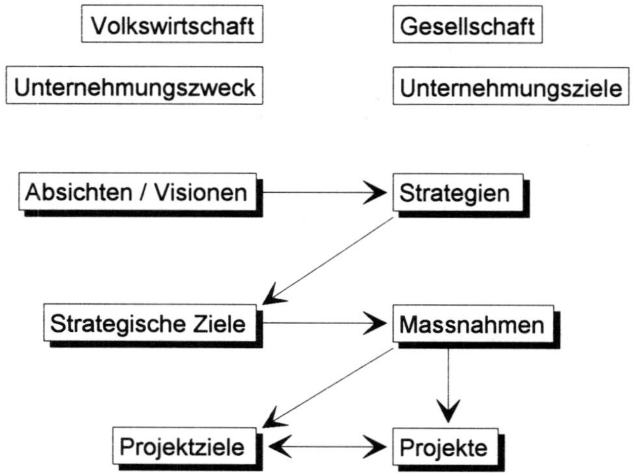

Figur 10: Zusammenhang zwischen Absichten, Strategien, Massnahmen und Zielen

3.3.1. Visionen

Der Begriff *Absichten* ist ursprünglich eine Übersetzung des englischen *purposes* und stellt die langfristige Ausrichtung der Unternehmenspolitik dar. Absichten oder Visionen stehen, ähnlich wie die Ziele, in komplementären, konkurrenzierenden und indifferenten Beziehungen zueinander.

Hinterhuber [Hinterhuber, 1992, S.41ff.] sieht in der Vision ein wichtiges Führungsinstrument, um neue Werte in bestehende Strukturen und Denkmodelle einzubringen.

> "**Visionen** vermitteln ein konkretes Zukunftsbild, nahe genug, dass die Realisierbarkeit noch zu erkennen ist, aber schon fern genug, um die Begeisterung für eine neue Wirklichkeit zu wecken."
> "Dabei liegt das Wesen einer Vision in den Richtungen, die sie weist und nicht in den Grenzen, die sie setzt. Jede wirkliche Vision weist demnach offene Richtungen und schliesst nichts ab."

Kreikebaum [Kreikebaum, 1989, S.46] unterscheidet in diesem Zusammenhang zwischen generellen und speziellen Absichten, wobei er die generellen Absichten als "Angaben über Art und Richtung der angegebenen Ziele für das Unternehmen als Ganzes, für einzelne Geschäftsbereiche oder auch für Funktionsbereiche" definiert. Die generellen Absichten können auch mit dem Begriff der *Unternehmensphilosophie* umschrieben werden. Sie widerspiegeln also das Bild, welches sich eine Unternehmung von ihren Aufgaben in Wirtschaft und Gesellschaft macht.

Der Begriff taucht auch bei Kretschmer/Gabele [Kretschmer/Gabele, 1986] unter dem Synonym *Unternehmensgrundsätze* auf.

Die speziellen Absichten leiten sich aus den generellen Absichten ab und dienen zur Konkretisierung der generellen Absichten.

3.3.2. Strategien

Strategien bilden die gedanklichen Schritte zur Verwirklichung der unternehmerischen Absichten oder Visionen. Sie lassen also erkennen, wie eine Unternehmung ihre bestehenden und potenziellen Stärken dazu nutzt, sich den ständig ändernden Umweltbedingungen zu stellen und ihre unternehmerischen Absichten oder Visionen zu realisieren.

Ulrich/Probst [Ulrich/Probst, 1991, S.196] sprechen bei Situationen mit vielen Einflussmöglichkeiten und einem relativ weiten Zeithorizont von **Strategien** als "grundsätzlichen Handlungswegen". Bei komplexen Situationen werden die daraus formulierten Handlungswege erst im Laufe der Zeit so klar zu beschreiben sein, dass sie durch konkrete Massnahmen ersetzt werden können.

Kreikebaum [Kreikebaum, 1989, S.50ff.] gibt dazu eine Liste von Strategiearten[25]. Die von ihm gewählte Einteilung hängt jedoch stark vom jeweiligen Unterscheidungskriterium ab. Die verschiedenen Strategiearten könnten ebensogut anders geordnet werden.

In Wirklichkeit stehen die verschiedenen Strategien nicht so isoliert nebeneinander, sondern sind miteinander verknüpft. Neben der primären Baumstruktur besteht ein sekundäres Geflecht von Wirkungsbeziehungen zwischen den einzelnen Strategien.

Dazu ein einfaches Beispiel:

> Man könnte sich eine Wachstumsstrategie vorstellen, die sich der Forschungs- und Entwicklungsstrategien bedient. Also kann die Entwicklung neuer Produkte und Verfahren, oder die Verbesserung bisheriger Produkte und Verfahren ebenfalls im Interesse einer Wachstumsstrategie liegen.

Auf diese Weise lassen sich die verschiedensten Strategiekombinationen ableiten und charakterisieren. Wird zum Beispiel die Verbindung einer Forschungs- und Entwicklungsstrategie mit einer Diversifikationsstrategie genommen, so kann daraus eine offensive Strategiekombination entstehen. Im Gegensatz dazu dürfte eine Forschungs- und Entwicklungsstrategie, die auf eine Strategie der Marktdurchdringung in Form von Verbesserungen der Produkte, Prozesse oder des Know-hows abzielt, eher als defensiv charakterisiert werden.

---

25 vgl. dazu Seite 36
Figur: "Arten von Strategien"

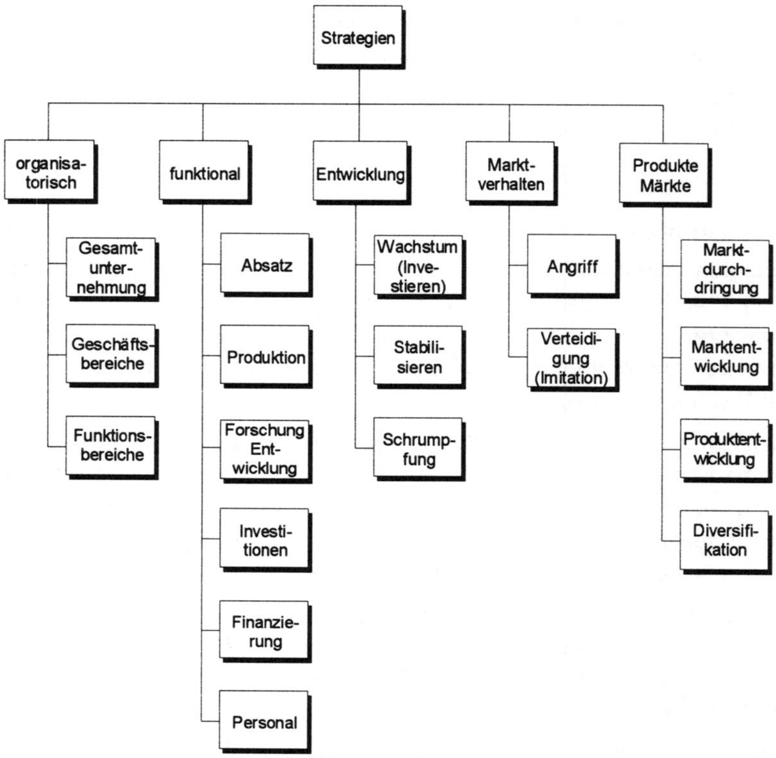

Figur 11: Arten von Strategien nach Kreikebaum

Die Suche nach Strategien kann einerseits aufgrund einer gegebenen Problemsituation und der damit verbundenen konkreten Bedürfnisse ausgelöst werden. Anderseits scheint es aber auch denkbar, dass nur aufgrund von Problemen, die irgendwann auftreten könnten, nach Strategien gesucht wird. In diesem Fall wird eine Unternehmung zuerst gemäss ihren eigenen Erfahrungen und ihrer Einschätzung der Umweltsituation beurteilen, ob die bisher verfolgte Strategie weiterhin geeignet ist. Erst wenn die bisherige Strategie als ungenügend beurteilt wird, beginnt die eigentliche Suche nach anderen Strategien. Ausgangspunkt dazu kann beispielsweise eine Analyse der eigenen Stärken und Schwächen bilden.

Die Beurteilung der verschiedenen, auf den unternehmerischen Visionen aufbauenden Strategien kann u.a. aufgrund folgender Kriterien erfolgen:

- Beitrag an die Zielerreichung;
- Erforderlicher Mitteleinsatz;
- Risiko;
- Flexibilität;

usw.

Ist es beispielsweise nicht möglich, die erforderlichen Mittel für eine bestimmte Strategie zeitgerecht aus dem eigenen Leistungspotential der Unternehmung zu erbringen, so müssen zusätzliche Mittel beschafft werden. Je nach den Erkenntnissen aus der Beurteilung der verschiedenen Strategien kann der Entscheid für eine bestimmte Strategie gefällt werden.

3.3.3. Massnahmen und Projekte

In einem weiteren Schritt geht es darum, die ausgewählte Strategie in vollziehbare Handlungen umzusetzen. Dies geschieht durch die Einleitung von **Massnahmen**. In Unternehmungen können die Massnahmen direkt von den zuständigen Geschäftseinheiten formuliert werden, da diese es auch sind, welche die Massnahmen durchführen müssen.

Die täglich anfallenden Aktivitäten im Rahmen der operativen Planung fallen jedoch nicht unter den hier behandelten Begriff der Massnahmen.

Dazu ein einfaches Beispiel:

Eine Strategie zur Erschliessung neuer Märkte kann folgende Massnahmen erfordern:
- Veränderung der bisherigen Werbekonzeption;
- Erweiterung der Aussendienstorganisation;
- Ausbildung der Vertriebsmitarbeiter;
- Preissenkungen zur Überbrückung der Markteintrittsbarriere;
- Bereitstellung zusätzlicher finanzieller Mittel.

Sehr oft zeigt sich so, dass eine Strategie durch im einzelnen verschiedene Massnahmen realisiert werden kann. In solchen Situationen sind die beschlossenen Massnahmen in verschiedenen Projekten in die Tat umzusetzen.

Projekte können somit als Massnahmenpakete verstanden werden, welche auf die Lösung eines abgrenzbaren Teilproblems im Rahmen einer Strategie ausgerichtet sind. Bei der Planung von Projekten spielen zwei Faktoren eine grosse Rolle. Es sind dies zum einen die verfügbaren Mittel in Form von finanziellen, technischen, personellen und wissensmässigen Ressourcen und zudem ist es die Zeit. Zeitbestimmend sind die logischen Abhängigkeiten zwischen den einzelnen Projekten sowie der beschränkte Zeitraum für die Abwicklung des zu planenden Projekts. Es kann daher wichtig sein, eine detaillierte Ablaufplanung für die Realisierung der Projekte zu erstellen.

Die Projekte sind demnach ein Instrument zur Umsetzung von Visionen und Strategien. So lassen sich bauliche Investitionsprojekte direkt aus den Strategien einer Unternehmung ableiten und ihre Ziele sind ein Bestandteil der Ziele derjenigen Unternehmung, welche die Investition tätigt und/oder nutzt.

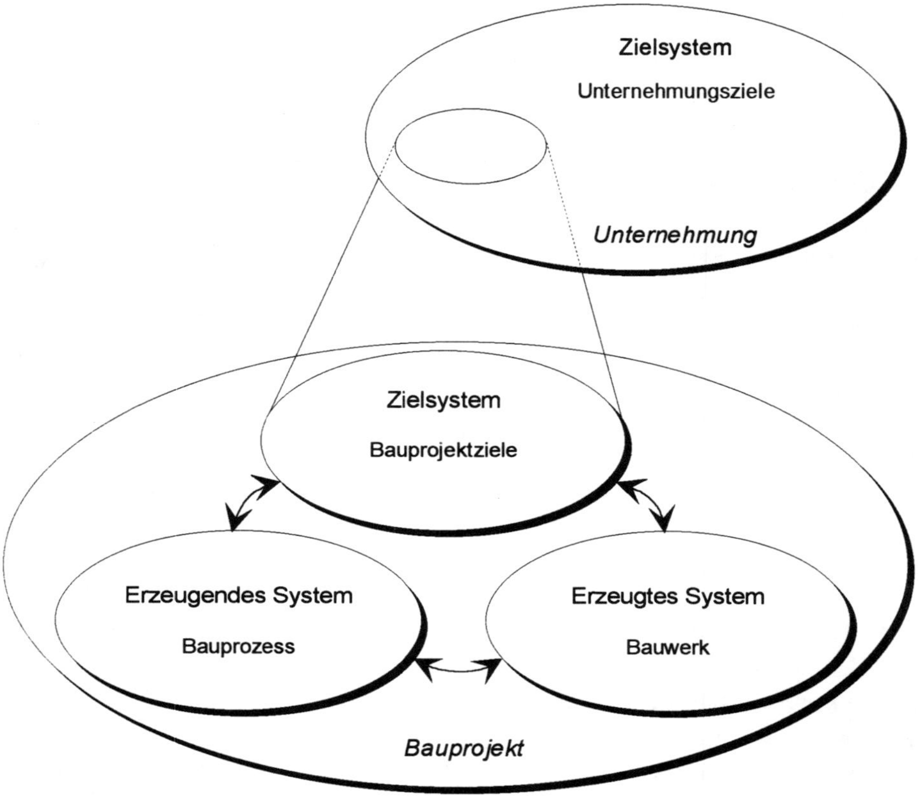

Figur 12: Zielsysteme im Bauprojekt

3.4. Rahmenbedingungen

Neben den Zielen, die dem Problemlösungsprozess eine Richtung geben und den Massstab zur Bestimmung des Projekterfolgs bilden, gibt es in jeder Problemsituation aber auch *Grenzen*, welche die Lösungssuche einschränken. Diese sogenannten **Rahmenbedingungen** geben dem Verhalten und Handeln einen mehr oder weniger formalen äusseren Rahmen, dessen Verbindlichkeit meistens über die blosse freiwillige Anerkennung hinausgeht. So gesagt definieren die Rahmenbedingungen den zulässigen Spielraum, der bei der Lösung von Problemen zur Verfügung steht. In bezug auf Projekte üben die Rahmenbedingungen einen Einfluss[26] auf die gesteckten Ziele aus, wobei sich *externe* und *interne* Rahmenbedingungen unterscheiden lassen. Es sind dies demnach Bestimmungsgrössen [Daenzer/Huber, 1994, Hg., S.121.ff], welche durch die Projektplanung nicht oder nicht mehr beeinflusst werden können. Sie können sich aus der Systemumwelt,

---

[26] vgl. dazu Seite 18
Figur: "Einflüsse auf Ziele von Organisationen"

übergeordneten Systemen oder aufgrund der vorgelagerten und laufenden Projektbearbeitung ergeben.

3.4.1. Externe Rahmenbedingungen

Offene Systeme[27] zeichnen sich durch Wechselwirkungen mit ihrer Umwelt aus. So beziehen z.B. Unternehmungen Inputs in Form von Produktionsfaktoren aus der Umwelt und geben nach einer Transformation Outputs in Form von Produktionsleistungen wieder an jene ab. Weil die Wechselwirkungen und Elemente aus der Systemumgebung nicht im Einflussbereich der Systeme liegen, bestehen Abhängigkeiten dieser Systeme gegenüber ihrer Umwelt. Werden diese Abhängigkeiten aus der Sicht des betreffenden Systems als relevant oder zwingend erachtet, so gelten sie aufgrund der Tatsache, dass sie nur sehr schlecht oder gar nicht beeinflusst werden können, als *externe Rahmenbedingungen.*

Ulrich/Probst [Ulrich/Probst, 1991, S.163] liefern in diesem Zusammenhang folgende Definition:

> "**Einflussfaktoren** sind jene Elemente und Beziehungen, auf die wir als Problemlöser keinen oder nur einen sehr geringen Einfluss ausüben können, die sich also von uns aus gesehen *von selbst* ändern können."

Aufgrund dieser Definition und bezogen auf Projekte sind die Einflussfaktoren dem direkten Einfluss durch das System weitgehend entzogen, so dass sie nicht oder nur in sehr geringem Mass beeinflusst werden können. Sie sind denn auch definitionsgemäss[28] keine Elemente des Systems sondern müssen zur Systemumwelt gezählt werden. Diese *Umweltfaktoren*[29] üben indessen einen Einfluss auf das System aus.

Dementsprechend werden alle Faktoren, die einen aus der Sicht des betrachteten Systems relevanten Einfluss ausüben und sich ihrerseits der Beeinflussung durch das System entziehen als externe Rahmenbedingungen bezeichnet. Dabei kann es auch vorkommen, dass das betrachtete System einen Einfluss auf seine Systemumgebung ausübt. Diese Wirkung ist jedoch im Zusammenhang mit andern Einflüssen in diesem Umsystem zu betrachten und kann aus der Sicht des betrachteten Systems nicht klar bestimmt werden, so dass die Umweltfaktoren über die Dauer eines Projekts als externe Rahmenbedingungen betrachtet werden können.

---

[27] vgl. dazu Seite 3
"Bei offenen Systemen können Teile innerhalb des Systems Beziehungen zu Teilen ausserhalb des Systems haben."

[28] vgl. dazu Seite 3
Definition des Systembegriffs

[29] vgl. dazu Seite 28
"Umweltfaktoren als relevante Elemente des Umsystems oder der Systemumgebung."

3.4.2. Interne Rahmenbedingungen

Neben den betrachteten Einflussfaktoren aus der Systemumgebung, die wenig bis gar nicht beeinflusst werden können, hat ein System auch die Möglichkeit, sich selbst Einschränkungen und Bedingungen in Form von systemeigenen oder *internen Rahmenbedingungen* aufzuerlegen. Bezogen auf bauliche Investitionsprojekte werden solche systemeigene Rahmenbedingungen in der Folge als **Anforderungen** bezeichnet. Sie können sich u.a. durch früher getroffene Entscheidungen oder durch Vorstellungen des Bestellers hinsichtlich Kosten und Terminen ergeben [Daenzer/Huber, 1994, Hg., S.50, S.121ff.[30]]. Ulrich/Probst [Ulrich/Probst, 1991, S.213] gehen davon aus, dass es sich dabei "nicht um unbeeinflussbare Rahmenbedingungen handelt, sondern um Faktoren, die auf einer bestimmten Lenkungsebene verändert werden können." Diese Meinung bringt zum Ausdruck, dass die internen Rahmenbedingungen im Einflussbereich des Systems selbst liegen, und es demnach irgendwo in dessen Organisation ein Gremium oder eine Stelle gibt, mit der Kompetenz sie zu verändern.

Die internen Rahmenbedingungen lassen sich nach unterschiedlichen Gesichtspunkten unterteilen. Wird die Einhaltung von internen Rahmenbedingungen stillschweigend vorausgesetzt, so kann von *vorausgesetzten Anforderungen* gesprochen werden, wie z.B. in bezug auf Bauprojekte bei der Einhaltung der gängigen Normen. Hier liegt es im Ermessen des Bestellers eines Bauwerks, auf die Einhaltung bestimmter darin festgelegter Regeln zu verzichten, solange dadurch keine externen Rahmenbedingungen, wie gesetzliche Vorschriften verletzt werden. Sind die internen Rahmenbedingungen im Sinne von Vorgaben explizit festgesetzt, so kann von *vorgegebenen Anforderungen* gesprochen werden. Bei baulichen Investitionsprojekten wird z.B. die Höhe der Investitionskosten oft vorgegeben. Hier liegt es im Kompetenzbereich des Bestellers eines Bauwerks, den Grenzwert für die Einhaltung der Investitionskosten nach Bedarf neu festzusetzen. Die Beantwortung der Frage, welche Anforderungen in einem baulichen Investitionsprojekt zwingend einzuhalten sind und welche nicht, hängt dabei weitgehend von der Gewichtung der darin gesteckten Ziele ab.

Aufgrund der Zusammenhänge[31] zwischen dem System der Unternehmungsziele und dem System der Bauprojektziele kann es nun vorkommen, dass sich einige Rahmenbedingungen für das Bauprojekt aus den Unternehmungszielen ergeben. Betrachtet man lediglich das System der Bauprojektziele, so gehören sie eindeutig zum Umsystem und werden als externe Rahmenbedingungen bezeichnet. Für eine Unternehmung als Besteller eines Bauwerks sind die Ziele des damit verbundenen baulichen Investitionsprojekts jedoch ein Subsystem und die hier betrachteten Einschränkungen oder Bedingungen sind somit interne Rahmenbedin-

---

[30] "Bestimmungsgrössen aus (1) der Umwelt des Systems, (2) früheren Entscheidungen, die vorläufig nicht beeinflusst werden können oder sollen, (3) den Vorstellungen des Auftraggebers, (4) den als unveränderlich angesehenen Teilen des Ist-Zustands."

[31] vgl. dazu Seite 29
Figur: "Zusammenhang zwischen Unternehmungs- und Bauprojektzielen"

gungen und werden als Anforderungen bezeichnet. Diese können je nach Kompetenzen innerhalb der Organisation des Bestellers verändert werden.

3.5. Handlungsmöglichkeiten

In jeder Problemsituation stehen Möglichkeiten zur Verfügung, um innerhalb der berücksichtigten Rahmenbedingungen nach Lösungen zu suchen, die in bezug auf die Erfüllung der gesteckten Ziele erfolgversprechend sind. Ist dies nicht der Fall, so handelt es sich dabei um einen Tatbestand, der einfach so hingenommen werden muss. Die in einer Problemsituation zur Verfügung stehenden Möglichkeiten einzugreifen, hängen jedoch von der gewählten Lösung ab. Je nach Lösung sind unterschiedliche Massnahmen zu ergreifen und durchzuführen.

Ist eine der möglichen Lösungen ein bauliches Investitionsprojekt[32], so stehen auch hier verschiedene Massnahmen zur Verfügung, um die gesteckten Ziele zu erreichen.

3.5.1. Handlungsfaktoren

Zur Modellierung von Bauprojekten gehört neben den Zielen und den Rahmenbedingungen noch eine weitere Komponente. Dabei geht es darum, Eingriffsmöglichkeiten in die Projekte zu finden oder anders gesagt, es geht darum Möglichkeiten zu finden, die in den Projekten zusammengefassten Massnahmen in die Tat umzusetzen.

Ulrich/Probst [Ulrich/Probst, 1991, S.163] sagen dazu folgendes:

> "**Handlungsfaktoren** sind jene Elemente und Beziehungen, die wir selbst durch Massnahmen verändern können."

Die Handlungsfaktoren eignen sich aufgrund der Eigenschaft, dass sie durch Massnahmen verändert werden können, als Ansatzpunkte, um in die Problemsituation einzugreifen. Sie bilden somit neben den Zielen und den Rahmenbedingungen die dritte wichtige Komponente in der Modellierung von baulichen Investitionsprojekten.

Die Projektziele geben dem Problemlösungsprozess eine Richtung, die Rahmenbedingungen definieren den zulässigen Spielraum zur Lösung der Probleme und die Handlungsfaktoren bieten die Ansatzpunkte, zur Problemlösung. Damit soll sichergestellt werden, dass die gesteckten Ziele erreicht werden und somit das Projekt erfolgreicht ist.

---

[32] vgl. dazu Seite 37
"Bauliche Investitionsprojekte können als Massnahmenpakete verstanden werden, welche auf die Lösung eines abgrenzbaren Teilproblems im Rahmen einer Strategie ausgerichtet sind."

3.5.2. Lenkungsfaktoren

Dank ihrer Eigenschaft, durch Massnahmen verändert werden zu können, bieten die Handlungsfaktoren einem Problemlöser die Möglichkeit, lenkend in den Problemlösungsprozess einzugreifen. Dabei kann [Ulrich/Probst, 1991, S.185] zwischen *lenkbaren* und *nicht lenkbaren Faktoren* unterschieden werden. Die Beantwortung der Frage, ob ein solcher Faktor als lenkbarer Handlungsfaktor bezeichnet werden kann oder nicht, hängt von den Kompetenzen des jeweiligen Problemlösers ab, entsprechende Massnahmen anzuordnen und durchzusetzen.

Komplexe[33] Systeme, wie bauliche Investitionsprojekte, zeichnen sich durch eine Vielzahl von Projektbeteiligten aus. Eine Stufe des Problemlösungsprozesses besteht aus dem Organisieren[34] des einzelnen Projekts. Dafür werden unter anderem verschiedene *Entscheidungsebenen* innerhalb der Organisation gebildet und mit unterschiedlichen Kompetenzen ausgestattet. In solchen mehrstufig organisierten Systemen können die Lenkungsmöglichkeiten nur ermittelt werden, wenn von einer mit bestimmten Kompetenzen ausgestatteten **Lenkungsebene** ausgegangen wird.

Diese Strukturierung der Problemsituation nach Lenkungsebenen hat in bezug auf bauliche Investitionsprojekte eine Strukturierung des betrachteten Systems nach Systemebenen[35] zur Folge. So kann es sein, dass ein bestimmtes Problem auf der im Moment betrachteten Systemebene nicht gelöst werden kann. Auf einer höheren Systemebene kann sich das selbe Problem durchaus als lösbar erweisen, weil dazu notwendige Rahmenbedingungen oder Handlungsfaktoren verändert werden können.

Bei der Aufteilung der in der Modellierung der Problemsituation betrachteten Faktoren in lenkbare und nicht lenkbare Faktoren gehören die Umweltfaktoren zu den nicht lenkbaren Faktoren. Aber auch innerhalb des Systems sind wie gesagt nicht alle Handlungsfaktoren auch lenkbare Faktoren. Dies hängt mit der begrenzten Kompetenz einer bestimmten Lenkungsebene zusammen. So können einzelne Handlungsfaktoren erst in einer höheren Lenkungsebene verändert werden, weil nur die Entscheidungsträger in dieser Lenkungsebene mit der Kompetenz ausgestattet sind, bestimmte Massnahmen anzuordnen und durchzusetzen. In der Folge sollen daher nur alle in einer bestimmten Lenkungsebene lenkbaren Handlungsfaktoren als **Lenkungsfaktoren** bezeichnet werden. Für einen Besteller von Bauleistungen in der obersten Lenkungsebene eines baulichen Investitionsprojekts sind jedoch alle darin betrachteten Handlungsfaktoren zugleich auch Lenkungsfaktoren.

---

[33] vgl. dazu Seite 5
"Komplexität eines Systems als die Fähigkeit, in einer gegebenen Zeitspanne eine grosse Zahl von verschiedenen Zuständen annehmen zu können."

[34] vgl. dazu Seite 6
"Organisieren im instrumentalen Sinn als ordnendes Gestalten von Systemen und sozialen Gebilden, dessen Ergebnis eine Organisation ist."

[35] vgl. dazu Seite 29
Figur: "Zusammenhang zwischen Unternehmungs- und Bauprojektzielen"

4. Ansatz zur ganzheitlichen Zielbildung und Lenkung von Bauprojekten

Im hier betrachteten Systemansatz wird versucht, die komplexen Problemsituationen im Zusammenhang mit baulichen Investitionsprojekten modellhaft darzustellen. Die gewählte Betrachtungsweise leitet sich aus den vorangegangen Ausführungen ab und lässt sich wie folgt graphisch darstellen:

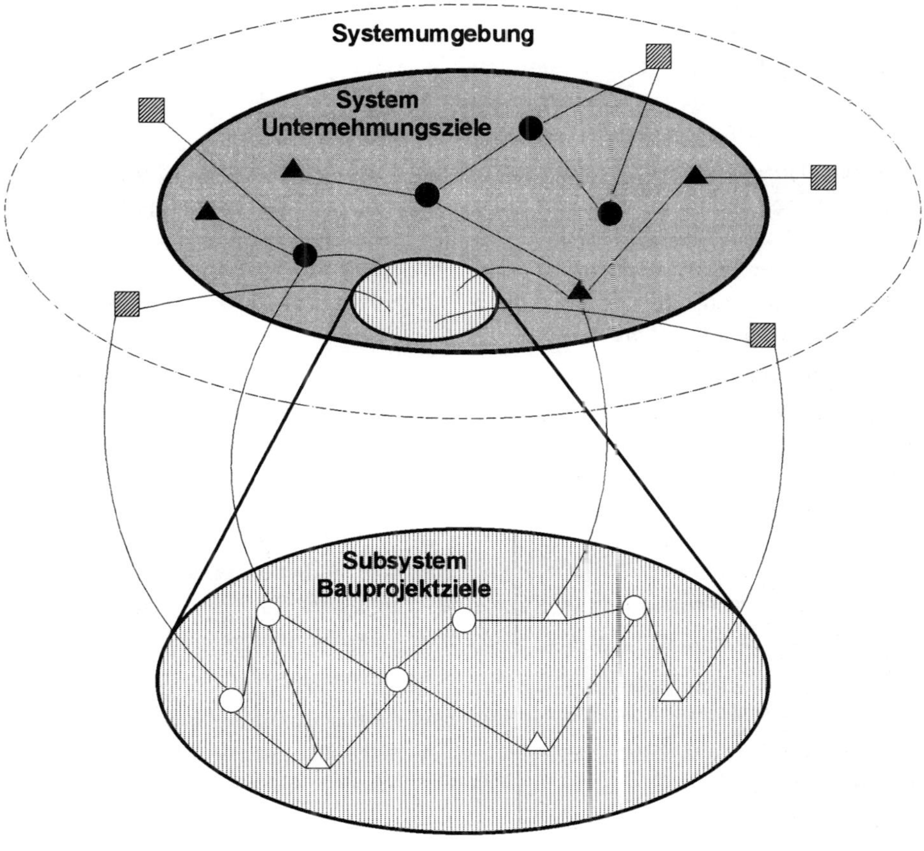

Legende:

○ Bauprojektziele ● Unternehmungsziele
△ bauliche Lenkungsfaktoren ▲ betriebliche Lenkungsfaktoren ▨ Umweltfaktoren

Figur 13: Betrachteter Systemansatz

Die betrachtete komplexe Problemsituation eines baulichen Investitionsprojekts in einer Unternehmung besteht, wie bereits ausgeführt,[36] aus den Zielen, welche dem Problemlösungsprozess eine Richtung geben, den Rahmenbedingungen, die den zulässigen Spielraum zur Lösung der Probleme definieren und den Handlungsfaktoren als Ansatzpunkte zur Problemlösung.

Die Ziele der Unternehmung, welche die Investition tätigt und/oder nutzt, werden als System der Unternehmungsziele betrachtet. Die Bauprojektziele des dadurch ausgelösten baulichen Investitionsprojekts werden als Subsystem der Unternehmungsziele betrachtet. Die übrigen Faktoren im System werden aus der Sicht des Bestellers als Lenkungsfaktoren betrachtet, welche einen Einfluss auf die betrachteten Unternehmungs- und Bauprojektziele ausüben. System und Subsystem sind in eine Systemumgebung mit Umweltfaktoren eingebettet.

Ziele und Umweltfaktoren haben Beziehungen untereinander. Aufgrund der *Vernetztheit*[37] des betrachteten Systems lassen sich darin einflussreiche und beeinflussbare Elemente unterscheiden. Die *einflussreichen* Elemente üben über die zahlreichen Beziehungen einen starken Einfluss auf die andern Elemente im System aus, wogegen die *beeinflussbaren* Elemente durch die andern Elemente im System stark beeinflusst werden.

Alle Entscheidungen im Projektablauf werden durch Entscheidungsträger auf den verschiedenen Lenkungsebenen gefällt. Die Umsetzung derjenigen Entscheide, welche sich auf Handlungsfaktoren beziehen, erfolgt durch Massnahmen, die an den jeweiligen *Handlungsfaktoren*[38] ansetzen und diese verändern. Die Kompetenz, bestimmte Handlungsfaktoren zu verändern, wird dabei einer bestimmten Lenkungsebene zugeordnet, und alle in einer Lenkungsebene veränderbaren Handlungsfaktoren werden als *Lenkungsfaktoren*[39] dieser Lenkungsebene bezeichnet. So wird es möglich, aufgrund des Einflusses der Lenkungsfaktoren im betrachteten System, lenkend in ein bauliches Investitionsprojekt einzugreifen und Probleme zu lösen.

Die Handlungsfaktoren im betrachteten System der Unternehmungziele bilden für den Besteller[40] eines Bauwerks in der entsprechenden Lenkungsebene und mit der Kompetenz sie zu verändern die betrieblichen Lenkungsfaktoren. Analog dazu

---

[36] vgl. dazu Seite 41
"Handlungsfaktoren bilden neben den Zielen und den Rahmenbedingungen die dritte wichtige Komponente bei der Modellierung von baulichen Investitionsprojekten."

[37] vgl. dazu Seite 29
"Vernetzheit eines Systems in Form eines vielfältigen Beziehungsgeflechts zwischen den einzelnen Systemelementen."

[38] vgl. dazu Seite 41
"Handlungsfaktoren sind jene Elemente und Beziehungen, die wir selbst durch Massnahmen verändern können."

[39] vgl. dazu Seite 42
"Lenkungsfaktoren als alle in einer bestimmten Lenkungsebene lenkbaren Handlungsfaktoren."

[40] vgl. dazu Seite 15
"Dem Besteller eines Bauwerks werden die Funktionen Investor, Benutzer, Betreiber und Bauherr zugeordnet."

bilden die Handlungsfaktoren im Subsystem der Bauprojektziele für den Bauherrn als Baufachorgan des Bestellers in der entsprechenden Lenkungsebene und mit der Kompetenz sie zu verändern die baulichen Lenkungsfaktoren. Dabei liegt es im Ermessen des Bauherrn, ob er die Kompetenz, einzelne Handlungsfaktoren zu verändern, an eine tiefere Lenkungsebene delegiert.

Die in der Systemumgebung zusammengefassten Umweltfaktoren haben Beziehungen zu Systemelementen und üben somit einen Einfluss auf das System aus. Diese Einflussfaktoren unterliegen aber, im Gegensatz zu den Systemelementen, nicht dem direkten Einfluss des Systems. Die einflussreichen Elemente unter den Umweltfaktoren nehmen in bezug auf den Projekterfolg und die damit verbundene Zielerfüllung eine Schlüsselposition ein und werden deshalb als **Schlüsselfaktoren** bezeichnet.

In der Folge gilt es nun einen Weg zu finden, mit dessen Hilfe die einflussreichen Elemente unter den betrachteten Zielen und Umweltfaktoren von den beeinflussbaren Elementen getrennt werden können. Nur so wird es möglich, wirksame Eingriffsmöglichkeiten im betrachteten Systemansatz - als Modellierung der Problemsituation - zu finden und die Probleme zu lösen.

Der Besteller eines Bauwerks als Investor, Benutzer, Betreiber und Bauherr hat im betrachteten Systemansatz mit Umweltfaktoren, Unternehmungs- und Bauprojektzielen sowie Handlungsfaktoren die folgenden Möglichkeiten, um auf den Erfolg seines Investitionsprojekts Einfluss zu nehmen.

- Er kann die **Zieldefinition** für die Unternehmungsziele sowie für die Bauprojektziele vorgeben.
- Da nicht alle Ziele aus seiner Sicht den selben Stellenwert einnehmen, wird er eine **Zielgewichtung** vornehmen müssen.
- Er kann **interne Rahmenbedingungen** festlegen.
- Mit der Wahl einer bestimmten Handlungsstrategie kann der Besteller entscheiden, welche Handlungsfaktoren in welcher Form verändert werden. Bezogen auf das Bauprojekt hat der Bauherr als Baufachorgan des Bestellers die Möglichkeit, bei ihm wichtig erscheinenden **Handlungsfaktoren** selbst zu entscheiden. Diese baulichen Lenkungsfaktoren bilden für den Bauherrn Handlungsmöglichkeiten, welche es ihm erlauben, auf die Erfüllung einzelner gesteckter Ziele Einfluss zu nehmen und so lenkend in das Bauprojekt einzugreifen.

  So können z.B. die gesteckten Bauprojektziele den Ausbaustandard des Gebäudes als veränderbaren Faktor offen lassen. In diesem Fall kann durch die Wahl eines bestimmten Ausbaustandards als Handlungsfaktor ein Einfluss auf bestimmte Bauprojektziele wie z.B. die Kosten ausgeübt werden.

Aufgrund der bisherigen Ausführungen und in Anlehnung an die ganzheitliche Problemlösungsmethodik [Ulrich/Probst, 1991] wird ein Vorgehen in sechs Schritten vorgeschlagen.

1. Bestimmen der Ziele und Umweltfaktoren
   - Umweltfaktoren
   - Unternehmungsziele
   - Bauprojektziele
2. Aufbau des Netzwerks
   - Gewichtung der Ziele
   - Betrachtete Wirkungsbeziehungen
   - Klassifizierung der Elemente
3. Analyse des Netzwerks
   - Einflüsse von Veränderungen in der Zielgewichtung auf das Netzwerk
   - Sensitivitätsanalyse zur Stabilitätsprüfung der Elementklassierung
4. Bestimmen der Lenkungsmöglichkeiten
   - Handlungsstrategien
   - Handlungsbereiche/Handlungsfaktoren
5. Einfügen der Handlungsfaktoren in das Netzwerk
   - Handlungsfaktoren zum betrachteten Zeitpunkt im Projektablauf
   - Einfluss der Zielgewichtung auf die Auswahl von Handlungsfaktoren
6. Analyse des erweiterten Netzwerks
   - Klassifizierung der Elemente für eine bestimmte Handlungsstrategie
   - Lenkungsmassnahmen einleiten.

Da es sich bei den hier betrachteten baulichen Investitionsprojekten um komplexe Problemsituationen handelt, darf die vorgeschlagene logische Gliederung der einzelnen Vorgehensschritte nicht als eine chronologische Abfolge aufgefasst werden. Es ist demnach nicht zwingend erforderlich, dass der erste Schritt vollständig abgeschlossen sein muss, bevor der zweite erfolgen kann. Bei komplexen Problemsituationen ist vielmehr ein iteratives Vorgehen erforderlich, wobei einzelne der hier vorgeschlagenen Schritte mehrfach durchlaufen werden müssen. Dabei ist es wichtig, dass das hier vorgeschlagene Vorgehen in beiden Richtungen durchlaufen werden kann, dass also der Weg zurück zu einem bereits durchlaufenen Schritt ebenfalls möglich ist.

4.1. Bestimmen der Ziele und Umweltfaktoren

Im ersten Schritt geht es um die Klärung der Zielsetzung und das Aufzeigen der massgebenden Einflussgrössen auf das bauliche Investitionsprojekt. Dazu ist es notwendig eine Systemabgrenzung vorzunehmen und die auf das System einwirkenden Umweltfaktoren sowie die Ziele des Systems und des betrachteten Subsystems zu bestimmen.

4.1.1. Umweltfaktoren

Unter der Umwelt eines Systems sind externe Bedingungen zu verstehen, in deren Rahmen sich ein System entwickelt. Die Systemumwelt [Probst, 1993, Hg., S.296ff.] lässt sich in verschiedene Bereiche unterteilen und jeder dieser Bereiche enthält Umweltfaktoren. Diejenigen Elemente unter den Umweltfaktoren, welche einen Einfluss auf das betrachtete System ausüben, können als Einflussfaktoren[41] bezeichnet werden.

Allgemein lassen sich wirtschaftliche, soziale, politische, rechtliche und technische Umweltfaktoren unterscheiden. Diese Unterteilung umfasst alle aus der Sicht einer Unternehmung relevanten Aspekte ihrer Umwelt. Je nach Problemstellung können sich die betreffenden Umweltfaktoren etwas anders gliedern. In der Folge werden die Umweltfaktoren kurz umrissen.

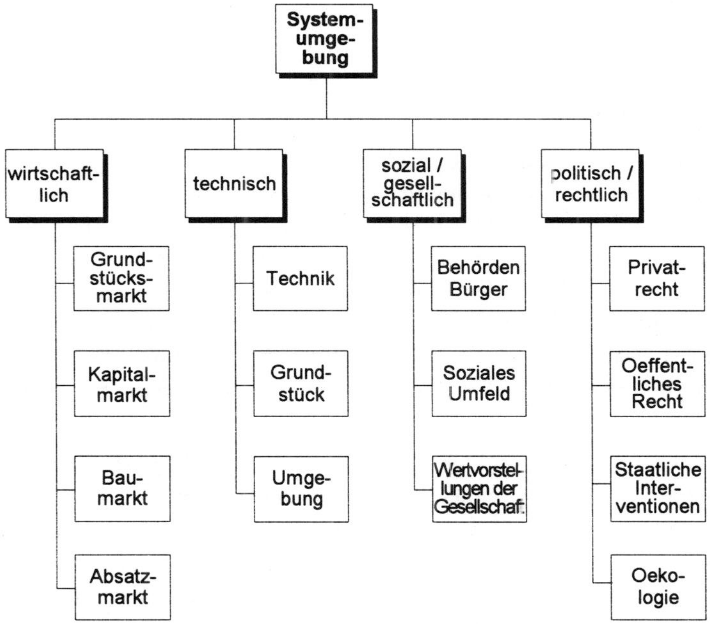

Figur 14: Mögliche Gliederung der Umweltfaktoren für bauliche Investitionsprojekte

WIRTSCHAFTLICHE UMWELTFAKTOREN

Mit Bezug auf bauliche Investitionsprojekte umfassen die wirtschaftlichen Umweltfaktoren alle übergeordneten wirtschaftlichen Einflussgrössen, welche die Abwicklung und die Kosten der Projekte beeinflussen können [Scheifele, 1991, S.A48]. Es sind dies unter anderem [Berger, 1988, S.A72ff.]:

---

41 vgl. dazu Seite 39
"Einflussfaktoren sind jene Elemente und Beziehungen, auf die wir als Problemlöser keinen oder nur einen sehr geringen Einfluss ausüben können, die sich also von uns aus gesehen von selbst verändern können."

- Der Grundstücksmarkt; er richtet sich nach der Verfügbarkeit von Grundstücken und den Bodenpreisen.
- Der Kapitalmarkt; er richtet sich nach Kapitalverfügbarkeit und Zinsniveau.
- Der Baumarkt; er richtet sich nach Wettbewerbsintensität und Preisniveau. Der Baukostenindex gibt darüber Aufschluss.
- Der Absatzmarkt; er dient zur Standortevaluation auf der Grundlage von Ertragsprognosen und richtet sich nach der Marktattraktivität der im betrachteten Bauwerk erzeugten Produkte. Die Marktattraktivität gehorcht unter anderem den folgenden Grössen:
  - Marktgrösse und -wachstum;
  - Branchenrentabilität;
  - Technologisches Innovationspotential;
  - Konjunkturanfälligkeit.

TECHNISCHE UMWELTFAKTOREN

Die technischen Umweltfaktoren beschreiben im wesentlichen das natürliche und technische Umfeld einer Unternehmung. Darin werden Aspekte wie branchenübliche Techniken oder Innovationen zusammengefasst. Darüber hinaus sind je nach Problemstellung unterschiedliche Aspekte des natürlichen Umfelds zu berücksichtigen. In bezug auf bauliche Investitionsprojekte können dies mögliche Grundstücke sowie deren Umgebung sein. Bei Unterhalts- und Erneuerungsprojekten kann das bestehende Bauwerk so dominant werden, dass alle damit in Verbindung stehenden Umweltfaktoren zu einem neuen Bereich zusammengefasst werden müssen.

Wenn die technischen Faktoren [Scheifele, 1991, S.A48] im wesentlichen das natürliche und technische Umfeld eines Bauwerks beschreiben, so lassen sich die diesbezüglich bestimmenden Faktoren in die folgenden Gruppen unterteilen:

- Das Grundstück selbst ist bestimmt durch [Aggteleky, 1990, Band1, S.304ff.]
  - seine Lage in oder zu einem Industrie- bzw. Gewerbegebiet oder Wohngebiet;
  - seine geologische Situation (Erdbeben, Rutsche, Senkungen, Hochwasser);
  - seine geometrischen Merkmale (Eignung zur Unterteilung und Topographie);
  - seinen Grenzverlauf
  - ev. sich darauf befindende bestehende Bauwerke.
- Die Umgebung ist bestimmt durch
  - die Versorgung (Energie, Wasser,...), die Entsorgung (Abfälle, Abwasser,...);
  - die Verkehrslage (Strassennetz, Eisenbahnnetz);
  - das Klima;
  - die Nachbarn bzw. gemeinsame Infrastruktureinrichtungen.

Bei Unterhalts- und Erneuerungsprojekten kann ein sich auf dem betrachteten Grundstück befindliches bestehendes Bauwerk eine zentrale Einflussgrösse bildet. Dazu lassen sich im wesentlichen die folgenden Aspekte unterscheiden:

- Der Standort:
  Das bestehende Bauwerk in seiner mittelbaren Umgebung. Darin sind Faktoren wie schützenswerte Teile, Erschliessung, Nachbarbauten usw. zusammengefasst.
- Der Zustand:
  Das bestehende Bauwerk in seinem heutigen Zustand. Darin sind Faktoren wie die Eignung für bestimmte Nutzungsarten, die bestehende Bausubstanz usw. zusammengefasst.
- Benutzer/Betreiber:
  Die bisher im betreffenden Gebäude untergebrachten Benutzer und Betreiber.

SOZIALE/GESELLSCHAFTLICHE UMWELTFAKTOREN

Das soziale Umfeld eines baulichen Investitionsprojekts umfasst alle gesellschaftlichen Komponenten, welche damit zusammenhängen. Manchmal sind zahlreiche Menschen oder Interessengruppen von den Entscheidungen oder Handlungen innerhalb eines Bauprojekts betroffen. Je nach Problemstellung sind verschiedene Gruppierungen, soziale Aspekte und gesellschaftliche Wertvorstellungen zu berücksichtigen.

Bezüglich den gesellschaftlichen Wertvorstellungen können die folgenden Aspekte unterschieden werden:

- Die Einstellung der Behörden und Bürger zu Bauvorhaben in ihrer Region;
- Das soziale Umfeld, in dem ein Bauvorhaben verwirklicht werden soll;
- Die moralischen, ethischen und ästhetischen Wertvorstellungen der Gesellschaft.

POLITISCHE/RECHTLICHE UMWELTFAKTOREN

Die politischen/rechtlichen Umweltfaktoren können nicht ignoriert werden, da sie dem Handlungsspielraum Grenzen setzen und ausserdem den Rahmen der Gesellschafts- und Wirtschaftsordnung abstecken, in die sich eine Unternehmung eingliedert. Der politische Bereich ist kaum vom juristischen zu trennen, da die Gesetze lediglich das formelle Ergebnis der Entscheidungen einer Gesellschaft darstellen. Je nach Art der Problemstellung sind unterschiedliche politische/rechtliche Aspekte zu berücksichtigen. Die ökologischen Aspekte werden meistens nur berücksichtigt, wenn eine Unternehmung aufgrund von Gesetzen oder Normen dazu verpflichtet wird. Sie fallen deshalb unter die politischen/rechtlichen Umweltfaktoren.

Werden innerhalb der politisch/rechtlichen Faktoren die entsprechenden Regeln und Steuerungsmechanismen zusammengefasst, so sind unter anderem die folgenden Aspekte zu berücksichtigen:

- Privatrechtliche Faktoren wie:
  - Nachbarrecht (Sichern von Nachbargrundstücken und Einwirkungen darauf);
  - Eigentumsverhältnisse;
  - Dienstbarkeiten;
  - Spätere Zukaufsmöglichkeiten (Vorkaufsrecht, Option).
- Öffentlichrechtliche Faktoren [Berger, 1988, S.A72ff.] wie:
  - Wahrung der öffentlichen Sicherheit, Abwehr von Gefahren für die Allgemeinheit (z.B. Grenzabstände, Baupolizei, Gebäudehöhe, Feuerpolizei, Umweltgefährdung im Katastrophenfall, usw.);
  - Zweckmässige Nutzung des Bodens (z.B. Zonenpläne, Bebauungsziffern, Gestaltungspläne, usw.);
  - Erhaltung oder Anpassung des Landschaftsbilds (z.B. Raumplanung, Freihaltezonen, usw.).
- Staatliche Interventionen; sie dienen zur Lenkung einzelner Wirtschaftszweige. Die dem Staat zur Verfügung stehenden Lenkungsmittel sind Subventionen und Steuern, wie z.B.:
  - Steuerliche Erleichterungen;
  - Übernahme von Erschliessungsarbeiten;
  - Gebühren und Abgaben.
- Oekologische Faktoren [Aggteleky, 1990, Band1, S.307ff.] wie:
  - Gewässerschutz (z.B. Wasser- und Wärmeentnahme oder -abgabe an Gewässer);
  - Luftverschmutzung (mit Abluft, Abgase, Staub usw.);
  - Lärmbekämpfung (z.B. Lärmbelastungen innerhalb und ausserhalb des Gebäudes);
  - Energieverbrauch (z.B. Energierückgewinnung, usw.).

4.1.2. Unternehmungsziele

Die Ziele einer Unternehmung als Besteller eines Bauwerks hängen stark von der Branche ab, in der die betreffende Unternehmung tätig ist. Die Gliederung der Unternehmungsziele kann sich dabei nach der Organisationsstruktur des Bestellers eines Bauwerks richten. Beim Besteller eines Bauwerks aus dem privatwirtschaftlichen Sektor, einer Unternehmung, lassen sich u.a. Zielbereiche wie Einkauf, Produktion, Absatz, hergestellte oder vertriebene Produkte, Marketing oder Organisation unterscheiden. Beim Besteller eines Bauwerks der öffentlichen Hand lassen sich die Ziele z.B. aufgrund der unterschiedlichen Funktionen des Bestellers in die Bereiche Investorenziele, Benutzerziele und Betreiberziele unterteilen.

In diesem Zusammenhang wird als Beispiel eine mögliche Zielhierarchie von Unternehmungszielen aus dem privatwirtschaftlichen Sektor aufgezeigt.

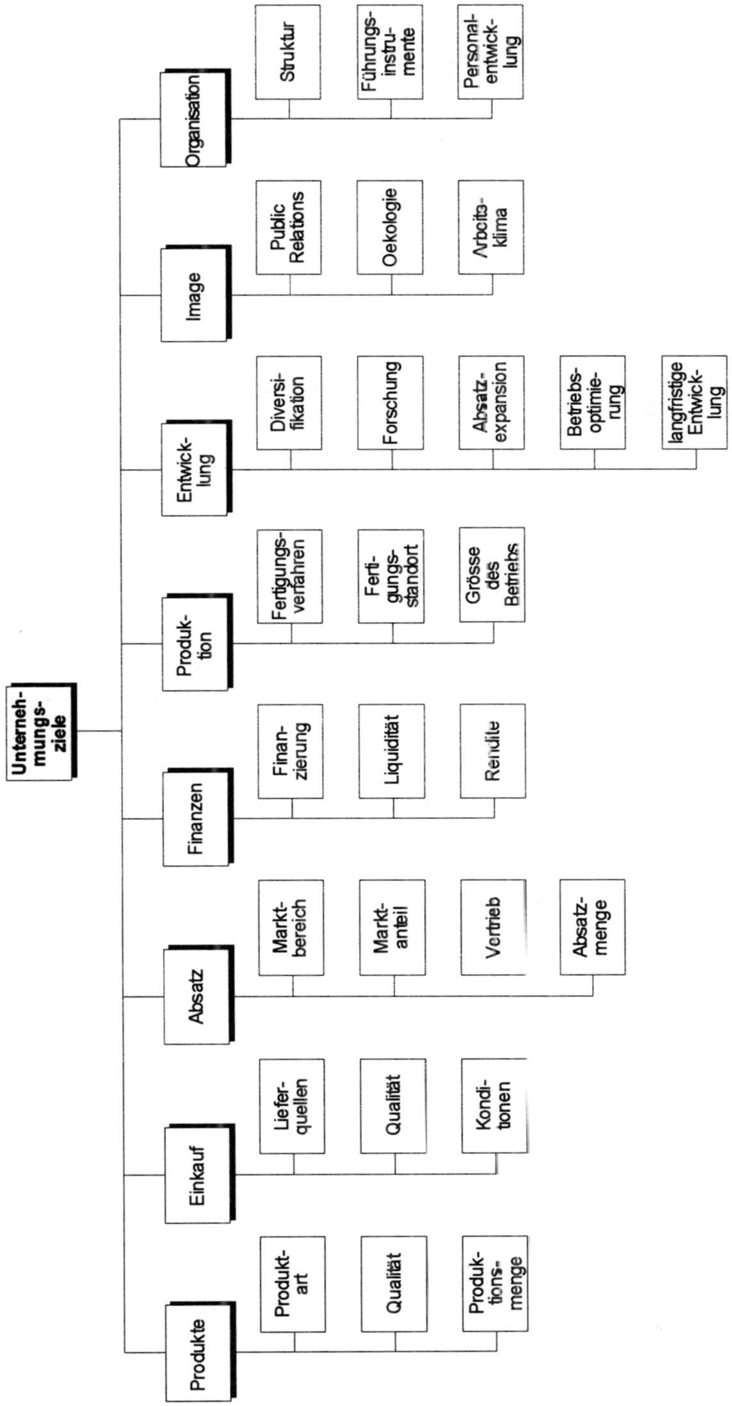

Figur 15: Mögliches System der Unternehmungsziele

ZIELBEREICH PRODUKTE

Als Produkt einer Unternehmung wird hier der Output in Form von Gütern oder Dienstleistungen bezeichnet. In diesem Zusammenhang wird speziell auf Unternehmungen eingegangen, die Güter herstellen und/oder Waren vertreiben. Die Produktpolitik ist eines der wichtigsten Planungsgebiete der Unternehmungspolitik. Von ihr hängt die zukünftige Betriebsplanung ab, da der Betrieb auf das künftige Produktsortiment und die zu erwartenden Produktionsmengen ausgerichtet werden muss.

ZIELE:

- Markt- und branchengerechte Produkte;
- Qualitativ hochstehende Produkte (wenig Ausfall, zeitgerecht, konkurrenzfähig);
- Markt- und branchengerechte Produktionsmengen.

ZIELBEREICH EINKAUF

Um Produkte herstellen zu können, muss die Unternehmung Güter einsetzen, die sie von anderen Wirtschaftseinheiten bezieht. Im weitesten Sinn kann unter dem Einkauf die Beschaffung der für den gesamten Produktionsprozess erforderlichen Betriebsmittel, Werkstoffe, Arbeitsleistungen und Informationen verstanden werden.

ZIELE:

- Leistungsfähige und krisensichere Lieferquellen;
- Sicherung konkurrenzfähiger Lieferquellen;
- Kontinuierliches Zurverfügungstellen von qualitativ hochstehenden Betriebsmitteln, Werkstoffen, Arbeitsleistungen und Informationen zu guten Konditionen.

ZIELBEREICH ABSATZ

Darunter wird die verkaufte Menge der erstellten Produkte bzw. Leistungen verstanden. Die Produkte oder Dienstleistungen, die eine Unternehmung anbietet, müssen einen genügenden Absatz finden. Ohne genügenden Absatz der eigenen Produkte oder Dienstleistungen kann eine Unternehmung nicht überleben.

ZIELE:

- Produktgerechter Abnehmerkreis;
- Marktgerechter Vertrieb der Produkte;
- Bestmögliche Betreuung der Kunden (inkl. Service usw.);
- Erreichen der geplanten Absatzmengen.

Zielbereich Finanzen

Bei den Finanzen interessiert die Zusammenarbeit mit Kapitalgebern (Eigenkapital- und Fremdkapitalgeber) mit dem Ziel, die Geldmittel für die Tätigkeit der Unternehmung im erforderlichen Umfang sicherzustellen und einen möglichst grossen Gewinn im Verhältnis zum eingesetzten Kapital zu erwirtschaften. Dieses Ziel wird als Rentabilitätsmaximierung bezeichnet.

Ziele:

- Finanzielle Unabhängigkeit und gesunde Entwicklung der Unternehmung durch einen angemessenen Eigenkapitalanteil;
- Investitionen zur Verbesserung des Leistungsangebots und der Produktivität;
- Sicherstellung der Liquidität;
- Hohe Rentabilität des eingesetzten Kapitals.

Zielbereich Produktion

Unter diesem Zielbereich sind alle jene Ziele zusammengefasst, die sich mit der Herstellung der Produkte oder Dienstleistungen befassen. Sie stehen in enger Beziehung mit dem gewünschten Absatz. Standort und Art der Herstellung haben einen grossen Einfluss auf die Herstellungskosten und somit auf den Absatz der Produkte.

Ziele:

- Optimales Betriebslayout in bezug auf minimalen Ressourcenverbrauch, die Fertigungsart und die Flexibilität der Anlage;
- Betriebstechnisch optimaler Standort hinsichtlich Einkauf, Fertigung und Vertrieb;
- Ermöglichen einer rationellen und konkurrenzfähigen Produktion;
- Bereitstellen von minimalen Überkapazitäten zur Erhöhung der Produktionsflexibilität.

Zielbereich Entwicklung

Dieser Bereich umfasst alle Zielsetzungen, welche sich mit dem Fortbestand und der Weiterentwicklung der Unternehmung befassen. Eine zukunftsorientierte Unternehmung kann sich nicht nur mit der Verbesserung der bestehenden Produkte begnügen, sondern muss auch nach neuen Produkten Ausschau halten.

ZIELE:

- Diversifikation durch Erschliessung neuer Marktsegmente und Allianzen mit anderen Unternehmungen zur Unterstützung der eigenen Aktivitäten;
- Weiterentwicklung des eigenen Produktesortiments durch Forschung und Entwicklung, strategische Allianzen oder Übernahmen;
- Wachstum der Unternehmung durch eine Erhöhung der Produktions- und Absatzmenge;
- Umsatzsteigerung;
- Sicherung des unternehmerischen Fortbestands durch eine Optimierung der betrieblichen Anlagen;
- Erhöhung der unternehmerischen Flexibilität.

ZIELBEREICH IMAGE

Hier sind alle Zielsetzungen zusammengefasst, welche sich mit dem Erscheinungsbild befassen, das die Unternehmung gegenüber ihrer Umwelt hat oder anstrebt. Abhängig vom Ruf der Unternehmung werden bestimmte Gruppen angesprochen oder ausgegrenzt.

ZIELE:

- Selbstverständnis der Unternehmung nach aussen überzeugend darstellen;
- Entwicklung eines positiven Vorstellungsbildes vom Betrieb bei allen Interessengruppen, die für die Weiterführung des Betriebs wichtig sind, wie Lieferanten, Kunden, Kapitalgeber und Mitarbeiter;
- Starkes Engagement in ökologischen Belangen;
- Gutes Arbeitsklima unter den Mitarbeitern.

ZIELBEREICH ORGANISATION

Hier sind alle Zielsetzungen zusammengefasst, welche sich mit der Organisation und der Führung einer Unternehmung befassen.

ZIELE:

- Eine den Bedürfnissen des Marktes und des Betriebs angepasste Führungs- und Organisationsstruktur;
- Effektive und effiziente Führungsinstrumente;
- Die Zukunft der Unternehmung ist in personeller Hinsicht zu sichern;
- Motivation der Mitarbeiter auf allen Stufen.

4.1.3. Bauprojektziele

Die Bauprojektziele gehen von einer ursprünglichen Aufgabenstellung des Bauherrn aus. Diese Aufgabenstellung umfasst den IST-Zustand als Ausgangslage sowie Vorstellungen des Bauherrn von einem zukünftigen oder angestrebten SOLL-Zustand. Dazu gehören oft auch Ideen zur gewünschten Art der Lösung und zum Vorgehen (z.B. Neubau-, Unterhalt- oder Erneuerungsprojekte).

Die Bauprojektziele stehen in enger Beziehung[42] zu den Zielen der Unternehmung, welche die Investition tätigt und/oder nutzt[43]. Sie umfassen [Scheifele, 1991] u.a. wirtschaftliche Ziele bezüglich des Bauwerks und dessen Betrieb. Daneben lassen sich aber auch Ziele im Hinblick auf gewünschte Funktionen des Bauwerks sowie Vorstellungen bezüglich der Qualität des Betriebs der Anlagen und für das Verhalten des Bauwerks im Verlauf der Zeit definieren. Ausserdem enthalten die Bauprojektziele Präferenzen betreffend die Organisation und die Abwicklung des Bauprojekts.

Bei der nachfolgenden Aufstellung eines Zielsystems für die Bauprojektziele wurde auf die grundsätzlichen Unterscheidungsmerkmale der Ziele[44] in Vorgehens- und Systemziele zurückgegriffen. Somit lassen sich die Bauprojektziele in zwei Hauptkomponenten[45] aufgliedern. Einerseits gibt es *Vorgehensziele*, die sich mit dem Prozess des Planens und Bauens befassen. Sie sind unter dem Hauptziel **Bauprozess** zusammengefasst. Andererseits gibt es ergebnisorientierte *Systemziele*. Sie befassen sich mit dem Bauwerk als Produkt dieses Prozesses sowie dessen Nutzung und sind unter dem Hauptziel **Bauwerk** zusammengefasst.

Die folgende Zusammenstellung der Bauprojektziele ist so umfassend, dass sie sowohl bei Neubauprojekten, wie auch bei Unterhalts- und Erneuerungsprojekten an bestehenden Bauwerken angewendet werden kann. Bei der konkreten Betrachtung von Neubau- oder Erhaltungsprojekten kann jedoch die Gewichtung der einzelnen Ziele variieren, so dass einzelne der hier aufgeführten Ziele allenfalls aufgrund ihres im konkreten Fall sehr kleinen Gewichts gar nicht betrachtet werden müssen.

In der Folge werden alle Bereiche des Zielsystems näher betrachtet. Dazu sind die unter einem Zielbereich berücksichtigten Aspekte umschrieben und die wichtigsten Bauprojektziele definiert.

---

[42] vgl. dazu Seite 29
Figur: "Zusammenhang zwischen Unternehmungs- und Bauprojektzielen"

[43] vgl. dazu Seite 2
"Die Ziele von baulichen Investitionsprojekten, welche aufgrund von betrieblichen Bedürfnissen einer Unternehmung ausgelöst worden sind, haben in erster Linie die Ziele und Bedürfnisse dieser Unternehmung zu erfüllen."

[44] vgl. dazu Seite 16

[45] vgl. dazu Seite 38
Figur: "Zielsysteme im Bauprojekt"

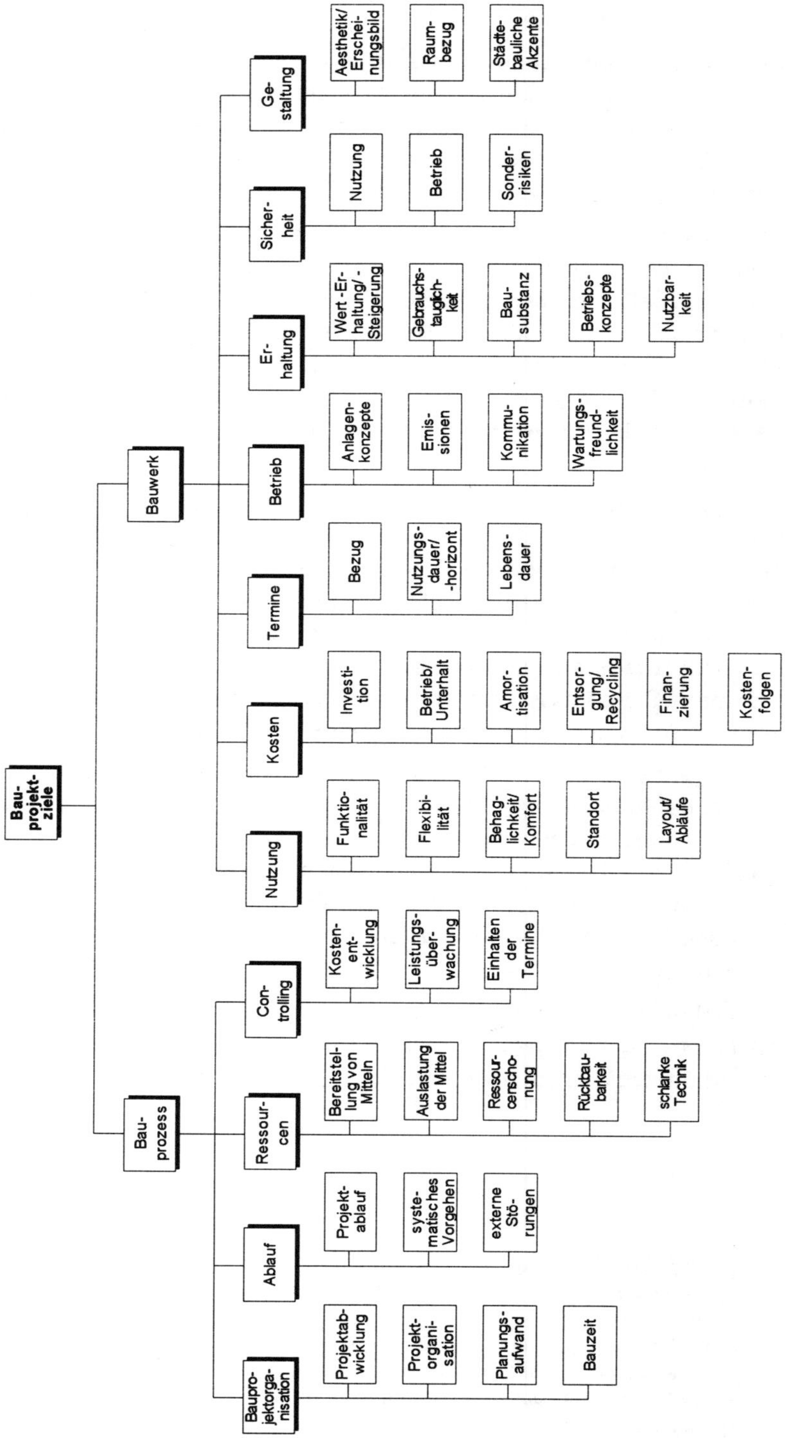

Figur 16: System der Bauprojektziele

BAUPROZESS

Der Bauprozess[46] umfasst alle Aufgaben, welche für die Erstellung, Erhaltung oder Anpassung eines Bauwerks erforderlich sind. Den Anfangspunkt des Bauprozesses bildet die Formulierung des Baubedürfnisses und der Endpunkt ist gegeben durch die Fertigstellung des geplanten oder angepassten Bauwerks. Die hier zusammengefassten Ziele befassen sich mit der unmittelbaren Erzeugung des Bauwerks. Es sind also Vorgehensziele, welche sich auf die Art und Weise, wie das Bauprojekt bearbeitet werden soll, beziehen. Darunter fallen Aspekte wie der Ablauf des gesamten Bauprozesses, ein ressourcensparender Einsatz der im Bauprozess benötigten Mittel oder die Überwachung der durch den Bauprozess beeinflussbaren Kosten-, Leistungs- und Terminfaktoren. Zum Bauprozess werden aber auch die Organisationsziele gezählt, welche sich mit der Zusammenarbeit und dem Einsatz aller am Bauprozess Beteiligten befassen.

ZIELBEREICH BAUPROJEKTORGANISATION

Die hier zusammengefassten Ziele befassen sich mit der Gestaltung der zur Abwicklung des Bauvorhabens nötigen Projektorganisation sowie mit der Lenkung der in dieser Organisation zusammengefassten Teile von Unternehmungen und Personen. Die Bauprojektorganisation hat den Hauptzweck, die geforderte **Qualität**[47] [ISO 8402, 1988] im Bauwerk mit minimalem Ressourceneinsatz zu erbringen.

ZIELE:

- Optimale Abwicklung eines Bauprojekts unter den Aspekten Kosten, Termine sowie Beschaffenheit und Funktion des zu erstellenden Bauwerks als Produkt des Bauprozesses;
- Die Bauprojektorganisation gehorcht in ihren Handlungen und ihrem Vorgehen dem Rationalitätsprinzip hinsichtlich der Bindung und dem Verbrauch von Ressourcen;
- Eine der Komplexität der Aufgaben, den Zielsetzungen und den vorgegebenen Rahmenbedingungen angemessene und effiziente Planung;
- Optimale Bauzeit unter Berücksichtigung der Rahmenbedingungen und der objektspezifischen Gegebenheiten.

---

46 vgl. dazu Seite 14

47 "Qualität ist die Gesamtheit von Eigenschaften und Merkmalen eines Produkts oder einer Dienstleistung, die sich auf deren Eignung zur Erfüllung festgelegter oder vorausgesetzter Bedürfnisse beziehen."

ZIELBEREICH ABLAUF

Hier sind jene Ziele zusammengefasst, die sich auf den eigentlichen Projektablauf und das dazu notwendige Vorgehen beziehen.

ZIELE:

- Es ist eine technisch und logisch richtige Anordnung aller Leistungen und Entscheidungen zur Gewährleistung eines optimalen Projektablaufs zu finden. Dabei ist auf die richtige Einhaltung aller Abhängigkeiten zu achten und die Termine im Ablauf sind so zu setzen, dass sie grundsätzlich eingehalten werden können.
- Es ist ein stufenweises Vorgehen über vordefinierte Meilensteine zu wählen, damit die Zwischenergebnisse im Hinblick auf ihre Zielerfüllung geprüft werden können. Die darin festgelegten Entscheidungsschritte und Entscheidungstermine sind in einen formalen Ablauf zu bringen.
- Externe Störungen aus den verschiedenen Stammorganisationen sind zu vermeiden.

ZIELBEREICH RESSOURCEN

Unter Ressourcen wird hier die Bereitstellung und optimale Auslastung der benötigten Mittel verstanden. Diese Mittel teilen sich auf in Produktionsfaktoren, wie z.B. die eingesetzten Maschinen und Personen sowie in eingesetzte Materialien und Leistungen, welche speziell für das betrachtete Bauprojekt beschafft werden müssen. Darüber hinaus sind schon im Bauprozess Aspekte zu berücksichtigen, welche einen ressourcenschonenden Betrieb des Bauwerks ermöglichen.

ZIELE:

- Die richtigen Produktionsfaktoren sind zum richtigen Zeitpunkt bereitzustellen und müssen ausgelastet sein.
- Die eingesetzten Ressourcen sind für eine bestimmte Verwendungsart an einem bestimmten Ort bezüglich Menge und Lebensdauer zu optimieren und es ist dafür zu sorgen, dass die Einsatzmenge von Verbrauchsstoffen, wie Energieträger (Oel, Gas, Elektrizität usw.) oder Wasser, so tief wie möglich gehalten werden kann.
- Es sind Materialien zu verwenden, die eine hohe Rückbaubarkeit in weiter verwendbare Komponenten aufweisen.
- Die technischen Installationen zur Erreichung einer definierten Funktionalität sind auf einem vertretbaren Minimum zu halten.

ZIELBEREICH CONTROLLING

Das Controlling ist ein Hilfsmittel zur Lenkung des Bauprojekts. Es hat die Aufgabe Informationen über die Kostenentwicklung, die Terminsituation oder die Kapazitätsauslastung und den Leistungsstand zu liefern, damit steuernd in den Projektablauf eingegriffen werden kann. Diese Informationen müssen Entwicklungstendenzen aufzeigen und haben zu einem Zeitpunkt zur Verfügung zu stehen, da überhaupt noch die Möglichkeit besteht, lenkend in den Projektablauf einzugreifen.

Ein wichtiger Aspekt zur Erreichung dieser Ziele ist aus der Sicht des Bestellers eines Bauwerks als Investor oder Bauherr die Überwachung der Kostenentwicklung. Sie besteht aus einer Kostenplanung mit einer klaren Kostengliederung und Kostenkontrolle. Darin eingeschlossen ist die Prognose der Endkosten des Bauwerks, jedoch nicht die Endkosten selbst. Sie werden unter den Zielsetzungen des Produkts erfasst.

ZIELE:

- Einhalten von Zwischenterminen und des Endtermins sowie der Kosten unter Berücksichtigung eines wirtschaftlichen Ablaufs und mit einem minimalen Ressourcenverbrauch.
- Eine kontinuierliche Ermittlung des Projektstands, um frühzeitig Ablaufkorrekturen vornehmen zu können.
- Bereitstellen von klaren Grundlagen und Instrumenten zur Einhaltung der Baukosten und der gesetzten Termine.

BAUWERK

Das Bauwerk ist das Ergebnis des Bauprozesses. Die hier zusammengefassten Ziele beziehen sich auf das fertiggestellte Gebäude mit allen darin installierten Anlagen sowie dessen Nutzung und Betrieb oder die Gestaltung des Bauwerks, es sind also Systemziele.

ZIELBEREICH NUTZUNG

Darunter sind alle Ziele zusammengefasst, die sich aus der Sicht des späteren Benutzers des Bauwerks ergeben.

ZIELE:

- Funktionalität des Bauwerks in bezug auf die vorgesehene Nutzung. Mit minimalen Aufwendungen die gestellten Nutzungsanforderungen erfüllen.
- Flexibilität des Bauwerks in bezug auf Nutzungsänderungen. Mit minimalem Anpassungsaufwand möglichst viele Nutzungsarten ermöglichen. Innerhalb des Nutzungshorizonts absehbare Veränderungen in der Nutzungsintensität oder der Nutzungsdichte berücksichtigen.

- Einhaltung der thermischen, optischen, akustischen und hygienischen Behaglichkeitskriterien.
- Ein optimaler Standort in bezug auf Produktionsbedingungen, Verfügbarkeit von Infrastruktur und Absatzmöglichkeiten.
- Ein optimales Layout in bezug auf Produktionsverfahren und -abläufe, An- und Auslieferung sowie Lagerhaltung.

ZIELBEREICH KOSTEN

Darunter sind diejenigen Kostenziele zusammengefasst, welche durch den Betrieb der darin untergebrachten Anlagen oder durch die Nutzung des Gebäudes getragen werden sollen. Die Kostenziele berücksichtigen die folgenden Aspekte:

- Tiefe Investitionskosten;
- Niedrige jährliche Betriebs- und Unterhaltskosten;
- Rasche Wiedergewinnung (Amortisation) von in Teilgebieten getätigten Investitionen, wie z.B. durch Energieeinsparungen oder durch längere Lebensdauer der verwendeten Anlagen oder Bauteile.
- Niedrige Kosten für die Rückführung der verwendeten Materialien in eine weiterverwendbare Form und für die Entsorgung von nicht wiederverwendbaren Materialien.
- Niedrige Finanzierungskosten;
- Niedrige Kostenfolgen aus Auflagen der Behörden im Zusammenhang mit geplanten Massnahmen oder als externe Kosten für die Volkswirtschaft aus Umweltbelastungen oder als Folgekosten für Betrieb und Benutzer aus Störungen und Belastungen während des Bauprojekts.

ZIELE:

- Maximale Wirtschaftlichkeit der Investition.

ZIELBEREICH TERMINE

Darin sind alle wichtigen das Bauwerk betreffenden Terminvorstellungen enthalten. Die voraussichtliche Lebensdauer des Bauwerks ist im Normalfall länger als die geplante Nutzungsdauer, d.h. innerhalb der Lebensdauer eines Bauwerks können mehrere Nutzungszyklen durchlaufen werden. Die geplante Lebensdauer kann einen Einfluss auf die Wahl der eingesetzten Ressourcen haben.

ZIELE:

- Der Bezugstermin hat den Bedürfnissen des Bestellers zu entsprechen.
- Die geplante Nutzungsdauer oder der betrachtete Nutzungshorizont sind hinsichtlich der berücksichtigten ökologischen und ökonomischen Zielsetzungen optimal festzulegen oder auszunutzen. Der Nutzungshorizont wird oft bestimmt durch die Lebensdauer der im Bauwerk untergebrachten Anlageteile.
- Eine ökologisch und ökonomisch sinnvolle Lebensdauer aller verwendeten Anlagen- und Bauteile.

ZIELBEREICH BETRIEB

Darunter sind alle Anforderungen zusammengefasst, die an den Betrieb des Bauwerks gestellt werden. Im Gegensatz zum Benutzer einer baulichen Anlage, der beispielsweise nur Mieter eines Ladenlokals sein kann, ist der Betreiber zuständig für die gesamte Infrastruktur des Bauwerks. Unter diesem Gesichtspunkt können die folgenden Ziele definiert werden:

Ziele:

- Optimierte Anlagenkonzepte bezüglich Systeme, Material- und Produktewahl;
- Schadstoffemissionen aus dem Umgang mit Verbrauchs- und Gebrauchsstoffen sind zu vermeiden, d.h. wenig Emissionen wie Lärm, Geruch, Luftverschmutzung, Wasserverschmutzung usw.;
- Gute Kommunikationsmöglichkeiten;
- Hohe Wartungsfreundlichkeit der installierten Anlagen;
- Minimaler Ressourcenverbrauch.

ZIELBEREICH ERHALTUNG

Unter Erhaltung [IP BAU, 1991] wird die Gesamtheit der Massnahmen verstanden, um den baulichen Zustand von Bauwerken zu erfassen, zu beurteilen, zu bewahren und zu entwickeln. Die Erhaltung umfasst die Überwachung und den Unterhalt des gesamten Bauwerks bei gleichbleibender Nutzung sowie die Erneuerung eines Bauwerkteils bei wesentlichen Nutzungsänderungen oder Anpassungen an neue bzw. geänderte Gesetze sowie Erneuerungen zur Aufwertung des gesamten Bauwerks.

Ziele:

- Einfache Möglichkeiten zur Sicherung der investierten Werte und zur Wertsteigerung bei Erneuerungsmassnahmen;
- Gute Möglichkeiten zur Erhaltung der Gebrauchstauglichkeit des gesamten Bauwerks sowie einzelner Teile;
- Berücksichtigung von erhaltenswerter Bausubstanz aus finanziellen und/oder kulturellen Überlegungen;
- Berücksichtigung von bewährten Betriebskonzepten;
- Erhaltung der bestehenden Nutzbarkeit bei artverwandter Weiternutzung.

ZIELBEREICH SICHERHEIT

Bei Bauwerken kommt dem Aspekt der Sicherheit eine besondere Bedeutung zu. Sie haben oftmals über die bestehenden gesetzlichen Rahmenbedingungen hinaus ganz bestimmte Sicherheitsziele des Bestellers zu erfüllen.

ZIELE:

- Sicherheit von Personen und Arbeitsabläufen sowie Sach- und geistigen Werten über den betrachteten Nutzungshorizont gewährleisten.
- Eine der Nutzung angemessene Versorgungs- und Betriebssicherheit gewährleisten und eine dem Pflichtenheft entsprechende Wartung der Betriebseinrichtung durchführen.
- Nutzungsspezifische Sonderrisiken wie z.B. mögliche Explosionen, Gifte oder Brandgefahr sind zu berücksichtigen.

ZIELBEREICH GESTALTUNG

Mit der Gestaltung des im Bauprozess betrachteten Bauwerks können neben der Erfüllung des eigentlichen Nutzungszwecks noch weitere Ziele verfolgt werden.

ZIELE:

- Einbezug aller baulichen Massnahmen in ein ästhetisches Leit- oder Grundkonzept durch das Umsetzen von Vorstellungen über den gestalterischen Ausdruck, wie massiv / filigran / robust / repräsentativ / zweckorientiert / kostengünstig / teuer / usw., je nach Objekt als Einbezug in die bestehende Substanz oder als eigenständige Neukonzeption.
- Das innere Erscheinungsbild des Bauwerks soll einem architektonischen Konzept unterliegen.
- Setzen von städtebaulichen Akzenten durch geeignete Definition von Gebäudevolumina, zu verwendende Materialien oder Farbgebung.

4.2. Aufbau des Netzwerks

Im zweiten Schritt geht es darum, aus den zuvor bestimmten Zielen und Umweltfaktoren ein Modell der Problemsituation zu erstellen. Die relevanten Zielgrössen sind mit Hilfe der Zielgewichtung gegeneinander abzuwägen. Darauf aufbauend sind die Beziehungen zwischen den Zielen und Umweltfaktoren zu ermitteln. Mit den Zielen und Umweltfaktoren sowie den zwischen ihnen bestehenden Beziehungen kann die Problemsituation als Netzwerk modelliert werden.

4.2.1. Gewichtung der Ziele

Der Besteller[48] eines Bauwerks hat im betrachteten Systemansatz mit Umweltfaktoren sowie Unternehmungs- und Bauprojektzielen verschiedene Möglichkeiten[49], um auf den Erfolg seines baulichen Investitionsprojekts Einfluss zu nehmen. Er kann die *Zieldefinition* für die Unternehmungs- und die Bauprojektziele vorgeben. Er kann aber auch bei ihm wichtig erscheinenden *Handlungsfaktoren*[50] selbst entscheiden und somit lenkend in den Projektablauf eingreifen.

Aus der Sicht des Bestellers eines Bauwerks haben jedoch nicht alle Ziele den selben Stellenwert. So gibt es bezogen auf ein bauliches Investitionsprojekt bestimmte Ziele, deren Erfüllung wichtiger ist als bei andern. Innerhalb des Projektablaufs geht es nun darum, bei eventuell auftretenden Zielkonflikten[51] vorrangig diejenigen Ziele mit dem höheren Gewicht[52] zu erreichen.

Je nach der Situation in der sich der Besteller eines Bauwerks befindet, oder je nach der Sichtweise des Bestellers als Investor, Benutzer, Betreiber oder Bauherr wird die Gewichtung der einzelnen Ziele im betrachteten Systemansatz unterschiedlich ausfallen. Es gilt also einen für alle Beteiligten tragbaren Konsens bezüglich der Zielgewichtung zu finden.

Bezogen auf den betrachteten Systemansatz[53] muss dabei zwischen dem System der Unternehmungsziele und dem Subsystem der Bauprojektziele unterschieden werden.

---

[48] vgl. dazu Seite 15
"Dem Besteller eines Bauwerks werden die Funktionen Investor, Benutzer, Betreiber und Bauherr zugeordnet."

[49] vgl. dazu Seite 45

[50] vgl. dazu Seite 41
"Handlungsfaktoren sind jene Elemente und Beziehungen, die wir selbst durch Massnahmen verändern können."

[51] vgl. dazu Seite 20
"Unter gleichrangigen Zielen können aufgrund der Art ihrer gegenseitigen Beeinflussung komplementäre und konkurrenzierende Ziele unterschieden werden."

[52] vgl. dazu Seite 22
"Gewicht als Wertziffer, welche die Bedeutung eines Kriteriums für einen Entscheidungsträger angibt."

[53] vgl. dazu Seite 43
Figur: "Betrachteter Systemansatz"

Die Zielprioritäten eines Investors oder Benutzers hinsichtlich der Erfüllung von *Unternehmungszielen* kann sich im Verlauf der Zeit ändern, was sich in einer Veränderung der Gewichtung bei den Unternehmungszielen niederschlägt. Solche Veränderungen können die Reaktion auf Veränderungen in der Systemumgebung sein oder sie sind Ausdruck veränderter Wertvorstellungen innerhalb der Unternehmung.

Bezogen auf das bauliche Investitionsprojekt selbst, bilden die Bauprojektziele und ihre Gewichtung die Grundlage für die gesamte Lösungssuche innerhalb des Projektablaufs. Durch eine Veränderung die Gewichtung der Bauprojektziele im Projektablauf können mitten in der Projektbearbeitung plötzlich früher eher unwichtige Ziele dominant werden. Das könnte zur Folge haben, dass Lösungen, welche früher im Projektablauf aufgrund ihres mangelnden Zielerreichungsgrades bezüglich der damals stark gewichteten Ziele verworfen wurden, bei einer veränderten Zielgewichtung vielleicht wieder erfolgversprechend sind und erneut zu berücksichtigen sind.

Aufgrund dieser Zusammenhänge muss bei einer massgebenden Veränderung der Gewichtung innerhalb der Bauprojektziele das bauliche Investitionsprojekt aufgrund dieser veränderten Grundlagen neu definiert werden. Durch diesen Neuanfang wird es auch wieder möglich, alle sinnvollen Lösungsmöglichkeiten zu berücksichtigen.

4.2.2. Wirkungsbeziehungen

Damit bei der Modellierung von Problemsituationen bei baulichen Investitionsprojekten die Zusammenhänge zwischen den Umweltfaktoren, Unternehmungszielen und Bauprojektzielen erkannt werden können, ist es nötig, die Vernetztheit[54] des betrachteten Systems zu erfassen und darzustellen.

Über **Wirkungsbeziehungen** im Zusammenhang mit Systemen sagt Zogg [Zogg, 1974, S.38] folgendes aus:

> "Die Beziehungen sind Ausdruck der Zusammenhänge zwischen den Elementen und ihren Eigenschaften. Sie stellen eine Ordnung zwischen den Elementen und ihren Eigenschaften her und können ebenfalls qualitativ und/oder quantitativ beschrieben werden. Die Beziehungen können auf natürliche Weise entstanden oder künstlich gestaltet worden sein."

Die einzelnen Beziehungen unter den Elementen eines Systems haben also Eigenschaften, die weiter beschrieben werden können. Diese Wirkungsbeziehungen haben eine eindeutig bestimmte Richtung; es sind also gerichtete Beziehungen. Der Einfachheit halber werden Wirkungsbeziehungen von nun an in Form von Pfeilen dargestellt. Diesen *Pfeilen* können verschiedene weitere Merkmale beige-

---

[54] vgl. dazu Seite 29
"Vernetzheit eines Systems in Form eines vielfältigen Beziehungsgeflechts zwischen den einzelnen Systemelementen."

fügt werden, die Aussagen über zusätzliche Eigenschaften der betreffenden Beziehung machen.

Die einzelnen Ziele innerhalb der betrachteten Zielsysteme beeinflussen sich gegenseitig[55]. Sie können sich z.B. konkurrenzieren oder unterstützen. Solche Interdependenzen lassen sich ebenfalls in Form von Wirkungsbeziehungen darstellen. Ulrich/Probst [Ulrich/Probst, 1991, S.137ff.] unterscheiden bei Wirkungsbeziehungen nach Richtung, Art, Intensität, Verlauf und Zeitabhängigkeit.

Die **Richtung** einer Wirkungsbeziehung bestimmt sich aus der Richtung der Einflussnahme eines bestimmten Elements auf ein anderes, wobei zwischen zwei bestimmten Zielen oder Faktoren lediglich eine Wirkungsbeziehung mit eindeutiger Richtung betrachtet wird.

Die Richtung der Wirkungsbeziehungen zwischen Zielen, d.h. die Richtung der Einflussnahme eines bestimmten Ziels auf ein anderes Ziel hängt ab von der Gewichtung der betrachteten Ziele. Weil die Erfüllung eines höher gewichteten Ziels Vorrang vor der Erfüllung eines Ziels mit einer weniger starken Gewichtung hat, wird bei einer betrachteten Wirkungsbeziehung zwischen zwei Zielen die Richtung der Einflussnahme vom höher gewichteten Ziel ausgehen.

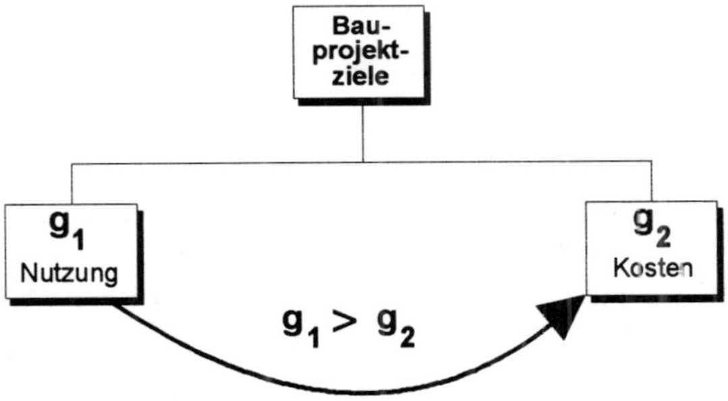

Figur 17: Richtung des Einflusses zwischen Zielen

Dazu ein Beispiel:

> Hat aufgrund der Gewichtung die Erreichung der Nutzungsziele Vorrang vor den Kostenzielen, so werden die Nutzungsziele durch ihre vorrangige Erreichung die Erreichung der gestellten Kostenziele beeinflussen. Würde aufgrund einer veränderten Zielgewichtung die Erreichung der Kostenziele wichtiger als die Erreichung der Nutzungsziele, so würden demnach die Kostenziele durch ihre vorrangige Erreichung die Erreichung der Nutzungsziele beeinflussen.

Die betrachteten Richtungen der Wirkungsbeziehungen zwischen den einzelnen Zielen lassen ihrerseits Rückschlüsse auf die zugrundegelegte Zielgewichtung zu.

---

55 vgl. dazu Seite 19
"Unter gleichrangigen Zielen können aufgrund der Art ihrer gegenseitigen Beeinflussung komplementäre und konkurrenzierende Ziele unterschieden werden."

Vielfach ist es so, dass sich erst durch die Definition der Richtung einer betrachteten Wirkungsbeziehung zwischen zwei Zielen ihre Gewichtung bestimmen lässt.

Da die Erreichung eines bestimmten Ziels durch Umweltfaktoren beeinflusst wird, ist die Richtung der Wirkungsbeziehung zwischen einem Umweltfaktor und einem Ziel meistens eindeutig bestimmbar und verläuft wie im folgenden Beispiel vom Umweltfaktor zum Ziel.

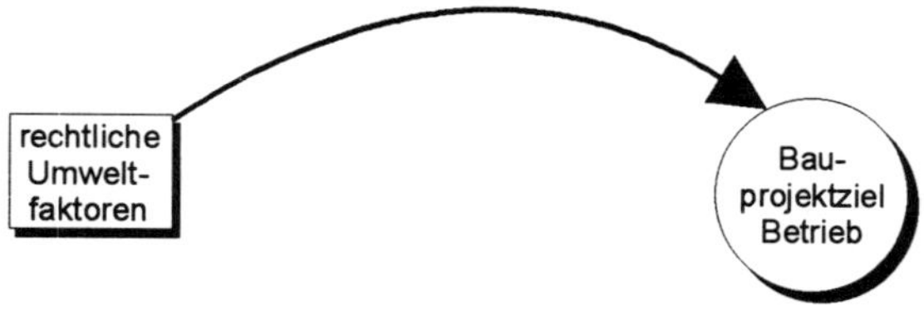

Figur 18: Richtung des Einflusses zwischen Umweltfaktoren und Zielen

Die Richtung einer Wirkungsbeziehung zwischen zwei betrachteten Umweltfaktoren kann in den meisten Fällen ebenfalls eindeutig bestimmt werden und hängt vom Betrachtungsstandpunkt bei der Modellierung der Problemsituation ab. Dabei wird die Sichtweise des Problemlösers durch die Wertvorstellungen in der Gesellschaft bestimmt.

Hinsichtlich der **Art**, wie ein Systemelement auf ein anderes einwirkt, lassen sich zwei Typen unterscheiden. Entsprechend ihrer Auswirkung auf ein anderes Element gibt es gleichgerichtete und entgegengerichtete Beziehungen. Bei einer **gleichgerichteten** (+) Beziehung hat eine Zunahme (oder Stärkung, Schwächung, Abnahme) des einen Elements ebenfalls eine Zunahme (oder Stärkung, Schwächung, Abnahme) des anderen Systemelements zur Folge. Das Gegenteil liegt bei einer **entgegengerichteten** (-) Beziehung vor, d.h. wenn eine Zunahme (oder Stärkung, Schwächung, Abnahme) zu einer gegenläufigen Veränderung (Abnahme, Schwächung, Stärkung, Zunahme) des anderen Elements führt. Ohne eine genaue Definition der einzelnen Systemelemente oder Ziele wird es dabei oft sehr schwierig, die Art der Beziehung eindeutig zu bestimmen.

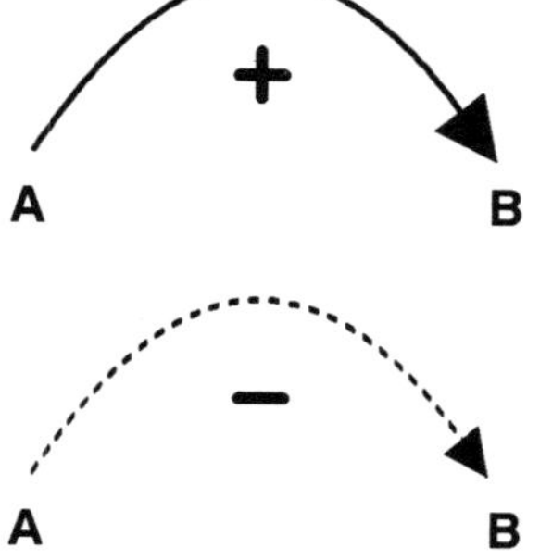

gleichgerichtet
- je grösser ... desto grösser
- je stärker ... desto stärker
- je kleiner ... desto kleiner
- je weniger ... desto weniger

entgegengerichtet
- je grösser ... desto kleiner
- je stärker ... desto schwächer
- je kleiner ... desto grösser
- je weniger ... desto mehr

Figur 19: Art des Einflusses

Die Wirkungsbeziehungen zwischen den einzelnen Elementen der betrachteten Zielsysteme und Umweltfaktoren sind auch unterschiedlich stark, d.h. der Grad der Beeinflussung zwischen zwei Zielen kann von Beziehung zu Beziehung variieren. Das Ausmass dieser Beeinflussung wird als **Intensität** bezeichnet. Viele der hier betrachteten Ziele sind nicht klar messbar, d.h. sie sind qualitativ - (also nicht quantitativ) - beschreibbare Elemente eines Zielsystems. Beim Versuch die Intensität zahlenmässig abzuschätzen, muss daher eine möglichst grobe und einfache verbale Umschreibung der Wirkungsintensitäten gewählt werden. Dazu können z.B. die Attribute 3 = starke Intensität, 2 = mittlere Intensität und 1 = geringe Intensität zugeordnet werden.

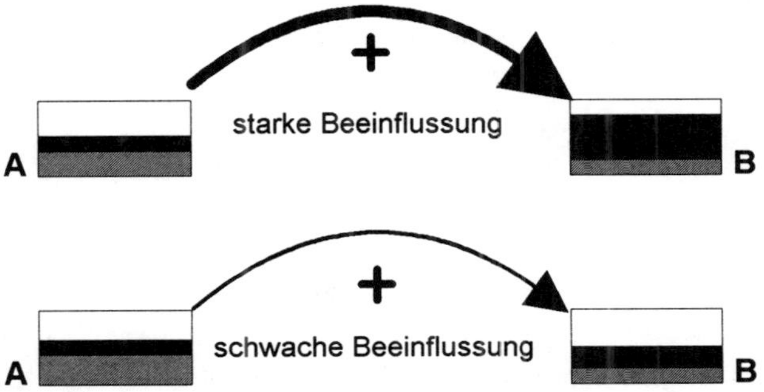

Figur 20: Intensität der Wirkungsbeziehung

Neben Richtung, Art und Intensität kann auch der **Wirkungsverlauf** von Beziehung zu Beziehung unterschiedlich sein.

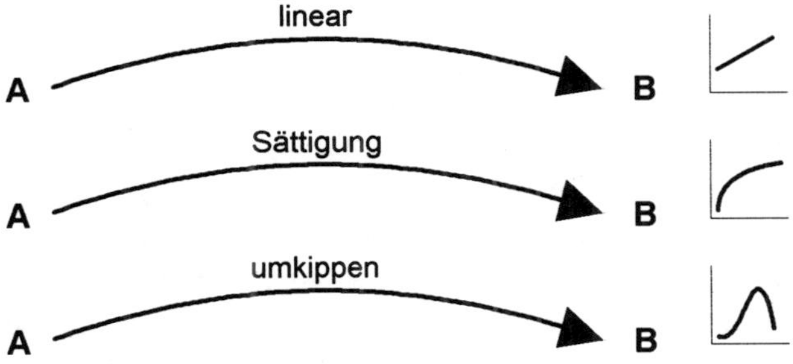

Figur 21: Verschiedene Wirkungsverläufe

Als einfachstes Beispiel kann ein linearer Wirkungsverlauf angeführt werden. Nimmt das Element *A* um eine Einheit zu, so nimmt auch Element *B* linear proportional zu.

Ein weiteres Beispiel sind sogenannte Sättigungskurven.

Als letztes Beispiel kann eine zunächst gleichgerichtete Beziehung in eine entgegengesetzte Wirkung umschlagen, so dass bei einer weiteren Zunahme von *A* eine Verminderung von *B* eintritt.

Der Wirkungsverlauf ist nur abhängig von der jeweiligen momentanen Zu- oder Abnahme der einzelnen Elemente *A* und *B*. So kann ein einmal festgestellter Wirkungsverlauf zwischen den beiden Elementen *A* und *B* beim nächsten Mal, wenn die betreffende Beziehung wirksam wird, einen ganz andern Verlauf nehmen.

Die hier aufgezeigten Wirkungsverläufe sind nicht zu verwechseln mit dem zeitlichen Verlauf einer Wirkungsbeziehung. Dabei hat jede Einwirkung eines Elements auf ein anderes zusätzlich noch eine zeitliche Komponente. Auch der zeitliche Wirkungsverlauf kann von Beziehung zu Beziehung ganz verschieden sein. Wichtig in diesem Zusammenhang ist die Tatsache, dass bei der Wirkung eines Elements *A* auf ein Element *B* eine **Zeitverzögerung** auftritt, wobei die zeitliche Wirkung bei der gleichen Beziehung von Fall zu Fall einen anderen Verlauf nehmen kann.

Die Unsicherheit in der Prognostizierbarkeit von Wirkungsverlauf und Zeitverzögerung ist darauf zurückzuführen, dass die Elemente *A* und *B* nicht isoliert im Raum stehen, sondern nur den kleinen Teil eines vernetzten Systems darstellen. Unter Berücksichtigung dieser Tatsache wird die eigentliche Komplexität des gesamten Systems erst deutlich.

Die Wirkungsbeziehungen bilden ein wichtiges Bindeglied bei der Modellierung von baulichen Investitionsprojekten. Sie ermöglichen es, die Einflussverhältnisse im betrachteten Systemansatz zwischen den betrachteten Zielen und Umweltfaktoren zu erfassen und systematisch zu gliedern.

4.2.3. Klassifizierung der Elemente

Nachdem das Netzwerk aller Zielgrössen und Umweltfaktoren mit ihren Wirkungsbeziehungen aufgezeichnet ist, geht es darum, eine Beurteilung der betrachteten Wirkungsbeziehungen und des Einflusses der einzelnen Elemente im gesamten Netzwerk vorzunehmen. Dieser Schritt soll dazu beitragen, die im Zusammenhang mit dem betrachteten Systemansatz interessanten einflussreichen Elemente im Netzwerk von den beeinflussbaren Elementen zu unterscheiden. Es geht also darum, das so aufgebaute Modell der Problemsituation soweit zu vereinfachen, dass in einem späteren Schritt nach zielorientierten Eingriffsmöglichkeiten in die Problemsituation gesucht werden kann.

Dazu kann auf eine von Vester [Vester/Hesler, 1980] entwickelte, zweidimensionale Matrixdarstellung, den sogenannten *Papiercomputer*[56], zurückgegriffen werden. Darin enthält jede Zeile die geschätzten Wirkungsintensitäten, welche vom links aufgeführten Element auf alle andern Elemente ausgehen. Die jeweilige Zeilensumme (Einflussnahme) zeigt den Gesamteinfluss, den das betreffende Element auf alle andern Elemente ausübt. Die Summe jeder Spalte (Beeinflussbarkeit)

---

[56] vgl. dazu Seite 69
Figur "Papiercomputer" mit Bezug auf Seite 67
Figur "Intensität der Wirkungsbeziehung"

zeigt auf, wie intensiv das oben aufgeführte Element von allen übrigen Elementen beeinflusst wird.

Wirkung von -> auf	A	B	C	D	E	F	Summe der Einflussnahme
A		3	0	1	0	0	4
B	0		0	3	2	0	5
C	1	0		0	0	1	2
D	0	0	2		1	0	3
E	1	0	3	0		2	6
F	1	0	0	2	0		3
Summe der Beeinflussbarkeit	3	3	5	6	3	3	

Figur 22: Papiercomputer

Die betrachteten Ziele und Umweltfaktoren werden im Papiercomputer aufgrund der zuvor definierten Wirkungsbeziehungen beurteilt. Die Klassifizierung der Elemete beruht dabei auf der Richtung und der Intensität der betrachteten Wirkungsbeziehungen.

Aus der Kombination von Einflussnahme und Beeinflussbarkeit der einzelnen Faktoren oder Ziele ergeben sich vier Gruppen von Elementen. Einerseits kann ein Element andere Elemente stark beeinflussen und anderseits kann es von anderen Elementen stark beeinflusst werden. Darüber hinaus besteht die Möglichkeit, dass das Element beide Bedingungen erfüllt oder aber gar keine.

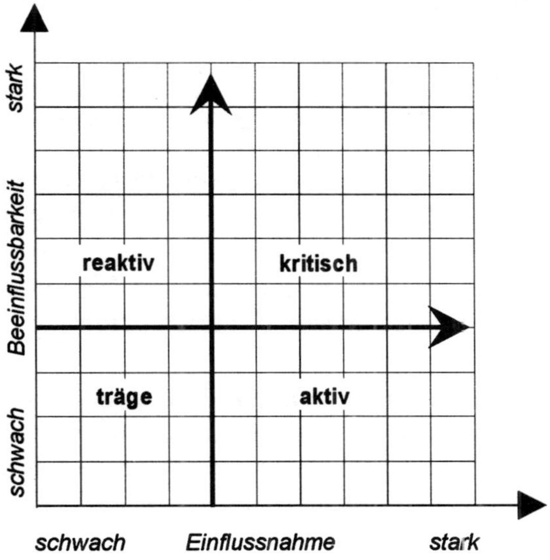

Figur 23: Elementtypen im Netzwerk

Die Abgrenzung zwischen starker oder schwacher Einflussnahme bzw. Beeinflussbarkeit eines Elements im betrachteten Netzwerk, lässt sich am einfachsten grafisch festlegen. Werden die betrachteten Elemente als Punkte in einem Koordinatensystem mit den beiden Achsen *Einflussnahme* und *Beeinflussbarkeit* eingetragen, so ergibt sich optisch eine mehr oder weniger zufällige Verteilung aller Punkte. Die Grenze zwischen *stark* und *schwach* liegt auf jeder der beiden Achsen in der Mitte aller eingezeichneten Punkte. Das so entstandene neue Koordinatensystem hat seinen Ursprung entweder im Schwerpunkt aller eingezeichneten Punkte oder im Mittelpunkt der Minimal- und Maximalwerte beider Achsen.

Bei der Auswertung der im Rahmen dieser Untersuchungen betrachteten Netzwerke wurden die besten Resultate erzielt, wenn der Mittelpunkt des neuen Koordinatensystems im *Schwerpunkt aller Summenpunkte* gewählt wurde. Dabei lassen sich die folgenden vier Fälle unterscheiden:

- **Aktive** Elemente üben einen starken Einfluss auf andere Elemente aus, werden aber von andern Elementen kaum beeinflusst.

  Vereinfacht sind es alle Elemente, deren Einflussnahme auf die anderen Elemente grösser ist als das arithmetische Mittel der Einflussnahmen aller betrachteten Elemente:

$$\text{Element}_{i\ \text{aktiv}}\ \textit{wenn}\quad \text{Einflussnahme}_i \geq \frac{\sum_{i=1}^{n} \text{Einflussnahme}_i}{n}$$

- **Reaktive** Elemente üben nur einen schwachen Einfluss auf andere Elemente aus, werden aber von andern Elementen stark beeinflusst.

  Vereinfacht sind es alle Elemente, deren Beeinflussbarkeit durch die anderen Elemente grösser ist als das arithmetische Mittel der Beeinflussbarkeiten aller betrachteten Elemente:

$$\text{Element}_{i\ \text{reaktiv}}\ \textit{wenn}\quad \text{Beeinflussbarkeit}_i \geq \frac{\sum_{i=1}^{n} \text{Beeinflussbarkeit}_i}{n}$$

- **Kritische** Elemente üben einen starken Einfluss auf andere Elemente aus und werden von andern Elementen stark beeinflusst. Sie erfüllen beide der oben aufgestellten Bedingungen.

- **Träge** Elemente üben nur einen schwachen Einfluss auf andere Elemente aus und werden auch nur schwach von andern Elementen beeinflusst. Sie erfüllen keine der oben aufgestellten Bedingungen.

Diese hier vorgeschlagenen Elementklassen erlauben es, im gewählten Koordinatensystem die relative Lage der einzelnen Elemente zueinander zu bestimmen. Mit dieser Betrachtungsweise wird also versucht, die relativen Eigenschaften einzelner Elemente im Vergleich zu allen betrachteten Elementen im aufgestellten Netzwerk zu bestimmen.

Diese Klassifizierung der Elemente stellt eine Momentaufnahme der Modellierung einer betrachteten Problemsituation zu einem bestimmten Zeitpunkt im Projektablauf dar. Je nachdem, ob neue Elemente berücksichtigt werden, oder ob sich einzelne Eigenschaften der betrachteten Wirkungsbeziehungen verändern, wird die Klassifizierung der Elemente anders ausfallen.

4.3. Analyse des Netzwerks

Im dritten Schritt geht es darum, das zuvor erstellte Modell der momentanen Problemsituation auf seine Beeinflussbarkeit durch veränderte Zielgewichtungen hin zu überprüfen. Dabei sind die Einflüsse auf das erstellte Netzwerk aus Zielen, Umweltfaktoren und den betrachteten Wirkungsbeziehungen zu untersuchen. Darauf aufbauend ist mit Hilfe von Sensitivitätsanalysen die Stabilität der Elementklassifizierung im Hinblick auf Veränderungen in der Zielgewichtung zu ermitteln.

Aus der Sicht des Bestellers[57] eines Bauwerks kann sich im Verlauf des Bauprojekts die Wichtigkeit einzelner Unternehmungsziele verändern. Die Gewichtung der Bauprojektziele[58] wird zusammen mit den Zielen zu Beginn des Bauprojekts definiert. Diese Ziele bilden dabei die Grundlage für die weitere Projektbearbeitung und setzen den Massstab zur Beurteilung des Projekterfolgs. Eine wesentliche Änderung in der Gewichtung der Bauprojektziele würde zwingend die Definition eines neuen Bauprojekts zur Folge haben.

Bei einer Veränderung der Gewichtung der Unternehmungsziele können sich aber auch die Einflussverhältnisse im betrachteten Modell verändern. Es muss daher nach einem Weg gesucht werden, wie diese Veränderungen im Netzwerk aus Unternehmungszielen, Bauprojektzielen und Umweltfaktoren samt den betrachteten Wirkungsbeziehungen berücksichtigt werden können.

Diese Veränderungen können einerseits einen Einfluss auf die Erfüllung der gesteckten Ziele haben und andererseits können sich als Folge von Änderungen in der Elementklassifizierung die Eingriffsmöglichkeiten in das bauliche Investitionsprojekt ändern. Es scheint daher vorteilhaft, wenn schon früh im Projektablauf alle sinnvollen Gewichtungsvarianten des Bestellers untersucht werden, damit sie beim Aufbau von Instrumenten zur Lenkung des Bauprojekts berücksichtigt werden können.

4.3.1. Einflüsse von Veränderungen in der Zielgewichtung auf das Netzwerk

Das einem Ziel zugedachte Gewicht ist ein Ausdruck für die Bedeutung, die der Besteller eines Bauwerks auf die Erreichung dieses Ziels legt. Steigt nun das

---

57 vgl. dazu Seite 15
"Dem Besteller eines Bauwerks werden die Funktionen Investor, Benutzer, Betreiber und Bauherr zugeordnet."

58 vgl. dazu Seite 64
"Die Definition der Bauprojektziele und ihre Gewichtung bilden die Grundlage für die Lösungssuche im Projektablauf."

Gewicht eines Ziels, so wird die gewünschte Zielerreichung demnach auch wichtiger und sinkt das Gewicht, so wird die gewünschte Zielerreichung weniger wichtig. Das heisst aber auch, dass die Beeinflussungen durch andere Elemente im Netzwerk mit steigendem Gewicht an Bedeutung zunehmen.

Bezogen auf das zuvor erstellte Netzwerk aus Zielen und Umweltfaktoren mit Wirkungsbeziehungen kann diese sogenannte *Sensibilität* eines Ziels durch eine Veränderung der Intensität derjenigen Wirkungsbeziehungen ausgedrückt werden, welche zum betrachteten Ziel hinführen. Dabei wird das ursprüngliche Gewicht des betreffenden Ziels als ($g=1$) angenommen. Die Veränderung des Zielgewichts kann somit durch den Faktor ($1+\Delta g$) ausgedrückt werden, wobei Δg die prozentuale Änderung des betreffenden Zielgewichts darstellt.

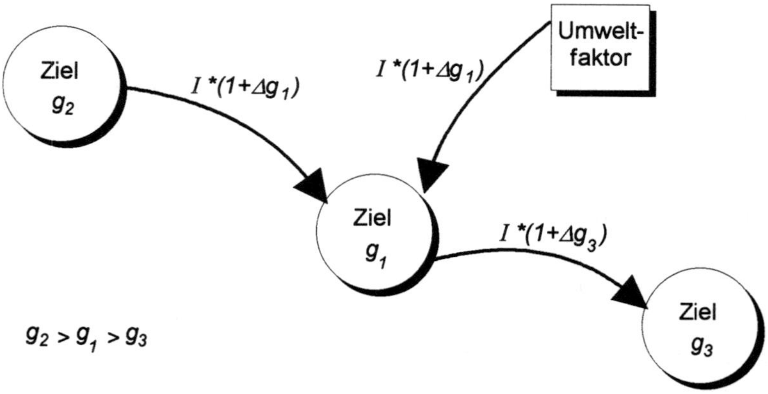

Figur 24: Einflüsse von Veränderungen in der Zielgewichtung auf das gewichtete Ziel im Netzwerk

Eine Veränderung der Sensibilität eines Ziels im betrachteten Netzwerk, als Folge einer Veränderung seiner Gewichtung, kann erreicht werden, indem die zuvor bestimmten Intensitäten (I) der Wirkungsbeziehungen mit dem Faktor ($1+\Delta g$) desjenigen Ziels multipliziert werden, zu dem sie hinführen. Dadurch werden die Beeinflussungen eines Ziels bei einer Erhöhung des Gewicht stärke berücksichtigt im betrachteten Netzwerk. Bei eine Abnahme des Gewichts werden die Beeinflussungen des betreffenden Ziels entsprechend weniger stark berücksichtigt.

Übertragen in den zur Ermittlung der einflussreichen und beeinflussbaren Elemente im betrachteten Systemansatz benutzten Papiercomputer[59] bedeutet diese Feststellung, dass die Wirkungsintensitäten in der einem bestimmten Ziel zugeordneten Spalte mit dem entsprechenden Faktor ($1+\Delta g$) des betreffenden Ziels multipliziert werden. Damit kann eine relative Stärkung oder Schwächung eines bestimmten Ziels bezüglich seiner Beeinflussbarkeit oder Sensitivität erreicht wer-

---

59 vgl. dazu Seite 69
Figur "Papiercomputer"

den. Dabei sind eventuelle Richtungsänderungen[60] einzelner Wirkungsbeziehungen zwischen zwei Zielen aufgrund der veränderten Zielgewichte ebenfalls zu berücksichtigen, was zu erheblichen Veränderungen der Einflussverhältnisse im modellierten Netzwerk führen kann.

4.3.2. Sensitivitätsanaysen

Durch Sensitivitätsanalysen kann festgestellt werden, ob und in wieweit sich bei unterschiedlichen Annahmen für die Zielgewichtung (input) die aktiven, reaktiven und kritischen Elemente im Netzwerk (output) ändern. Dies wird nötig, weil sich einerseits im Verlauf eines baulichen Investitionsprojekts die Gewichtung der Unternehmungsziele ändern kann. Anderseits weil die im Systemansatz betrachteten Wirkungsbeziehungen mit den entsprechenden Intensitäten, insbesondere bei langfristigen und komplexen Projekten, aufgrund der Ungewissheit der zukünftigen Entwicklungen als Schätzwerte angenommen werden müssen. Solche Veränderungen machen es nötig, dass das betrachtete Netzwerk mit Hilfe von Sensitivitätsanalysen auf die *Stabilität der Elementklassifizierung* untersucht wird.

Dazu können zum einen im sogenannten *Verfahren der kritischen Werte* die möglichen Abweichungen der Inputgrössen (Gewichte) von ursprünglich angesetzten Werten ermittelt werden, welche nur gerade so gross sind, dass noch keine neuen aktiven, reaktiven oder kritischen Elemente im Netzwerk auftauchen.

Zudem zielt das *Verfahren zur Ermittlung der Outputänderung bei vorgegebener Inputänderung* darauf ab, die Auswirkungen bestimmter Änderungen unsicherer Inputgrössen zu überprüfen. Hierfür werden die Inputgrössen regelmässig um einen angenommenen, als sinnvoll betrachteten Prozentsatz vom Ausgangswert variiert. Eine andere Möglichkeit besteht im Variieren um die Differenz zu einem oberen oder unteren Grenzwert, den die betreffende Inputgrösse bei optimistischer bzw. pessimistischer Einschätzung der zukünftigen Entwicklung unter Umständen auch annehmen kann. Aufgrund dieser Variation der Inputgrössen werden mögliche Veränderungen der Outputgrössen als aktive, reaktive oder kritische Elemente gesucht.

Bei der Anwendung der beiden Verfahren an den im Rahmen dieser Untersuchungen betrachteten Netzwerken erwies sich das Verfahren der kritischen Werte als besonders geeignet, die zulässige Bandbreite für jedes Element zu ermitteln, in welcher die Gewichte variieren können, ohne dass zusätzliche aktive, reaktive oder kritische Elemente im Netzwerk auftauchen.

Die Sensitivitätsanalysen haben sich dabei auf die Variation der Ziele zu beschränken. Die Umweltfaktoren werden darin nicht berücksichtigt, da sie nicht im direkten Einflussbereich des betrachteten Systems liegen. Die Gewichtung dieser

---

[60] vgl. dazu Seite 66
"Die Richtung einer Wirkungsbeziehung zwischen zwei Zielen führt vom höher gewichteten Ziel zum tiefer gewichteten Ziel."

Einflussfaktoren des baulichen Investitionsprojekts kann nicht durch das System selbst verändert werden.

Bei der Variation der Gewichtung der Unternehmungsziele geht es darum herauszufinden, wieweit die Zielgewichtung verändert werden kann, bis sich daraus Konsequenzen für den Erfolg des betrachteten Bauprojekts ergeben. Dabei wird der Grad der Zielerreichung der Bauprojektziele als Massstab für den Projekterfolg betrachtet.

Bei der Variation der Gewichtung der Bauprojektziele[61] geht es darum herauszufinden, wieweit die Zielgewichtung verändert werden kann, bis sich die Einflussverhältnisse im betrachteten Netzwerk derart verändern, dass andere Ziele einflussreich oder stark beeinflussbar werden. Daraus können sich Konsequenzen für die Auswahl möglicher Problemlösungen ergeben.

Die so erhaltene Klassifizierung der Elemente ist aufgrund der Berücksichtigung von möglichen Veränderungen in der Zielgewichtung in bezug auf den zu erwartenden Grad an Zielerreichung viel ausgeprägter und daher aussagekräftiger. So sagen die aktiven und kritischen Elemente etwas darüber aus, wodurch die Erreichung der gesteckten Ziele im betrachteten Netzwerk stark beeinflusst wird. Demgegenüber werden die kritischen und reaktiven Elemente unter den Zielen in ihrem Zielerreichungsgrad stark beeinflusst. Da das betrachtete Netzwerk ein Modell der momentanen Problemsituation darstellt, können die so gemachten Erkenntnisse direkt in den weiteren Verlauf des hier vorgeschlagenen Vorgehens[62] einfliessen, wenn es darum geht, geeignete Lösungen zu suchen und einflussreiche Ansatzpunkte für Lenkungsmassnahmen zu finden.

4.4. Bestimmen der Lenkungsmöglichkeiten

Nach Abschluss der Analyse des Netzwerks aus Umweltfaktoren, Unternehmungs- und Bauprojektzielen samt den betrachteten Wirkungsbeziehungen kann die Lösungssuche beginnen. Mit diesem Vorgehen soll sichergestellt werden, dass keine Lösungen entwickelt werden, bevor überhaupt die Problemsituation analysiert ist. Durch ein übereiltes Vorgehen wäre es nämlich möglich, dass einige Aspekte der Problemsituation nicht berücksichtigt werden und dadurch Problemlösungen aufgrund falscher Grundlagen erarbeitet werden. Wenn die Ziele des baulichen Investitionsprojekts jedoch klar festgelegt worden sind und die Analyse des betrachteten Netzwerks die wichtigsten Zusammenhänge aufgezeigt hat, verfügen die Projektbeteiligten über eine solide Grundlage, anhand derer sie Lösungen ausarbeiten und Entscheidungen fällen können.

---

[61] vgl. dazu Seite 64
"Die Definition der Bauprojektziele und ihre Gewichtung bilden die Grundlage für die Lösungssuche im Projektablauf"

[62] vgl. dazu Seite 46

Da die in einer Problemsituation zur Verfügung stehenden Lösungen stark vom einzelnen baulichen Investitionsprojekt abhängen, können im Rahmen dieser Ausführungen lediglich einige Beispiele erwähnt werden.

4.4.1. Handlungsstrategien

Die Handlungsstrategien stellen auf eine bestimmte Problemsituation[63] zugeschnittene Lösungen dar. Sie können als Handlungswege verstanden werden, um bestimmte Zielsetzungen zu erfüllen. Immer wenn eine Problemsituation auftritt, stehen mehrere Lösungsalternativen[64] zur Verfügung zwischen denen gewählt werden kann, da es in so komplexen[65] Problemsituationen, wie sie bei baulichen Investitionsprojekten vorkommen, keine eindeutig richtigen Lösungen gibt. Solche Problemsituationen können zu jedem Zeitpunkt im Projektablauf auftauchen. Im Sinne einer effektiven und effizienten Projektabwicklung erscheint es in diesem Zusammenhang als zweckmässig und sinnvoll, wenn die wichtigen Entscheidungen bei der Wahl von Handlungsstrategien durch ein phasenweises Vorgehen im Projektablauf systematisiert werden.

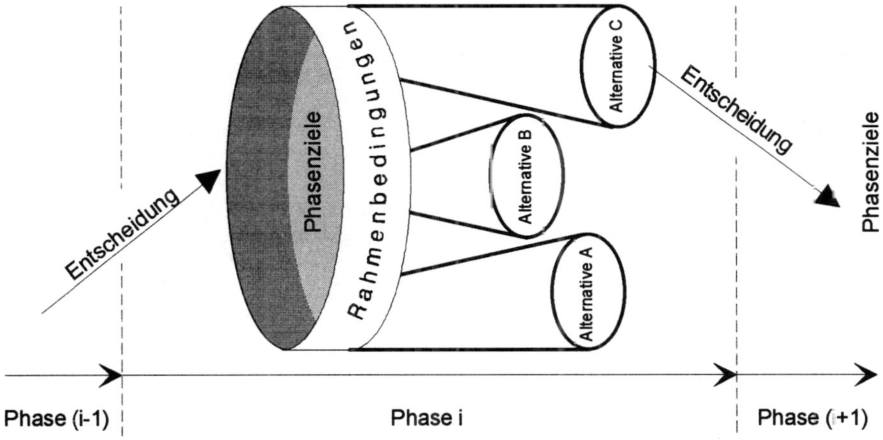

Figur 25: Phasenweiser Entscheidungsablauf

Bei einem solchen phasenweisen Vorgehen ist jedoch zu beachten, dass die wählbaren Handlungsalternativen immer innerhalb des Lösungsraumes liegen, der durch die Rahmenbedingungen und die früher im Projektablauf gewählten und verfolgten Handlungsstrategien offengelassen wurde. Mit fortschreitender Pro-

---

63 vgl. dazu Seite 30
"Problemsituationen als Differenz zwischen der Wirklichkeit und einer Wunschvorstellung (IST- und SOLL- Zustand)."

64 vgl. dazu Seite 24
"Die Entscheidung als bewusste Wahl zwischen verschiedenen Handlungsalternativen."

65 vgl. dazu Seite 5
"Komplexität als die Vielfalt von Verhaltensmöglichkeiten eines dynamischen Systems."

jektbearbeitung engt sich der Lösungsraum so immer mehr ein und es stehen folglich gegen Ende des Bauprojekts dadurch immer weniger neue Handlungsstrategien zur Verfügung zwischen denen gewählt werden kann.

Dazu ein einfaches Beispiel:
Wird zunächst als Handlungsstrategie die Durchführung eines Wettbewerbs gewählt, so kann in einer späteren Phase des Bauprojekts mit einer andern Handlungsstrategie, wie der Erteilung von Planungsaufträgen, weitergefahren werden.
Wird jedoch zunächst eine Handlungsstrategie, wie die optische Auffrischung eines bestimmten Gebäudes, gewählt, so kann in einer späteren Projektphase nicht mehr in jedem Fall mit einer anderen Handlungsstrategie, wie dem Anpassen oder dem Ersatz der bestehenden Haustechnikinstallationen, weitergefahren werden.

Die in einer bestimmten Problemsituation zur Verfügung stehenden Handlungsstrategien hängen demnach neben der spezifischen Problemstellung auch vom einzelnen Bauprojekt und vom Zeitpunkt im Projektablauf ab. Aus diesem Grund kann hier keine umfassende Zusammenstellung aller möglichen Handlungsstrategien in baulichen Investitionsprojekten geliefert werden.

Bezogen auf Neubau-, Unterhalts- und Erneuerungsprojekte kann jedoch zwischen bauprozessbezogenen und bauwerkbezogenen Handlungsstrategien unterschieden werden.

Die **bauprozessbezogenen** Strategien kommen bei jeder Art von Bauprojekt vor (Neubau, Erneuerung, usw.) und bieten mehrere Vorgehensweisen in der Projektabwicklung. Dazu können die folgenden Beispiele genannt werden:

- Wahl der *Organisationsform*
  - Einzelleistungsträger;
  - Ad hoc Planungsteams;
  - Generalplaner;
  - Generalunternehmer;
  - Totalunternehmer.
- Wahl des *Vorgehens*
  - Wettbewerb;
  - Planeraufträge;
  - Etappierung;
  - Alles in einem Schritt.

Die **bauwerkbezogenen** Strategien hängen sehr stark vom jeweiligen Bauwerk und dessen Umfeld ab. Sie lassen sich generell nach den folgenden Gesichtspunkten gliedern:

- Die Wahl der *Nutzung* eines bestimmten Objekts steht sowohl bei Neubauprojekten, wie auch bei Unterhalts- und Erneuerungsprojekten zur Verfügung. Dabei können die folgenden Beispiele angeführt werden:
  - Nur für eine bestimmte Nutzung über eine bestimmte Zeitdauer;
  - Für verschiedene Nutzungsarten über eine unbestimmte Zeitdauer unter Berücksichtigung aller speziellen Eigenheiten des betrachteten Bauwerks.
- Die Wahl der *Eingriffstiefe* in ein bestehendes Bauwerk, wie z.B.:
  - Nur gerade soviel erneuern, dass die Funktions- und Gebrauchstauglichkeit des Bauwerks erhalten bleiben;
  - Eine optische Auffrischung des Gebäudes ohne Eingriffe in die Bauwerksstruktur;
  - Nur Anpassungen an der Gebäudehülle vornehmen, (ev. eine zusätzliche neue Gebäudehülle erstellen);
  - Nur Anpassungen an den installierten Haustechnikanlagen vornehmen;
  - Koordiniertes Anpassen von Haustechnik und Gebäudehülle;
  - Abbruch des bestehenden Bauwerks bis auf die Tragstrukturen und anschliessend Gebäudehülle mit Haustechnik sowie Innenausbau neu erstellen;
  - Totalabbruch des bestehenden Bauwerks mit anschliessendem Neubau.
- Die Wahl bezüglich des *Ausbaustandards* eines neu zu erstellenden oder bestehenden Bauwerks, wie z.B.:
  - Es wird für das gesamte Gebäude eine einheitliche Grundausstattung zur Verfügung gestellt;
  - Der Ausbaustandard wird individuell den Bedürfnissen und Wünschen der Benutzer angepasst;
  - Es wird prizipiell der bestmögliche Ausbaustandard zur Verfügung gestellt.

Die meisten der hier genannten bauwerkbezogenen Handlungsstrategien beziehen sich auf ein bestehendes Bauwerk und eignen sich deshalb nur für Unterhalts- und Erneuerungsprojekte. Dabei leitet die Entscheidung für einen Totalabbruch als Handlungsstrategie auf ein Neubauprojekt über.

Innerhalb des zeitlichen Ablaufs eines baulichen Investitionsprojekts kommen daher bei Unterhalts- und Erneuerungsprojekten immer auch Kombinationen von bauprozessbezogenen und bauwerkbezogenen Handlungsstrategien zum Einsatz, da nur hier ein bestehendes Objekt berücksichtigt werden muss.

4.4.2. Handlungsbereiche und Handlungsfaktoren

Strategien können als *grundsätzliche Handlungswege*[66] verstanden werden, im Rahmen derer verschiedene Handlungsfaktoren[67] in einer bestimmten Art verändert werden sollen. Diese Veränderungen haben aufgrund ihrer Vernetztheit[68] wiederum einen Einfluss auf die Erreichung der ebenfalls im Systemansatz betrachteten Unternehmungs- und Bauprojektziele.

Die in einem Bauprojekt zur Verfügung stehenden Handlungsfaktoren hängen einerseits von der betrachteten Problemsituation mit den zu verfolgenden Handlungsstrategien und andererseits vom Stand im Projektablauf ab.

> So stehen verschiedene Handlungsmöglichkeiten zur Verfügung je nachdem, ob z.B. ein bestehendes Bauwerk bis auf die Tragstrukturen abgerissen werden soll, oder ob beim selben Bauwerk lediglich soviel erneuert wird, dass seine Funktions- und Gebrauchstauglichkeit erhalten bleibt, oder ob z.B. als Organisationsform ein Modell mit Einzelleistungsträgern oder mit einem Totalunternehmer gewählt wird. Daneben nehmen die zur Verfügung stehenden Handlungsmöglichkeiten aber auch mit zunehmendem Projektfortschritt ab.

Die im Rahmen einer bestimmten Handlungsstrategie berücksichtigten Handlungsfaktoren können dabei in einer andern Handlungsstrategie durchaus ebenfalls vorkommen. Sie sind dort aber unter Umständen in einer andern Art zu verändern. Die in einer bestimmten Problemsituation zur Verfügung stehenden Handlungsfaktoren ergeben sich demnach aufgrund der gewählten Handlungsstrategie und dem momentanen Stand im Projektablauf.

Daraus ergeben sich Schwierigkeiten bei der Beurteilung von verschiedenen zur Wahl stehenden Handlungsstrategien. Dem kann entgegengewirkt werden durch die Zusammenfassung mehrerer Handlungsfaktoren, die in bezug auf eine betrachtete Handlungsstrategie in einer bestimmten Art verändert werden und sich zeitlich über den Projektablauf gliedern lassen, zu einem **Handlungsbereich**.

Die in einem Handlungsbereich zusammengefassten Handlungsfaktoren werden bezüglich einer betrachteten Handlungsstrategie in einer bestimmten Art beeinflusst, um den gewünschten Zielerreichungsgrad zu erhalten. Ihre zeitliche Verfügbarkeit im Projektablauf als Handlungsfaktoren kann jedoch ganz unterschiedlich sein.

Im Zusammenhang mit den hier betrachteten baulichen Investitionsprojekten unter Berücksichtigung von Neubau-, Unterhalts- und Erneuerungsprojekten können die folgenden Beispiele von Handlungsbereichen aufgeführt werden:

---

[66] vgl. dazu Seite 35

[67] vgl. dazu Seite 41
"Handlungsfaktoren als jene Elemente und Beziehungen, die wir als Problemlöser selbst durch Massnahmen verändern können."

[68] vgl. dazu Seite 29
"Vernetztheit durch ein vielfältiges Beziehungsgeflecht zwischen den einzelnen Systemelementen."

- Architektur
- Tragwerksplanung
- Gebäudetechnik
- Bauphysik
- Betriebs- und Nutzungsplanung
- Projektmanagement

usw.

Unter dem Handlungsbereich **Architektur** werden dabei alle Massnahmen zusammengefasst, welche zur Gestaltung des betrachteten Bauwerks als Ganzes beitragen. Dazu können die folgenden Beispiele von Handlungsfaktoren angeführt werden:

Raumgestaltung
- Wie plaziere ich ein Objekt im Raum?
- Welche Form hat das Objekt?
- Wie sind die Proportionen des Objekts?
- Welche Materialien verwende ich?
- Wie kombiniere ich die verschiedenen Materialien?
- Welche Farben wähle ich?

usw.

Raumorganisation
- Welche Beziehungen haben die einzelnen Räume zueinander?

Nutzungsorganisation
- Getrennte Räume für unterschiedliche Nutzungen?
- Mehrere Nutzungen in einem Raum möglich?

Standard der verwendeten Produkte und Materialien

Integration verschiedenster Standpunkte in ein gestalterisches Gesamtkonzept

Gestalterische Freiheiten ausnützen

usw.

Unter dem Handlungsbereich **Tragwerksplanung** werden alle Massnahmen zusammengefasst, welche sich mit der Definition, Dimensionierung und Ausgestaltung des Tragwerks eines Gebäudes befassen. Dazu können die folgenden Beispiele von Handlungsfaktoren angeführt werden:

Grundbau
- System der Baugrubensicherung;
- Wahl des Aushubverfahrens;
- Wahl der Fundationstiefe;
- Wahl des Fundamenttyps;

usw.

Konstruktion
- Tragsystem (Kern innen oder aussen, Gebäudehülle tragend ja oder nein?);
- Wahl des Stützenrasters;
- Bauhöhe der einzelnen Bauteile;
- Konstruktion der einzelnen Bauteile (Stahlbeton, Stahlbau, Verbundbauweise, Fertigbetonbauweise, usw.);

usw.

Unter dem Handlungsbereich **Gebäudetechnik** werden alle Massnahmen zusammengefasst, welche sich auf aktiv aufrechtzuerhaltende Funktionen des betrachteten Bauwerks beziehen. Dazu können die folgenden Beispiele von Handlungsfaktoren angeführt werden:

Bezogen auf den Aussenraum
- Erdsonden;
- Erdregister;
- Wasserverdunstung (Kühlung);
- Regenwassernutzung;

usw.

Bezogen auf die Gebäudehülle
- Photovoltaik;
- Doppelfassaden;
- Gesteuerte Fensterlüftungen;

usw.

Bezogen auf den Innenraum
- natürliche / mechanische Belüftung;
- zu erwartende Raumtemperatur;
- Geeignete Systemwahl bezüglich:
  - Luft / Wasser System,
  - System zur Nachtauskühlung,
  - Wärmeabgabe an den Raum,
  - Wärmerückgewinnung,
  - Tageslichtnutzung, Beleuchtungskonzept,

- Systementscheid Primärenergieträger;
- Systementscheid Wärme / Brauchwasseraufbereitung;
- Grauwassernutzung;
- Brandschutz;

usw.

Bezogen auf die Komplexität der verwendeten Technik

- Systemwahl Mess- und Regeltechnik;
- Automatisationsgrad;

usw.

Unter dem Handlungsbereich **Bauphysik** werden alle Massnahmen zusammengefasst, welche sich auf passiv zur Verfügung gestellte Funktionen des betrachteten Gebäudes beziehen. Dazu können die folgenden Beispiele von Handlungsfaktoren angeführt werden:

Bezogen auf den Aussenraum

- Beschattung;
- Schaffen eines Mikroklimas durch Bepflanzung;
- Wasserflächen in der Umgebung;
- Schallschutz;

usw.

Bezogen auf die Gebäudehülle

- Wärmedämmung;
- Schalldämmung;
- Luftdichtung;
- höherwertige Fenster / Gläser;
- Sonnenschutz, Blendschutz, passive Sonnenenergienutzung;
- Begrünung von Dach / Fassade;
- Fassadengestaltung (Masse, Farbe, Material, usw.);

usw.

Bezogen auf den Innenraum

- Speichermasse;
- Farbe;
- Materialwahl (Akustik, Tageslicht, Strahlungstemperatur);
- Ausbaustandard

usw.

Unter dem Handlungsbereich **Betriebs- und Nutzungsplanung** werden alle Massnahmen zusammengefasst, welche sich mit der Dimensionierung und Ausgestaltung der im Bauwerk stattfindenden Arbeitsabläufe und Produktionsprozesse befassen. Dazu können die folgenden Beispiele von Handlungsfaktoren angeführt werden:

- Materialfluss;
- Räumliche Anordnung der erforderlichen Betriebsmittel;
- Personalbedarf;
- Gestaltung der einzelnene Arbeitsplätze;
- Produktionsverfahren;
- Benötigte Infrastruktur;
- Instandhaltungsintervalle;

usw.

Unter dem Handlungsbereich **Projektmanagement** werden alle Massnahmen zusammengefasst, welche sich mit der Führung und Organisation sowie den zur Abwicklung eines Projekts verwendeten Techniken und benötigten Mitteln beschäftigen. Dazu können die folgenden Beispiele von Handlungsfaktoren angeführt werden:

Gestaltung der Bauprojektorganisation
- Funktionen zuweisen;
- Aufgaben zuweisen;
- Verantwortlichkeiten zuweisen;
- Delegation von Kompetenzen;

usw.

Projektleitung
- Sitzungen / Sitzungsraster;
- Protokolle / Pendenzenlisten;

usw.

Terminplanung

Kostenkontrolle

Entscheidungsfindung
- Entscheidungsbaum;
- Entscheidungskompetenzen;

usw.

Belegung während der Bauarbeiten in bestehenden Bauwerken bei Unterhalts- und Erneuerungprojekten

usw.

Neben den hier exemplarisch aufgeführten Handlungsbereichen ist es indessen je nach den spezifischen Besonderheiten des betrachteten baulichen Investitionsprojekts auch möglich, noch weitere Handlungsbereiche zu unterscheiden. Die in den einzelnen Handlungsbereichen zusammengefassten Handlungsfaktoren beziehen sich dabei wie gesagt immer auf eine bestimmte Handlungsstrategie und einen bestimmten Zeitpunkt im Projektablauf.

Aufgrund der Betrachtung von Handlungsbereichen wird die Beurteilung von mehreren zur Wahl stehenden Handlungsstrategien verständlicher, da die Zusammenhänge bei der Beeinflussung einzelner Zielbereiche durch Veränderungen in den Handlungsbereichen besser erfasst werden können.

4.4.3. Lenkungsmöglichkeiten

Die Handlungsstrategien legen fest, welche Handlungsfaktoren auf welche Art beeinflusst werden sollen, um die gesteckten Ziele zu erreichen. Je nach Kompetenzen einer Lenkungsebene[69] können einzelne Handlungsfaktoren verändert werden oder auch nicht. So ergeben sich für jede Lenkungsebene bezogen auf eine betrachtete Handlungsstrategie, bestimmte Lenkungsfaktoren[70].

Im Zusammenhang mit den hier betrachteten baulichen Investitionsprojekten unter Berücksichtigung von Neubau-, Unterhalts- und Erneuerungsprojekten können u.a. die folgenden Lenkungsebenen[71] unterschieden werden:

- Bauherr
- Gesamtleitung
- Leitung der Projektierung
- Leitung der Ausführung

Die Lenkung des Bauprojekts erfolgt nun über die Projektleitung des Bauherrn, die Gesamtleitung, die Leitung der Projektierung sowie die Leitung der Ausführung. Jede dieser Lenkungsebenen hat bezogen auf ein betrachtetes Bauprojekt bestimmte Kompetenzen, die sich aufgrund der Bauprojektorganisation bestimmen lassen.

Die Projektleitung des Bauherrn befindet sich für ein bestimmtes Bauprojekt auf der obersten Lenkungsebene und hat somit die Kompetenz, alle im Bauprojekt zur Verfügung stehenden Handlungsfaktoren zu verändern. Die Zahl der dazu notwendigen Entscheidungstatbestände und die zu beachtenden vernetzten Gesichtspunkte im betrachteten Zielsystem bewirken jedoch, dass die Projektleitung des Bauherrn überfordert wäre mit der Aufgabe, sämtliche Handlungsfaktoren selbst zielgerichtet zu beeinflussen. Die Kompetenzen zur Veränderung der einzelnen Handlungsfaktoren sind demnach an die dazu am besten geeignete Lenkungsebene zu delegieren.

---

69 vgl. dazu Seite 42
"Eine Lenkungsebene ist mit bestimmten Kompetenzen ausgestattet, Entscheidungen zu fällen und Handlungsfaktoren zu verändern."

70 vgl. dazu Seite 42
"Lenkungsfaktoren als alle in einer bestimmten Lenkungsebene lenkbaren Handlungsfaktoren."

71 vgl. dazu Seite 15
Figur "Funktionen im Bauprozess"

So werden z.B. bei einem Neubauprojekt die Entscheidungsgrundlagen für die Wahl des Aushubverfahrens der Baugrube oder für die Wahl des Fundamenttyps von der Leitung der Projektierung erarbeitet und der gewählten Handlungsstrategie entsprechend umgesetzt.

Dagegen wird z.B. die Zusammensetzung der Bauprojektorganisation durch den Bauherrn selbst festgelegt und durchgesetzt.

Im Verlauf des Projektablaufs nehmen aufgrund der zuvor gefällten Entscheidungen[72] die Lenkungsmöglichkeiten immer mehr ab. Je weiter das Bauprojekt fortgeschritten ist, desto weniger Handlungsfaktoren stehen für Lenkungsmassnahmen noch zur Verfügung, da sich aufgrund der zuvor gefällten Entscheidungen der Entscheidungsspielraum immer mehr einengt. Aus diesem Grund ist es im Hinblick auf eine optimale Erfüllung der gesteckten Ziele für den Besteller eines Bauwerks besonders wichtig, sich schon möglichst früh im Projektablauf über die vorhandenen Lenkungsmöglichkeiten klar zu werden und sie phasengerecht zu nutzen.

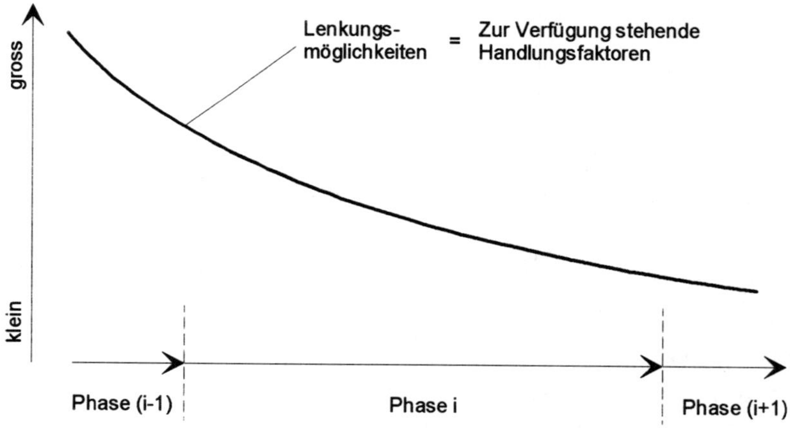

Figur 26: Lenkungsmöglichkeiten im Projektablauf

Je nach gewählter Handlungsstrategie werden auch einzelne der zuvor bestimmten Handlungsbereiche überhaupt entfallen.

So kommen z.B. einige der zuvor beschriebenen objektbezogenen[73] Handlungsstrategien ohne den Handlungsbereich *Tragwerksplanung* aus, wenn beispielsweise nur eine optische Auffrischung des Gebäudes oder Anpassungen an den installierten Haustechnikanlagen angestrebt werden.

---

[72] vgl. dazu Seite 75
Figur "Phasenweiser Entscheidungsablauf"
"Mit fortschreitender Projektbearbeitung engt sich aufgrund der zuvor gefällten Entscheidungen der Lösungsraum immer mehr ein."

[73] vgl. dazu Seite 76
"objektbezogene Strategien"

4.5. Einfügen der Handlungsfaktoren in das Netzwerk

Im fünften Schritt geht es darum, die zuvor bestimmten Handlungsbereiche mit den darin zusammengefassten Handlungsfaktoren in das bestehende Netzwerk einzufügen. Dabei wird für jede der zu wählenden Handlungsstrategien versucht, die Einflussmöglichkeiten der darin zur Verfügung stehenden Handlungsfaktoren auf die betrachteten Unternehmungs- und Bauprojektziele aufzuzeigen. Dadurch sollen die Lenkungsmöglichkeiten für jede der zur Wahl stehenden Handlungsstrategien aufgezeigt werden. Dieses Vorgehen hat im Sinne einer Rückkoppelung dazu beizutragen, dass mit der Entscheidung für eine Handlungsstrategie die gesteckten Ziele erreicht werden können.

4.5.1. Die zur Verfügung stehenden Handlungsfaktoren zum betrachteten Zeitpunkt

Die in einer bestimmten Problemsituation zur Verfügung stehenden Handlungsfaktoren ergeben sich aufgrund der gewählten Handlungsstrategie und dem momentanen Stand im Projektablauf. Daraus entsteht eine starke Zeitbezogenheit der einzelnen Handlungsfaktoren innerhalb des Projektablaufs. Im Sinne einer Vereinfachung wird im hier betrachteten Modell der Problemsituation dieser Zeitbezug nicht gemacht, weshalb diejenigen Handlungsfaktoren, welche in bezug auf eine betrachtete Handlungsstrategie, um den gewünschten Zielerreichungsgrad zu erhalten, in einer bestimmten Art beeinflusst werden, zu Handlungsbereichen zusammengefasst sind. Diese können nun neben den bereits betrachteten Umweltfaktoren, Unternehmungs- und Bauprojektzielbereichen in das Modell der Problemsituation eingefügt werden.

Mittels dieser vereinfachten Darstellung wird es möglich, die wichtigsten Faktoren auf die betrachtete Problemsituation zu erfassen. Darin umschreiben die Handlungsbereiche zunächst jene Faktoren, die verändert werden können, um im Sinne einer gewählten Strategie die gesteckten Ziele zu erreichen. Wann einzelne Handlungsfaktoren zur Verfügung stehen und als Lenkungsfaktoren eingesetzt werden können, muss erst noch festgestellt werden.

Dabei können Handlungsfaktoren unterschieden werden, die über eine sehr lange Periode im Projektablauf zur Verfügung stehen.

> So z.B. aus dem Handlungsbereich *Projektmanagement* das Sitzungswesen oder die Delegation von Kompetenzen. Diese Handlungsfaktoren stehen über eine längere Periode in der Projektabwicklung zur Verfügung. Sie bilden durch ihre Veränderung ein wichtiges Führungsinstrument aus der Sicht des Bauherrn.

Es gibt aber auch Handlungsfaktoren, die nur zu einem bestimmten Zeitpunkt im Projektablauf wirksam sind und als Lenkungsfaktoren zur Verfügung stehen.

> So z.B. aus dem Handlungsbereich *Gebäudetechnik* Handlungsfaktoren, wie der Systementscheid bezüglich des Primärenergieträgers oder aus dem Handlungsbereich *Tragwerksplanung* die Wahl des Stützenrasters.

Diese Handlungsfaktoren stehen nur über eine kurze Periode im Projektablauf zur Verfügung. Durch ihre gezielte Veränderung zum richtigen Zeitpunkt kann jedoch ein grosser Einfluss auf bestimmte Ziele, wie tiefe Betriebskosten oder hohe Flexibilität in der Nutzung, ausgeübt werden.

Bei der Auswahl einer bestimmten Handlungsstrategie ist es deshalb sehr wichtig abzuklären, welche Handlungsfaktoren zum entsprechenden Zeitpunkt zur Verfügung stehen.

4.5.2. Wirkungsbeziehungen im Zusammenhang mit Handlungsfaktoren

Veränderungen an Handlungsfaktoren haben einen Einfluss auf den Grad der Erreichung bestimmter Ziele. Die Handlungsfaktoren werden aber auch wie die Ziele durch Veränderungen der Umweltfaktoren beeinflusst. Diese Einflüsse lassen sich ähnlich wie zuvor beim Aufbau des betrachteten Netzwerks durch Wirkungsbeziehungen[74] modellhaft darstellen.

Bisher wurden nur Einflüsse betrachtet, die von Umweltfaktoren[75] oder Zielen[76] auf bestimmte Ziele im betrachteten Modellansatz einwirken. Diese Wirkungsbeziehungen treten unabhängig von einer betrachteten Handlungsstrategie auf und sind somit strategieunabhängig. Durch die Wahl einer bestimmten Handlungsstrategie treten nun aber Handlungsfaktoren im betrachteten Systemansatz auf, die in einer bestimmten Art verändert werden können, um die gesteckten Ziele zu erreichen. Die Einflussmöglichkeiten auf die Problemlösung hängen auch von der gewählten Handlungsstrategie und den darin zur Verfügung stehenden Handlungsfaktoren ab.

Im Zusammenhang mit den Einflussmöglichkeiten im betrachteten Systemansatz sind die folgenden Wirkungsbeziehungen von Interesse:

- Wirkungsbeziehungen zwischen Handlungsfaktoren und Zielen;
- Wirkungsbeziehungen unter Handlungsfaktoren;
- Wirkungsbeziehungen zwischen Umweltfaktoren und Handlungsfaktoren.

Die Wirkungsbeziehungen zwischen **Handlungsfaktoren und Zielen** drücken die Beeinflussung des Zielerreichungsgrades durch Veränderungen bestimmter Handlungsfaktoren aus. Dabei können über die Eigenschaften dieser Wirkungsbeziehungen die folgenden Aussagen gemacht werden:

---

74 vgl. dazu Seite 64
"Die Beziehungen sind Ausdruck der Zusammenhänge zwischen den betrachteten Elementen und ihren Eigenschaften."

75 vgl. dazu Seite 66
Figur "Richtung des Einflusses zwischen Umweltfaktoren und Zielen"

76 vgl. dazu Seite 65
Figur "Richtung des Einflusses zwischen Zielen"

- Die *Richtung*[77] der Wirkungsbeziehung führt vom betrachteten Handlungsfaktor weg zum entsprechenden Ziel. Sie ergibt sich aus der Tatsache, dass Veränderungen bei den Handlungsfaktoren einen Einfluss auf die Erreichung der gesteckten Ziele haben können. Die Richtung der Wirkungsbeziehung ist strategieunabhängig, d.h. sie ist unabhängig von der gewählten Handlungsstrategie.
- Die *Art*[78] der Wirkungsbeziehung ist ebenfalls strategieunabhängig. Je nach gewählter Handlungsstrategie können jedoch die zur Verfügung stehenden Handlungsfaktoren auf eine unterschiedliche Art verändert werden, was einen der Art der Wirkungsbeziehung entsprechenden Einfluss auf die Erreichung der beeinflussten Ziele hat.
- Die *Intensität*[79] der Wirkungsbeziehung ist abhängig vom betrachteten Zeitpunkt im Projektablauf. Auch ist sie ein Ausdruck dessen, dass die Handlungsfaktoren nur eine beschränkte Zeitdauer im Projektablauf verfügbar sind. Nur wenn die Intensität der Wirkungsbeziehung zwischen einem Handlungsfaktor und einem Ziel genügend stark ist, steht der betreffende Handlungsfaktor auch in der entsprechenden Lenkungsebene zur Verfügung.

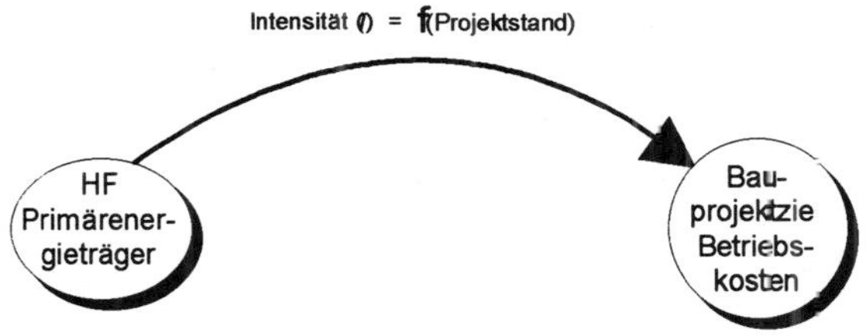

Figur 27: Wirkungsbeziehung zwischen Handlungsfaktoren und Zielen

Die Wirkungsbeziehungen von **Handlungsfaktor zu Handlungsfaktor** drücken die Beeinflussung eines bestimmten Handlungsfaktors durch die lenkende Veränderung eines anderen Handlungsfaktors als Lenkungsfaktor aus. So kann die Erweiterung oder der Ausbau eines bestimmten Handlungsfaktors die Handlungsmöglichkeiten in bezug auf einen anderen Handlungsfaktor ebenfalls erweitern oder aber einschränken. Diese Wirkungsbeziehungen sind jedoch nur dann von grosser Bedeutung, wenn die dabei beeinflussten Handlungsfaktoren ihrerseits den Erreichungsgrad eines oder mehrerer betrachteter Ziele beeinflussen.

---

[77] vgl. dazu Seite 65
"Die Richtung einer Wirkungsbeziehung bestimmt sich aus der Richtung der Einflussnahme eines bestimmten Elements auf ein anderes."

[78] vgl. dazu Seite 66
"Entsprechend ihrer Auswirkung auf ein anderes Element gibt es gleichgerichtete und entgegengerichtete Beziehungen."

[79] vgl. dazu Seite 67
"Als Intensität wird das Ausmass der Beeinflussung bezeichnet."

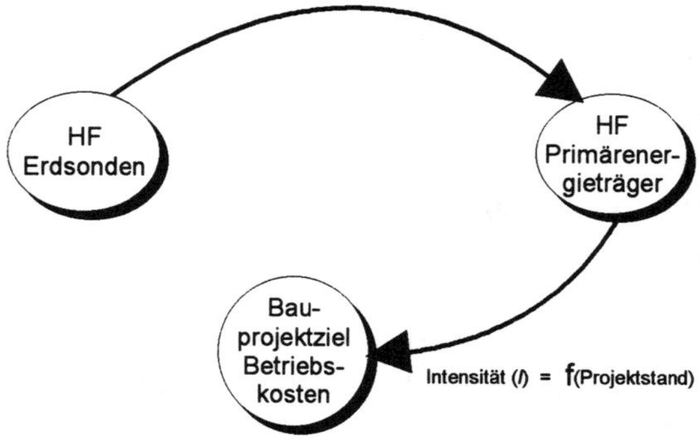

Figur 28: Wirkungsbeziehung unter Handlungsfaktoren

Die Wirkungsbeziehungen zwischen **Umweltfaktoren und Handlungsfaktoren** drücken die Beeinflussung der betrachteten Handlungsfaktoren durch Veränderungen in den Umweltfaktoren aus. Diese Wirkungsbeziehungen sind nur zu betrachten, wenn der dadurch beeinflusste Handlungsfaktor seinerseits Wirkungsbeziehungen zu Zielen oder zu anderen Handlungsfaktoren hat. Nur in diesem Fall haben Veränderungen in den Umweltfaktoren auch einen genügend starken Einfluss auf die Erreichung der gesteckten Ziele und somit auf den Erfolg des baulichen Investitionsprojekts.

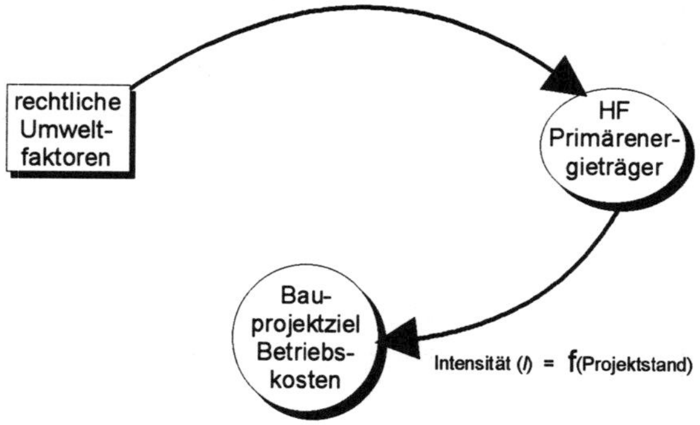

Figur 29: Wirkungsbeziehung zwischen Umweltfaktoren und Handlungsfaktoren

4.5.3. Einfluss der Zielgewichtung auf die Auswahl von Handlungsfaktoren

Das einem Ziel zugedachte Gewicht (*g*) ist ein Ausdruck des Werts, den der Besteller eines Bauwerks auf dessen Erreichung legt. So ergibt sich die Richtung[80] einer Wirkungsbeziehung zwischen zwei Zielen so, dass das höher gewichtete Ziel das tiefer gewichtete Ziel beeinflusst.

---

[80] vgl. dazu Seite 65
Figur "Richtung des Einflusses zwischen Zielen"

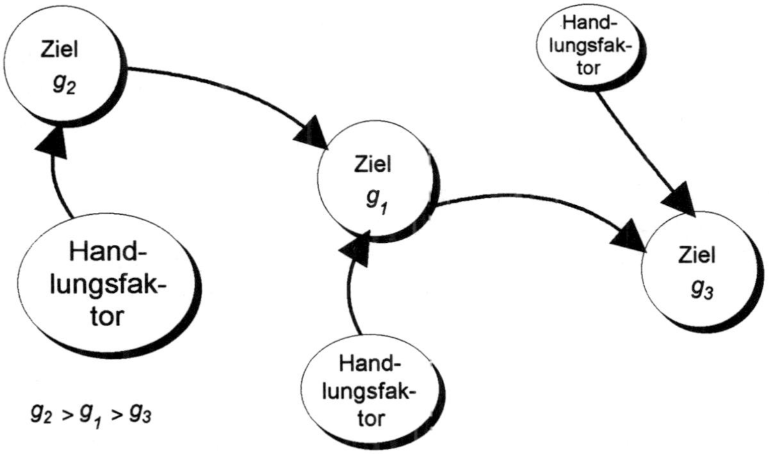

Figur 30: Einfluss der Zielgewichtung auf die Auswahl von Handlungsfaktoren

Daneben hat die Zielgewichtung aber auch einen Einfluss auf die Auswahl von Handlungsfaktoren. So sind zunächst diejenigen Handlungfaktoren näher zur betrachten, welche durch ihre Veränderung einen Einfluss auf die Erreichung der Ziele mit einem hohen Gewicht ausüben. Diese Lenkungsfaktoren bilden demnach in der entsprechenden Lenkungsebene gute Ansatzpunkte, um in die Problemsituation einzugreifen. Daraus ergibt sich ein Kriterium für die Auswahl von in einer Handlungsstrategie zur Verfügung stehenden Handlungsfaktoren als effiziente Lenkungsfaktoren.

4.6. Analyse des erweiterten Netzwerks

Dieser Schritt bildet ein wichtiges Bindeglied innerhalb des hier vorgeschlagenen Vorgehens zur ganzheitlichen Zielbildung und Lenkung von Bauprojekten. Durch eine erneute Klassifizierung der betrachteten Elemente wird eine Rückkoppelung von der zur Lösung der Problemsituation gewählten Handlungsstrategie zurück zur Modellierung der Problemsituation durch Umweltfaktoren mit Unternehmungs- und Bauprojektzielen vorgenommen.

4.6.1. Klassifizierung der Elemente für eine bestimmte Handlungsstrategie

Das der Elementklassifizierung[81] im betrachteten Systemansatz zugrundeliegende Netzwerk besteht aus Umweltfaktoren, Unternehmungs- und Bauprojektzielen. Im Netzwerk sind lediglich die strategieunabhängigen Wirkungsbeziehungen zwischen einzelnen Zielen sowie zwischen Umweltfaktoren und Zielen berücksichtigt. Seine Erstellung diente dazu, das betrachtete Modell der Problemsituation soweit

[81] vgl. dazu Seite 68

zu vereinfachen, dass nach zielorientierten Eingriffsmöglichkeiten in die Problemsituation gesucht werden konnte. Aufgrund der Erkenntnisse aus der strategieunabhängigen Klassifizierung der Umweltfaktoren, Unternehmungs- und Bauprojektziele wurde es erst möglich, Handlungsstrategien zu erarbeiten, welche eine optimale Erfüllung der gesteckten Ziele erlauben.

Die in einer Problemsituation zur Verfügung stehenden Eingriffsmöglichkeiten hängen nun aber von der gewählten Problemlösung und vom Stand im Projektablauf ab. Es ist daher nachfolgend zu überprüfen, inwieweit sich die strategieunabhängige Klassifizierung der Elemente durch die Wahl einer Problemlösung verändert.

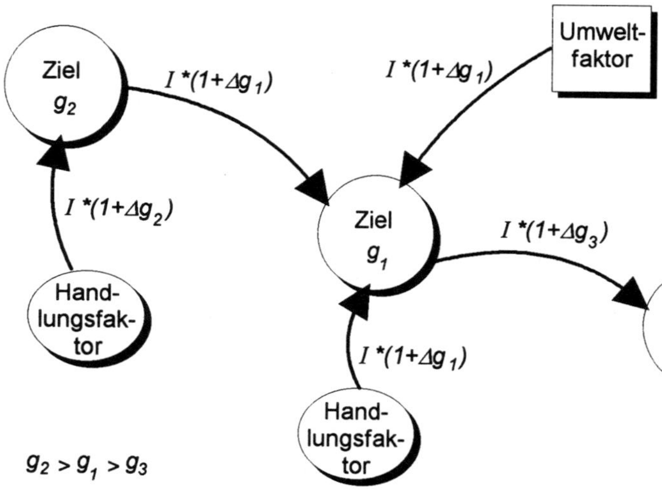

Figur 31: Einflüsse von Veränderungen in der Zielgewichtung auf das Netzwerk unter Einbezug der Handlungsfaktoren

Zu diesem Zweck sind die in einer bestimmten Handlungsstrategie zur Verfügung stehenden Handlungsfaktoren in den zur Elementklassifizierung verwendeten *Papiercomputer*[82] zu übernehmen. Dadurch ergibt sich für jede der betrachteten Handlungsstrategien eine unterschiedliche Klassifizierung der Elemente. In diesem Zusammehang ist ebenfalls zu überprüfen, in wieweit Veränderungen in der Zielgewichtung einen Einfluss auf das betrachtete Netzwerk haben. Eine Veränderung der Zielgewichtung äussert sich in der Sensibilität[83] des betreffenden Ziels in bezug auf die Beeinflussungen durch andere Elemente im betrachteten Systemansatz. So wird sich bei einer Gewichtserhöhung eines Ziels dessen Sensi-

---

[82] vgl. dazu Seite 69
Figur "Papiercomputer"

[83] vgl. dazu Seite 72
Figur: "Einflüsse von Veränderungen in der Zielgewichtung auf die Zielerreichung"

biltität im betrachteten Netzwerk über eine Verstärkung der Intensitäten (I) derjenigen Wirkungsbeziehungen äussern, die zum betreffenden Ziel hinführen.

Bezogen auf das im betrachteten Systemansatz erstellte Netzwerk[84] werden demnach nicht nur die Intensitäten derjenigen Wirkungsbeziehungen durch eine veränderte Zielgewichtung beeinflusst, welche von Umweltfaktoren und Unternehmungs- oder Bauprojektzielen kommen, sondern auch die Intensitäten derjenigen Wirkungsbeziehungen, welche von einem Handlungsfaktor auf ein betreffendes Ziel führen.

Die veränderte Elementklassifizierung kann herangezogen werden, wenn es darum geht, unter den betrachteten Handlungsstrategien die erfolgversprechendste auszuwählen. So bieten die aktiven und kritischen Elemente im Netzwerk gute Ansatzpunkte, um lenkend in das betrachtete bauliche Investitionsprojekt einzugreifen. Demnach steigen die Erfolgschancen einer Handlungsstrategie mit der Anzahl aktiver und kritischer Elemente unter den Handlungsfaktoren, die sie berücksichtigt. Andererseits kann eine weitere Sensitivitätsanalyse im durch die Handlungsfaktoren erweiterten Netzwerk helfen, die Risiken im Hinblick auf die Zielerreichung bei Veränderungen in der Zielgewichtung und bezogen auf eine bestimmte Handlungsstrategie aufzuzeigen. Zeigt eine solche Sensitivitätsanalyse eine geringe Stabiliät der Elementklassifizierung, so steigt bei der betreffenden Handlungsstrategie das Risiko eines Misserfolgs, wenn sich die Zielgewichtung verändert.

4.6.2. Lenkungsmassnahmen einleiten

Ist eine erfolgversprechende Handlungsstrategie ausgewählt, so geht es darum, die darin umrissene Problemlösung [Ulrich/Probst, 1991, S.223ff.] zu verwirklichen. Aufgrund der ausgewählten Handlungsstrategie zur Erreichung der gesteckten Ziele kann es nötig werden, lenkend in das betrachtete System einzugreifen. Als Folge solcher Eingriffe können Ereignisse eintreten die nicht voraussehbar sind, sei es aufgrund von Fehlüberlegungen oder weil sich der Vollzug der eingeleiteten Lenkungsmassnahmen über einen längeren Zeitraum erstreckt. Aus diesem Grund müssen die geplanten Lenkungsmassnahmen mit grosser Wahrscheinlichkeit immer wieder den veränderten Umständen angepasst werden. Aufgrund der Komplexität[85] der hier betrachteten baulichen Investitionsprojekte können sich die geplanten Lenkungsmassnahmen nicht nur auf die Steuerung[86] des Systems beschränken. Es muss ebenfalls auf die Fähigkeit von dynamischen Systemen zu-

---

84 vgl. dazu Seite 43
Figur: "Betrachteter Systemansatz"

85 vgl. dazu Seite 5
"Komplexität als Vielfalt von Verhaltensmöglichkeiten der Elemente und Beziehungen eines dynamischen Systems."

86 vgl. dazu Seite 8
"Steuerung als Einwirkung von oben auf ein System."

rückgegriffen werden sich anzupassen[87]. Diese Fähigkeit kann auch als Selbstlenkung [Ulrich/Probst, 1991, S.87] umschrieben werden. Sie beruht darauf, dass die an einem baulichen Investitionsprojekt beteiligten Menschen selbst denken und entscheiden können.

Es geht also darum die Überlegungen, welche zu einem Entscheid im Projektablauf geführt haben so transparent darzustellen, dass sie von den daran beteiligten Menschen nachvollzogen und verstanden werden können. Dazu soll das hier vorgeschlagene Vorgehen[88] beitragen.

[87] vgl. dazu Seite 9
"Anpassung als die Fähigkeit eines dynamischen Systems selbständig Störungen zu beheben und sich so an Veränderungen anzupassen."

[88] vgl. dazu Seite 46

5. Anwendungsbeispiele

Um eine praxisorientierte Forschungs- und Entwicklungsarbeit zu ermöglichen, wurde die Zusammenarbeit mit professionellen Bauherren gesucht. Die hier betrachteten Fälle von Bauprojekten sind aus der praktischen Umsetzung der Forschungsarbeit an mehreren Bauprojekten entstanden. Jedes dieser Beispiele repräsentiert eine bestimmte Art von baulichen Investitionsprojekten, wie sie aus der Sicht des Autors als typisch für heutige und zukünftige Bauvorhaben erachtet werden.

Die beiden betrachteten Fälle beziehen sich auf Neubauten sowie auf den Unterhalt und die Erneuerung von bestehenden Gebäuden. Darin sind einerseits die Erfahrungen eines Bauherrn aus dem Bereich Handel eingebracht und anderseits wird auf die Besonderheiten bei Bauprojekten der öffentlichen Hand eingegangen.

Mit den hier betrachteten baulichen Investitionsprojekten soll der zuvor vorgestellte Modellansatz auf seine Plausibilität hin überprüft werden. Daneben dienen sie aber auch als Beispiele zur Umsetzung der zuvor gemachten Überlegungen und Ausführungen.

5.1. Neubauprojekte in einer Handelsunternehmung

Im Rahmen dieser Forschungsarbeit konnte ein Einblick im mehrere Bauprojekte der Genossenschaft Migros Zürich als grösste schweizerische Unternehmung im Bereich Detailhandel gewonnen werden. Aufgrund der Erkenntnisse aus Sitzungen und Gesprächen mit verschiedenen Projektbeteiligten wurden alle zur Verfügung stehenden Informationen zu einem Fallbeispiel verarbeitet.

5.1.1. Bestimmen der Ziele und Umweltfaktoren

A.) Umweltfaktoren

Im hier dargestellten Fallbeispiel wird bei der betrachteten Systemumgebung zwischen wirtschaftlichen, technischen, sozial/gesellschaftlichen und politisch/rechtlichen Umweltfaktoren unterschieden. Für eine ausführlichere Umschreibung der einzelnen Umweltfaktoren wird auf die vorgängigen Ausführungen[89] verwiesen.

[89] vgl. dazu Seite 47 ff.

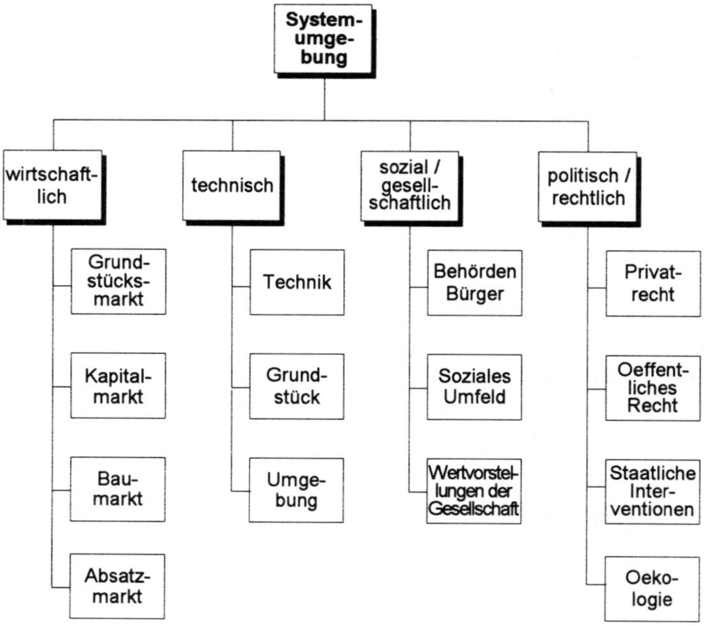

Figur 32: Betrachtete Umweltfaktoren am Beispiel von Neubauprojekten in einer Handelsunternehmung

B.) Unternehmungsziele

Die Genossenschaft Migros Zürich (GMZ) ist als Unternehmung organisatorisch in verschiedene Direktionen gegliedert. Die einzelnen Direktionen haben ihrerseits einzelne Aufgabenbereiche der Unternehmung abzudecken.

Der gesamten Unternehmung übergeordnet ist die folgende Vision oder Absichtserklärung:

> *"In gemeinsamer Selbsthilfe den Mitgliedern und der Bevölkerung im allgemeinen in günstiger Weise Waren und Dienstleistungen von guter bis hoher Qualität sowie Kulturgüter vermitteln."*

Aus dieser Absichtserklärung wurden die folgenden strategischen Grundaussagen abgeleitet:

- Ein günstiger Verkaufspreis und in bezug auf das Preis-Leistungsverhältnis führend;
- Eine rationelle, bedürfnisgerechte Vertriebsform, wie z.B. Selbstbedienung, Verbesserung der Betriebsabläufe, sympatische Verkaufsstellen;
- Die richtige Qualität, d.h. auf die Kundenbedürfnisse abgestimmt, mit hohem Standard, das Lebensmittelangebot wird laufend den neuesten ernährungsphysiologischen Erkenntnissen angepasst;

- Ein umweltgerechtes Verhalten, wie z.B. Verminderung der Umweltbelastung, Schonung der Ressourcen;
- Das Angebot von kulturellen, sozialen und wirtschaftspolitischen Leistungen mit einer breiten Verwurzelung in verschiedenen kulturellen Bereichen und als Hilfe für den Einzelnen, sich zu entfalten;
- Leistungsfähige Mitarbeiter durch die Förderung der persönlichen Fähigkeiten, das Delegieren von Aufgaben und Verantwortung soweit wie möglich, die Ausbildung aller Mitarbeiter und eine leistungsgerechte Entlöhnung;
- Die Erhaltung der Finanzkraft und finanzielle Unabhängigkeit durch eine Verstärkung des Eigenkapitalanteils oder Investitionen zur Verbesserung des Leistungsvorsprungs;
- Ein günstiger Einkauf, damit das Angebot den Bedarf breitester Bevölkerungskreise decken kann;
- Eine rationelle Logistik als Optimierung von Lagerhaltung, Produktion, Transport, Informatik und Verpackung;
- Das Erschliessen von neuen Märkten und Standorten.

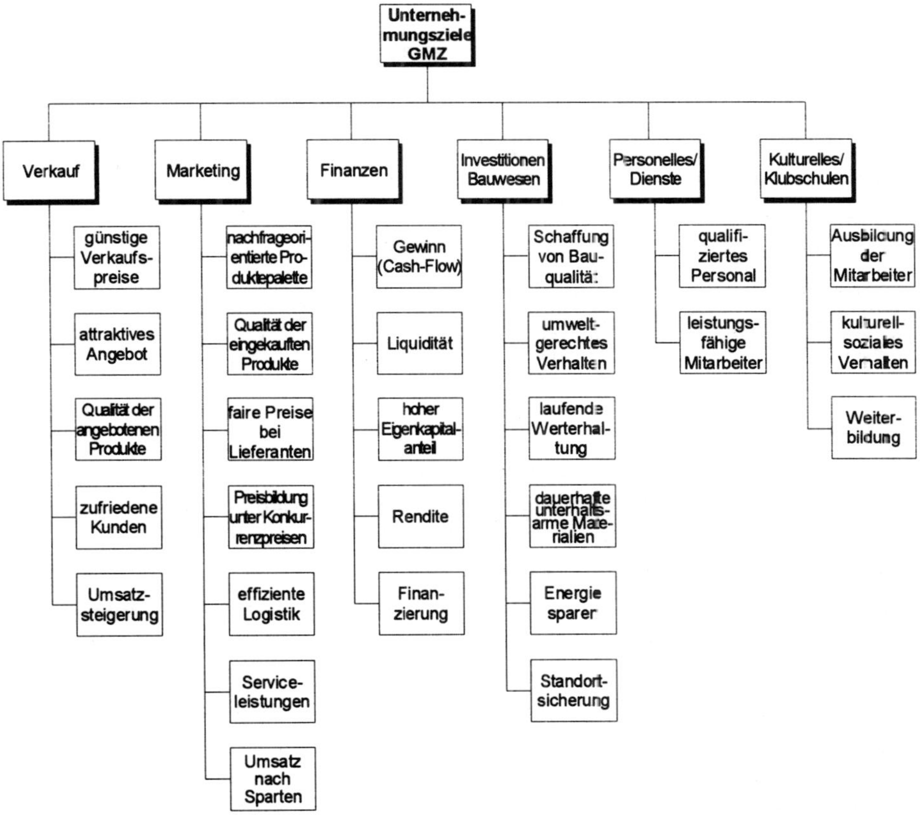

Figur 33: Betrachtete Unternehmungsziele am Beispiel von Neubauprojekten in einer Handelsunternehmung

Das Zielsystem der Genossenschaft Migros Zürich ist aus der Organisationsstruktur der Unternehmung abgeleitet und gliedert sich in sechs Zielbereiche. Diesen Bereichen sind aufgrund der zu erfüllenden Aufgaben verschiedene Ziele zugeordnet worden. Die betrachteten Ziele leiten sich ihrerseits aus den strategischen Grundaussagen der Unternehmung ab. Dieses Vorgehen ergibt eine Zielhierarchie, welche sich auf die übergeordnete Vision abstützt und die sich wie folgt gliedern lässt:

ZIELBEREICH VERKAUF

Dieser Bereich umfasst alle Aufgaben, die mit dem Vertrieb und Verkauf der einzelnen Produkte und Dienstleistungen zu tun haben. Dazu stehen der Unternehmung verschiedene **Vertriebskanäle** zur Erfüllung der gestellten Aufgaben zur Verfügung:

- Läden verschiedener Grösse;
- Restaurants;
- Freizeitcenter;
- Verkaufswagen.

Es lassen sich die folgenden Teilziele formulieren:

- Günstige Verkaufspreise;
- Attraktives Angebot;
- Qualität der angebotenen Produkte;
- Zufriedene Kunden;
- Umsatzsteigerung, Umsatz/m^2.

ZIELE:

- Kundenfreundlicher Verkauf von Produkten und Dienstleistungen unter optimaler Ausnützung aller unternehmerischen Möglichkeiten

ZIELBEREICH MARKETING

Die Hauptaufgabe dieses Bereichs liegt in der Auswahl und der Beschaffung der angebotenen Dienstleistungen und Waren. Weitere Aufgaben sind das Transportwesen. Damit verbunden ist die Aufrechterhaltung des Warenflusses zu und von den verschiedenen Vertriebskanälen.

Die Dienstleistungen und Waren können in verschiedene **Geschäftssparten** aufgegliedert werden, wie z.B.:

- Esswaren, wie Agrarprodukte, Fleisch oder Milchprodukte;
- Kolonialwaren, Waschen, Putzen, Kosmetik, Haushaltartikel;
- Restaurant;
- Textilien, Orientteppiche usw.;
- Do it yourself;
- Hobby Freizeit.

Dazu lassen sich die folgenden Teilziele formulieren:
- Eine nachfrageorientierte Produktepalette;
- Qualität der eingekauften Produkte;
- Faire Preise gegenüber den Lieferanten;
- Preisbildung; x% unter Konkurrenzpreisen;
- Eine effiziente Logistik;
- Serviceleistungen nach dem Verkauf;
- Steigerung von Umsatz und Marktanteilen nach Sparten.

ZIELE:

- Kontinuierliche Bereitstellung von qualitativ hochstehenden Produkten und Dienstleistungen zu kundenfreundlichen Konditionen

ZIELBEREICH FINANZEN

Die Hauptaufgabe dieses Bereichs ist die Führung des Rechnungswesens mit der dazu nötigen Informatikunterstützung.

Die darin enthaltenen Teilziele lauten:
- Gewinnsteigerung (Cash Flow);
- Erhaltung der Zahlungsbereitschaft jederzeit;
- Eigenkapitalanteil grösser als 50% der Bilanzsumme;
- Rendite ungefähr 4 -5 %;
- Selbstfinanzierungsgrad (Cash Flow/Investitionen in Anlagen) grösser als 90%;
- Fremdfinanzierung in der Standortgemeinde.

ZIELE:

- Finanztechnische Führung der Unternehmung, so dass sie sich gesund entwikkeln kann und ihre wirtschaftliche Unabhängigkeit behält

ZIELBEREICH INVESTITIONEN / BAUWESEN

Die Investitionen der gesamten Unternehmung dienen den folgenden Zwecken
- Erhaltung und Verbesserung des Wettbewerbvorsprungs;
- Rationalisierung;
- Umweltschutz.

Die Hauptaufgabe dieses Bereichs liegt in der Planung und Durchführung aller Investitionen, welche die Infrastruktur der gesamten Unternehmung betreffen. Darunter fallen namentlich alle Investitionen an Liegenschaften und Verkaufslokalen der Unternehmung. Darin inbegriffen sind die Planung und Realisierung von Bauwerken, sowie die Instandhaltung der bestehenden Bauwerke samt Infrastruktur.

Die darin enthaltenen Teilziele lauten:
- Schaffung von Bauqualität;
- Umweltgerechtes Verhalten;
- Laufende Werterhaltung;

- Verwendung von dauerhaften und unterhaltsarmen Materialien bei baulichen Massnahmen;
- Einbezug aller möglichen Energiesparmassnahmen bei vertretbaren Kosten;
- Schaffung von Landreserven zur Standortsicherung;
- Die prinzipielle Ausnützung aller Kaufangebote;
- Bei Miete nur langfristige Verträge über ganze Objekte im Rohbau.

ZIELE:

- Investitionstechnische Führung der Unternehmung im Immobilien- und Anlagenbereich, so dass die getätigten Investitionen ihren Wert lange behalten und die Umwelt wenig belasten.

ZIELBEREICH PERSONELLES / DIENSTE

Die Hauptaufgabe dieses Bereichs liegt darin, genügend motivierte und qualifizierte Mitarbeiter zu rekrutieren und sie zu betreuen.

ZIELE:

- Bereitstellen von qualifiziertem Personal;
- Bereitstellen von leistungsfähigem Personal.

ZIELBEREICH KULTURELLES / KLUBSCHULEN

Die Aufgaben dieses Bereichs umfassen die interne Aus- und Weiterbildung der Mitarbeiter, sowie im Rahmen des sozialen Verständnisses der Unternehmung die zur Verfügungstellung von kulturellen und sozialen Weiterbildungsmöglichkeiten für alle.

ZIELE:

- Aus- und Weiterbildung der Mitarbeiter auf allen Stufen und in allen Bereichen;
- Ein soziales und kulturelles Verhalten in der Gesellschaft;
- Schaffung und Durchführung von öffentlich zugänglichen Freizeitgestaltungs- und Weiterbildungsmöglichkeiten.

C.) Bauprojektziele

Im Zielsystem der Bauprojektziele sind alle Ziele zusammengefasst, welche bei baulichen Investitionen im Zusammenhang mit Neubauprojekten der Genossenschaft Migros Zürich (GMZ) verfolgt werden. Für eine ausführlichere Umschreibung der einzelnen Bauprojektziele wird auf die vorgängigen Ausführungen[90] verwiesen.

---

[90] vgl. dazu Seite 55

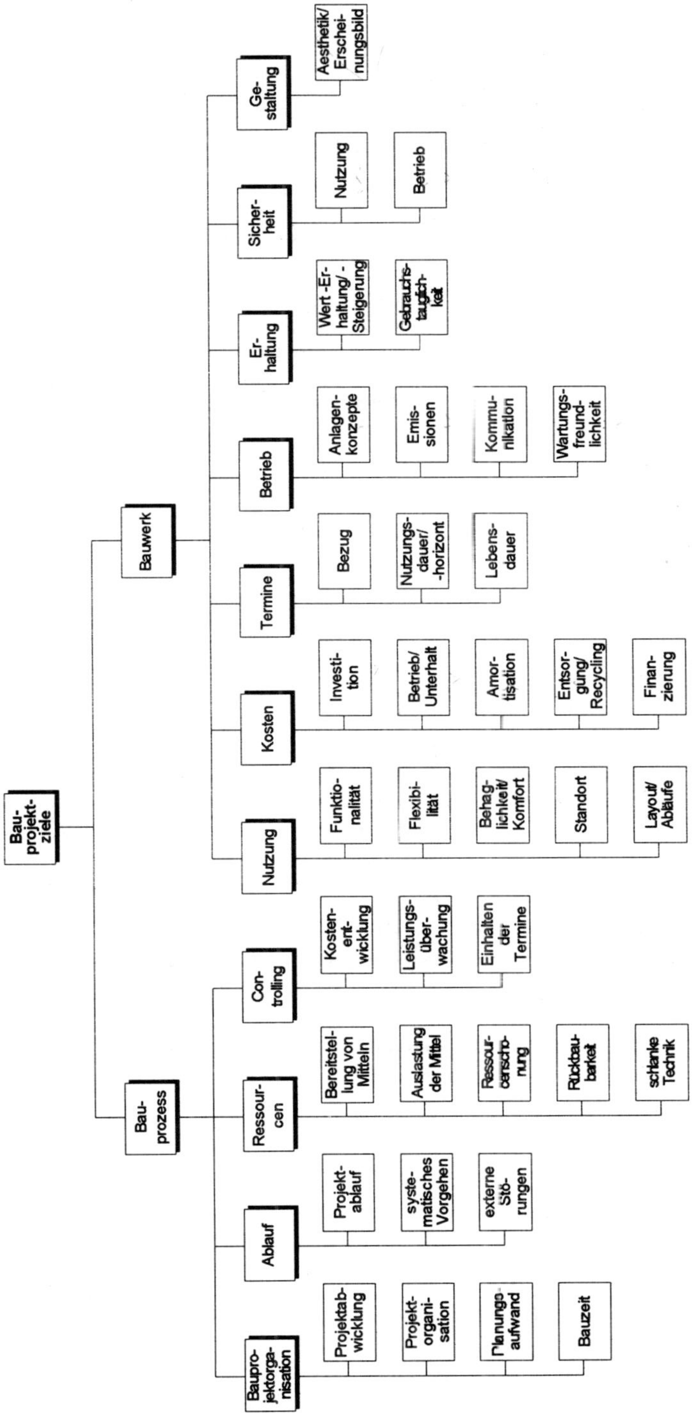

Figur 34: Betrachtete Bauprojektziele am Beispiel von Neubauprojekten in einer Handelsunternehmung

5.1.2. Aufbau des Netzwerks

A.) Gewichtung der Ziele

Die Prioritäten innerhalb der betrachteten Unternehmungsziele der GMZ sowie der Bauprojektziele sind wie folgt festgelegt worden:

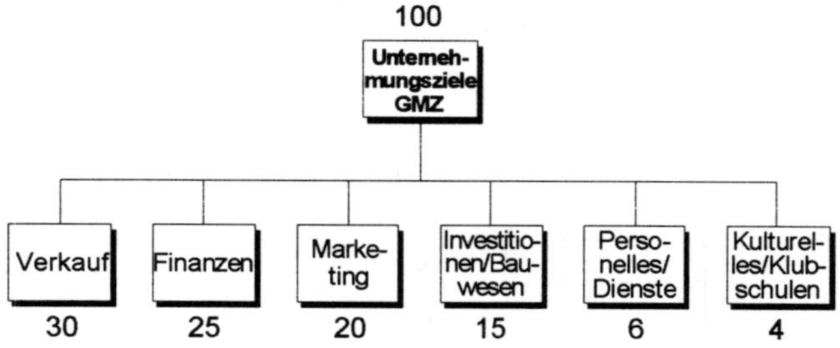

Figur 35: Gewichtung der Unternehmungsziele am Beispiel von Neubauprojekten in einer Handelsunternehmung

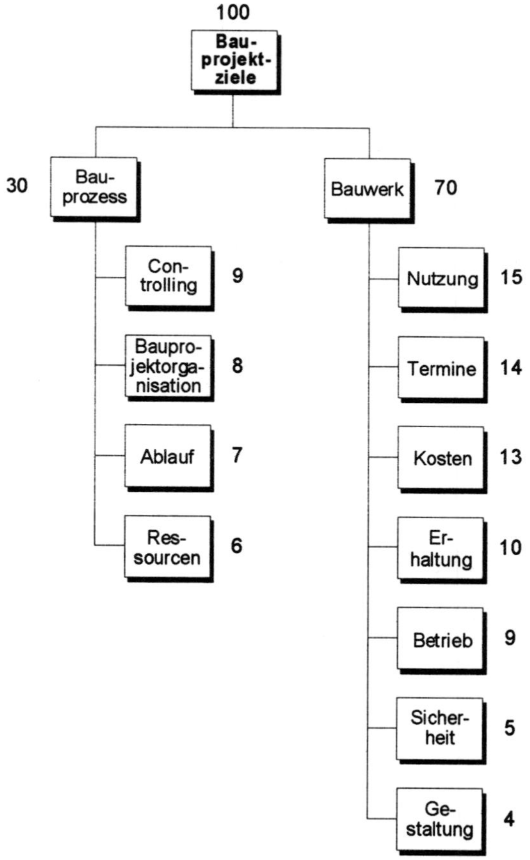

Figur 36: Gewichtung der Bauprojektziele am Beispiel von Neubauprojekten in einer Handelsunternehmung

B.) Betrachtete Wirkungsbeziehungen

GMZ

+ = gleichgerichtet
- = entgegengerichtet

1= schwache Intensität
2= mittlere Intensität
3= starke Intensität

Einfluss von	Einfluss auf	Art	Intensität
Umweltfaktoren			
wirtschaftlich	technisch	+	2
wirtschaftlich	sozial/gesellschaftlich	-	2
wirtschaftlich	politisch/rechtlich	-	1
wirtschaftlich	Controlling (baulich)	+	1
wirtschaftlich	Kosten (baulich)	+	3
wirtschaftlich	Nutzung (baulich)	+	2
wirtschaftlich	Finanzen (GMZ)	+	3
wirtschaftlich	Personelles (GMZ)	-	1
wirtschaftlich	Kulturelles (GMZ)	+	1
technisch	Nutzung (baulich)	+	2
technisch	Kosten (baulich)	+	2
sozial/gesellschaftlich	Termine (baulich)	+	2
sozial/gesellschaftlich	Gestaltung (baulich)	+	1
sozial/gesellschaftlich	Investitionen (GMZ)	+	1
sozial/gesellschaftlich	Verkauf (GMZ)	+	1
politisch/rechtlich	Nutzung (baulich)	+	2
politisch/rechtlich	Erhaltung (baulich)	+	1
politisch/rechtlich	Termine (baulich)	+	2
politisch/rechtlich	Kosten (baulich)	+	2
politisch/rechtlich	Betrieb (baulich)	+	2
politisch/rechtlich	Sicherheit (baulich)	+	2
politisch/rechtlich	Marketing (GMZ)	+	1
politisch/rechtlich	Investitionen (GMZ)	+	2

Tabelle 1: Betrachtete Wirkungsbeziehungen ausgehend von den Umweltfaktoren am Beispiel von Neubauprojekten in einer Handelsunternehmung

GMZ

+ = gleichgerichtet
- = entgegengerichtet

1= schwache Intensität
2= mittlere Intensität
3= starke Intensität

Einfluss von	Einfluss auf	Art	Intensität
Unternehmungsziele GMZ			
Verkauf	Finanzen	+	3
Verkauf	Marketing	+	2
Verkauf	Investitionen	+	2
Verkauf	Personelles	+	2
Verkauf	Kulturelles	+	1
Verkauf	Nutzung (baulich)	+	3
Verkauf	Termine (baulich)	+	3
Marketing	Investitionen	+	2
Marketing	Personelles	+	1
Marketing	Nutzung (baulich)	+	2
Finanzen	Marketing	+	2
Finanzen	Investitionen	+	2
Finanzen	Kulturelles	+	1
Finanzen	Kosten (baulich)	+	2
Investitionen	Bauprojektorganisation (baulich)	+	3
Investitionen	Gestaltung (baulich)	+	1
Investitionen	Kosten (baulich)	+	3
Investitionen	Termine (baulich)	+	3
Investitionen	Betrieb (baulich)	+	3
Investitionen	Erhaltung (baulich)	+	2
Personelles	Sicherheit (baulich)	+	1

Tabelle 2: Betrachtete Wirkungsbeziehungen ausgehend von den Unternehmungszielen am Beispiel von Neubauprojekten in einer Handelsunternehmung

GMZ

+ = gleichgerichtet
- = entgegengerichtet

1= schwache Intensität
2= mittlere Intensität
3= starke Intensität

Einfluss von	Einfluss auf	Art	Intensität
Bauprojektziele			
Bauprozess			
Bauprojektorganisation	Ablauf	+	3
Bauprojektorganisation	Ressourcen	+	3
Ablauf	Ressourcen	+	2
Controlling	Bauprojektorganisation	+	3
Controlling	Ablauf	+	2
Bauwerk			
Nutzung	Bauprojektorganisation	+	2
Nutzung	Termine	+	1
Nutzung	Kosten	-	2
Nutzung	Betrieb	-	1
Nutzung	Erhaltung	+	1
Nutzung	Personelles (GMZ)	+	2
Kosten	Bauprojektorganisation	+	1
Kosten	Controlling	+	2
Kosten	Betrieb	-	2
Kosten	Ressourcen	+	2
Kosten	Erhaltung	+	2
Termine	Ablauf	+	2
Termine	Controlling	+	3
Termine	Kosten	-	2
Betrieb	Personelles (GMZ)	+	1
Erhaltung	Betrieb	+	1

Tabelle 3: Betrachtete Wirkungsbeziehungen ausgehend von den Bauprojektzielen am Beispiel von Neubauprojekten in einer Handelsunternehmung

C.) Klassifizierung der Elemente

GMZ	von -> auf	1	2	3	4	5	6	7	8	9	10	11	12	13	14	15	16	17	18	19	20	21	Zeilensumme = Einflussnahme	Element
1	Bauprojektorganisation		3	3																			6	kritisch
2	Ablauf			2																			2	reaktiv
3	Ressourcen																							reaktiv
4	Controlling	3	2																				5	reaktiv
5	Gestaltung																							
6	Nutzung	2						2	1	1	1						2						9	kritisch
7	Kosten	1		2	2					2	2												9	kritisch
8	Termine		2		3			2															7	kritisch
9	Betrieb																1						1	reaktiv
10	Erhaltung									1													1	reaktiv
11	Sicherheit																							
12	Verkauf						3		3					2	3	2	2	1					16	aktiv
13	Marketing						2									2	1						5	
14	Finanzen							2						2		2		1					7	kritisch
15	Investitionen/Bauwesen	3				1		3	3	3	2												15	kritisch
16	Personelles/Dienste											1											1	reaktiv
17	Kulturelles/Klubschulen																							
18	wirtschaftlich				1		2	3							3		1	1		2	2	1	16	aktiv
19	technisch						2	2															4	
20	sozial/gesellschaftlich					1			2				1			1							5	
21	politisch/rechtlich						2	2	2	2	1	2		1		2							14	aktiv
	Spaltensumme = Beeinflussbarkeit	9	7	7	6	2	11	16	11	9	6	3	1	5	6	9	7	3		2	2	1		

Tabelle 4: Papiercomputer zur Klassifizierung der Elemente am Beispiel von Neubauprojekten in einer Handelsunternehmung

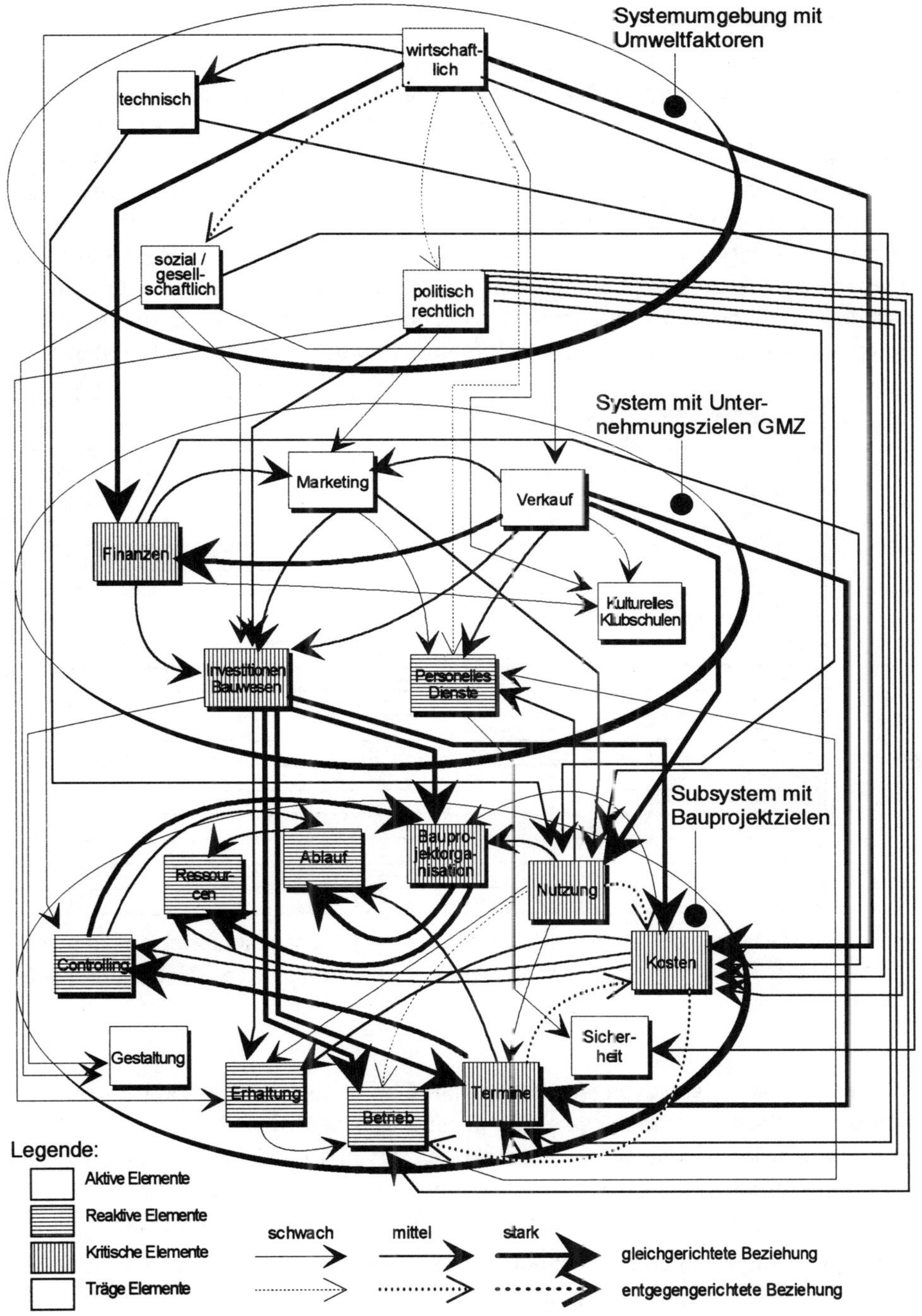

Figur 37: Betrachtetes Netzwerk am Beispiel von Neubauprojekten in einer Handelsunternehmung

5.1.3. Analyse des Netzwerks

In der Folge findet sich eine Zusammenstellung der maximalen und minimalen Werte für jedes betrachtete Ziel aus den Unternehmungs- und den Bauprojektzielen, um die sich die entsprechenden Zielgewichte verändern können, bevor sich die Eigenschaften der Elemente verändern oder zusätzliche reaktive, kritische und aktive Elemente im Netzwerk auftauchen. Dabei wurde von einem Ausgangswert von 1.0 als Faktor für alle Ziele im betrachteten Netzwerk ausgegangen. Für die Sensitivitätsanalyse wurde dieser Faktor mit den Intensitäten der Wirkungsbeziehungen, welche zu dem betreffenden Ziel hinführen, multipliziert. Eventuell ändernde Richtungen der betrachteten Wirkungsbeziehungen zwischen den Zielen aufgrund von veränderten Zielgewichtungen[91] sind dabei nicht berücksichtigt.

GMZ	Element	max. krit. Wert	min. krit. Wert	Ausgangswert
Bauprojektorganisation	kritisch	1.3	0.7	1.0
Ablauf	reaktiv	1.4	1.0	1.0
Ressourcen	reaktiv	1.4	1.0	1.0
Controlling	reaktiv	1.5	1.0	1.0
Gestaltung		1.9	0	1.0
Nutzung	kritisch	1.2	0.6	1.0
Kosten	kritisch	1.1	0.4	1.0
Termine	kritisch	1.2	0.6	1.0
Betrieb	reaktiv	1.3	0.7	1.0
Erhaltung	reaktiv	1.5	1.0	1.0
Sicherheit		1.9	0	1.0
Verkauf	aktiv	1.8	0	1.0
Marketing		1.1	0.4	1.0
Finanzen	kritisch	1.5	1.0	1.0
Investitionen/Bauwesen	kritisch	1.3	0.7	1.0
Personelles/Dienste	reaktiv	1.4	0.9	1.0
Kulturelles/Klubschulen		1.9	0	1.0
wirtschaftlich	aktiv			1.0
technisch				1.0
sozial/gesellschaftlich				1.0
politisch/rechtlich	aktiv			1.0

Tabelle 5: Sensitivitätsanalyse zur Stabilitätsprüfung der Elementklassifizierung am Beispiel von Neubauprojekten in einer Handelsunternehmung

Bei der Sensitivitätsanalyse wurde auf eine Gewichtung der Umweltfaktoren verzichtet, da diese nicht im direkten Einflussbereich des betrachteten Systems liegen. Die Gewichtung dieser Einflussfaktoren auf das bauliche Investitionsprojekt kann nicht durch das System selbst verändert werden. Bezogen auf die Ergebnisse der Sensitivitätsanalyse können folgende Feststellungen gemacht werden:

- Bei den Unternehmungszielen kann das Gewicht des Zielbereichs *Finanzen* nicht verringert werden, sonst tritt eine klare Veränderung der Einflussverhältnisse ein. Das Gewicht des Zielbereichs *Marketing* kann lediglich um 10% erhöht werden und das Gewicht des Zielbereichs *Personelles/Dienste* kann lediglich um

[91] vgl. dazu Seite 65
Figur "Richtung des Einflusses zwischen Zielen"

10% vermindert werden, bis eine klare Veränderung der Einflussverhältnisse eintritt. Bei den übrigen Unternehmungszielen kann die Gewichtung um mindestens 30% variiert werden. Somit ist der stark gewichtete Zielbereich *Verkauf* wenig empfindlich gegenüber Veränderung in der Zielgewichtung. Der stark gewichtete Zielbereich *Finanzen* ist ebenfalls wenig empfindlich gegenüber Steigerungen in der Gewichtung.

- Bei den Bauprojektzielen kann das Gewicht der Zielbereiche *Ablauf*, *Kapazitäten*, *Controlling* und *Erhaltung* nicht verringert werden, sonst tritt eine klare Veränderung der Einflussverhältnisse ein. Das Gewicht des Zielbereichs *Kosten* kann lediglich um 10% und das Gewicht der Zielbereiche *Nutzung* und *Termine* kann lediglich um 20% erhöht werden, bis eine klare Veränderung der Einflussverhältnisse eintritt. Bei den übrigen Bauprojektzielen kann die Gewichtung um mindestens 30% variiert werden. Somit ist der stark gewichtete Zielbereich *Nutzung* relativ wenig empfindlich gegenüber Veränderungen in der Zielgewichtung. Der ebenfalls stark gewichtete Zielbereich *Termine* ist relativ empfindlich auf Steigerungen der Gewichtung.

Daraus lassen sich folgende Aussagen ableiten:

- In der Systemumgebung sind die *wirtschaftlichen* und die *politisch/rechtlichen* Umweltfaktoren einflussreiche aktive Elemente. Diese Aussage erscheint plausibel, da gerade diese wenig bis gar nicht beeinflussbaren Faktoren die wichtigsten externen Rahmenbedingungen für unternehmerische Aktivitäten, wie z.B. bauliche Investitionsprojekte bilden.
- Bei den Unternehmungszielen sind die Zielbereiche *Verkauf*, *Finanzen*, und *Invesitionen/Bauwesen* einflussreiche aktive oder kritische Elemente. Bei einer Handelsunternehmung erscheint es als realistisch, dass der Verkauf von Produkten eine entscheidende Rolle spielt, da dadurch die finanziellen Mittel der Unternehmung erwirtschaftet werden. Die Bereiche Finanzen und Investitionen/Bauwesen werden nicht zuletzt dadurch stark beeinflusst. Vor allem der Bereich Investitionen/Bauwesen übt seinerseits einen starken Einfluss auf die hier betrachteten baulichen Investitionsprojekte aus. Aus der Sensitiviätsanalyse geht hervor, dass vor allem bei einer Gewichtsabnahme des stark gewichteten Zielbereichs *Finanzen* mit Veränderungen in den Einflussverhältnissen des Netzwerks zu rechnen ist.
- Bei den Bauprojektzielen sind die Zielbereiche *Bauprojektorganisation*, *Nutzung*, *Kosten* und Termine einflussreiche kritische Elemente. Diese Aussage erscheint zutreffend, da es gerade diese Bereiche sind, welche in einem Bauprojekt über Erfolg oder Misserfolg entscheiden, dabei ist der Zielbereich Nutzung nicht zu unterschätzen. Aus der Sensitivitätsanalyse geht hervor, dass vor allem bei einer Höhergewichtung des Zielbereichs *Kosten* mit Veränderungen in den Einflussverhältnissen des Netzwerks zu rechnen ist.

5.1.4. Bestimmen der Lenkungsmöglichkeiten

Bei den möglichen Handlungsstrategien wird auf die Ausführungen über bauprozessbezogene[92] und bauwerkbezogene[93] Handlungsstrategien im Zusammenhang mit Neubauprojekten verwiesen. Beim hier betrachteten Beispiel von Neubauprojekten wird bezüglich der bauprozessbezogenen Strategien ein Vorgehen in einem Schritt ohne Etappierung und eine Organisationsform mit Einzelleistungsträgern gewählt. Dies bedeutet, dass beim geplanten Bauwerk keine späteren Erweiterungen durch weitere Bauetappen vorgesehen werden und, dass sich der Bauherr alle zur Planung und Realisierung notwendigen Leistungen einzeln beschafft. Bei den bauwerkbezogenen Handlungsstrategien soll das betreffende Bauwerk für eine bestimmte Nutzung über eine bestimmte Zeitdauer ausgelegt werden, d.h. es soll kein multifunktionales Bauwerk erstellt werden, welches ohne grösseren Aufwand einer anderen Nutzung zugeführt werden kann.

Somit stehen aufgrund der gewählten Handlungsstrategien u.a. die folgenden Handlungsbereiche zur Verfügung:

- Architektur
- Tragwerksplanung
- Gebäudetechnik
- Bauphysik
- Betriebsplanung
- Projektmanagement

Hinsichtlich der in den einzelnen Handlungsberichen zur Verfügung stehenden Handlungsfaktoren wird auf die Ausführungen über Handlungsbereiche[94] und Handlungsfaktoren verwiesen:

5.1.5. Einfügen der Handlungsfaktoren in das Netzwerk

Für die in diesem Beispiel gewählte Kombination von vorgehensbezogenen und objektbezogenen Handlungsstrategien werden die folgenden Wirkungsbeziehungen im Zusammenhang mit den zur Verfügung stehenden Handlungsbereichen betrachtet:

---

[92] vgl. dazu Seite 76

[93] vgl. dazu Seite 76

[94] vgl. dazu Seite 78 ff.

GMZ

+ = gleichgerichtet
- = entgegengerichtet

1= schwache Intensität
2= mittlere Intensität
3= starke Intensität

Einfluss von	Einfluss auf	Art	Intensität
Handlungsbereiche			
Architektur	Ressourcen	+	1
Architektur	Gestaltung	+	3
Architektur	Nutzung	+	2
Architektur	Tragwerksplanung (HF)	-	1
Architektur	Bauphysik (HF)	+	1
Tragwerksplanung	Ressourcen	+	1
Tragwerksplanung	Kosten	+	3
Tragwerksplanung	Termine	+	2
Tragwerksplanung	Erhaltung	+	1
Gebäudetechnik	Nutzung	+	2
Gebäudetechnik	Kosten	+	2
Gebäudetechnik	Termine	+	2
Gebäudetechnik	Betrieb	+	2
Gebäudetechnik	Sicherheit	+	2
Gebäudetechnik	Architektur (HF)	-	1
Bauphysik	Nutzung	+	2
Bauphysik	Gestaltung	+	1
Bauphysik	Kosten	+	3
Bauphysik	Termine	+	2
Bauphysik	Erhaltung	+	2
Betriebs-, Nutzungsplanung	Nutzung	+	3
Betriebs-, Nutzungsplanung	Betrieb	+	1
Betriebs-, Nutzungsplanung	Sicherheit	+	2
Betriebs-, Nutzungsplanung	Gebäudetechnik (HF)	+	1
Projektmanagement	Bauprojektorganisation	+	2
Projektmanagement	Ablauf	+	2
Projektmanagement	Ressourcen	+	2
Projektmanagement	Controlling	+	3

Tabelle 6: Betrachtete Wirkungsbeziehungen ausgehend von den Handlungsfaktoren am Beispiel von Neubauprojekten in einer Handelsunternehmung

Aufgrund der Intensitäten der betrachteten Wirkungsbeziehungen zwischen den Handlungsbereichen und den Bauprojektzielen sowie der Gewichtung der Bauprojektziele, können folgende Aussagen gemacht werden

- Der am stärksten gewichtete Bauprojektzielbereich *Nutzung* wird durch die Handlungsbereiche *Architektur*, *Gebäudetechnik*, *Bauphysik* sowie *Betriebs- und Nutzungsplanung* beeinflusst.
- Der stark gewichtete Bauprojektzielbereich *Termine* wird durch die Handlungsbereiche *Tragwerksplanung*, *Gebäudetechnik* und *Bauphysik* beeinflusst.

- Der stark gewichtete Bauprojektzielbereich *Kosten* wird durch die Handlungsbereiche *Tragwerksplanung*, *Gebäudetechnik* und *Bauphysik* beeinflusst.

Somit erhalten diese Handlungsbereiche einen hohen Stellenwert hinsichtlich einer optimalen Erfüllung der gesteckten Ziele. Dabei ist zu bemerken, dass der Handlungsbereich *Projektmanagement* bezüglich der Erreichung der in diesem Fallbeispiel stark gewichteten Ziele lediglich eine untergeordnete Rolle spielt.

Die zur Verfügung stehenden Handlungsbereiche werden durch die Umweltfaktoren wie folgt beeinflusst:

GMZ

+ = gleichgerichtet
- = entgegengerichtet

1= schwache Intensität
2= mittlere Intensität
3= starke Intensität

Einfluss von	Einfluss auf	Art	Intensität
Umweltfaktoren			
wirtschaftlich	Betriebs-, Nutzungsplanung (HF)	+	1
technisch	Tragwerksplanung (HF)	+	1
technisch	Gebäudetechnik (HF)	+	1
technisch	Betriebsplanung (HF)	+	1
sozial/gesellschaftlich	Architektur (HF)	+	1
politisch/rechtlich	Architektur (HF)	+	1
politisch/rechtlich	Tragwerksplanung (HF)	+	1
politisch/rechtlich	Gebäudetechnik (HF)	+	1
politisch/rechtlich	Bauphysik (HF)	+	1
politisch/rechtlich	Betriebs-, Nutzungsplanung (HF)	+	1
politisch/rechtlich	Projektmanagment (HF)	+	1

Tabelle 7: Betrachtete Wirkungsbeziehungen zu den Handlungsfaktoren ausgehend von den Umweltfaktoren am Beispiel von Neubauprojekten in einer Handelsunternehmung

5.1.6. Analyse des erweiterten Netzwerks

Die Klassifizierung der Elemente für die in diesem Beispiel gewählte Kombination von bauprozessbezogenen und bauwerkbezogenen Handlungsstrategien[95] erfolgt mit Hilfe eines durch die Einführung der zur Verfügung stehenden Handlungsbereiche erweiterten Papiercomputers. Daraus werden die Veränderungen in der Klassifizierung der Elemente aufgrund der gewählten Problemlösung ersichtlich.

95 vgl. dazu Seite 108

GMZ	erweitertes Netzwerk von -> auf	1	2	3	4	5	6	7	8	9	10	11	12	13	14	15	16	17	18	19	20	21	22	23	24	25	26	27	Zeilensumme = Einflussnahme	Element
1	Bauprojektorganisation		3	3																									6	reaktiv
2	Ablauf			2																									2	reaktiv
3	Ressourcen																													reaktiv
4	Controlling	3	2																										5	reaktiv
5	Gestaltung																													
6	Nutzung	2						2	1	1	1						2												9	kritisch
7	Kosten	1		2	2					2	2																		9	kritisch
8	Termine		2		3			2																					7	kritisch
9	Betrieb																1												1	reaktiv
10	Erhaltung									1																			1	reaktiv
11	Sicherheit																													reaktiv
12	Verkauf						3		3					2	3	2	2	1											16	aktiv
13	Marketing						2									2	1												5	
14	Finanzen							2						2		2		1											7	aktiv
15	Investitionen/Bauwesen	3				1		3	3	3	2																		15	kritisch
16	Personelles/Dienste											1																	1	reaktiv
17	Kulturelles/Klubschulen																													
18	wirtschaftlich				1		2	3							3		1	1		2	2	1					1		17	aktiv
19	technisch						2	2																1	1		1		7	aktiv
20	sozial/gesellschaftlich					1			2				1			1							1						6	
21	politisch/rechtlich						2	2	2	2	1	2		1		2							1	1	1	1	1	1	20	aktiv
22	Architektur			1		3	2																	1		1			8	aktiv
23	Tragwerksplanung			1				3	2		1																		7	aktiv
24	Gebäudetechnik						2	2	2	2		2											1						11	aktiv
25	Bauphysik					1	2	3	2		2																		10	aktiv
26	Betriebs-, Nutzungspl.						3			1		2													1				7	aktiv
27	Projektmanagement	2	2	2	3																								9	aktiv
	Spaltensumme = Beeinflussbarkeit	11	9	11	9	6	20	24	17	12	9	7	1	5	0	9	7	3		2	2	1	3	3	3	2	3	1		

Tabelle 8: Papiercomputer zur Klassifizierung der Elemente für eine bestimmte Handlungsstrategie am Beispiel von Neubauprojekten in einer Handelsunternehmung

Ein Vergleich der strategieunabhängigen Klassifizierung und der Klassifizierung der Elemente für die gewählte Handlungsstrategie zeigt, dass sich die Elementklassifizierung in folgenden Punkten ändert:

- Unter den Bauprojektzielen ändert der relativ stark gewichtete Zielbereich *Bauprojektorganisation* seine Eigenschaft vom kritischen zum reaktiven Element. Der schwach gewichtete Zielbereich *Sicherheit* ändert seine Eigenschaft vom trägen zum reaktiven Element.
- Unter den Unternehmungszielen GMZ ändert der stark gewichtete Zielbereich *Finanzen* seine Eigenschaft vom kritischen zum aktiven Element.
- In der Systemumgebung werden die technischen Umweltfaktoren vom trägen zum aktiven Element.

GMZ erweitertes Netzwerk	Element	max. krit. Wert	min. krit. Wert	Ausgangswert
Bauprojektorganisation	reaktiv	1.2	0.7	1.0
Ablauf	reaktiv	1.3	1.0	1.0
Ressourcen	reaktiv	1.2	0.9	1.0
Controlling	reaktiv	1.3	1.0	1.0
Gestaltung		1.1	0.6	1.0
Nutzung	kritisch	1.1	1.0	1.0
Kosten	kritisch	1.1	1.0	1.0
Termine	kritisch	1.1	1.0	1.0
Betrieb	reaktiv	1.2	0.8	1.0
Erhaltung	reaktiv	1.3	0.9	1.0
Sicherheit	reaktiv	1.4	1.0	1.0
Verkauf	aktiv	1.9	0	1.0
Marketing		1.3	1.0	1.0
Finanzen	aktiv	1.1	0	1.0
Investitionen/Bauwesen	kritisch	1.3	1.0	1.0
Personelles/Dienste	reaktiv	1.4	1.0	1.0
Kulturelles/Klubschulen		2.0	0.9	1.0
wirtschaftlich	aktiv			1.0
technisch	aktiv			1.0
sozial/gesellschaftlich				1.0
politisch/rechtlich	aktiv			1.0
Architektur	aktiv			1.0
Tragwerksplanung	aktiv			1.0
Gebäudetechnik	aktiv			1.0
Bauphysik	aktiv			1.0
Betriebs-, Nutzungspl.	aktiv			1.0
Projektmanagement	aktiv			1.0

Tabelle 9: Sensibilitätsanalyse zur Stabilitätsprüfung der Elementklassifizierung für eine bestimmte Handlungsstrategie am Beispiel von Neubauprojekten in einer Handelsunternehmung

Als Vergleich zur zuvor gewählten Kombination von Handlungsstrategien[96] wird in der Folge eine weitere Variante betrachtet. Dabei soll im Gegensatz dazu hinsichtlich der bauprozessbezogenen Strategien keine Organisationsform mit Einzelleistungsträgern, sondern eine Organisationsform mit Totalunternehmer ge-

[96] vgl. dazu Seite 108

wählt werden. Dies hat zur Folge, dass aus der Sicht eines Bestellers von Bauleistungen die folgenden Handlungsbereiche in bezug auf eine optimale Erfüllung der gesteckten Ziele ihre Bedeutung verlieren, da sie vertraglich in den Kompetenzbereich des Totalunternehmers fallen. Es sind dies die Handlungsbereiche:
- Tragwerksplanung
- Gebäudetechnik
- Bauphysik
- Projektmanagement.

Bei der Wahl einer Organisationsform mit Totalunternehmer stehen einem Besteller somit im wesentlichen noch die Handlungsbereiche:
- Architektur und
- Betriebs- und Nutzungsplanung

zur Verfügung.

Aus diesem Grund werden bei dieser Variante alle Einflüsse im Zusammenhang mit den Handlungsbereichen *Tragwerksplanung*, *Gebäudetechnik*, *Bauphysik* und *Projektmanagement* im dazu modellierten Netzwerk nicht berücksichtigt.

Ein Vergleich der strategieunabhängigen Klassifizierung und der Klassifizierung der Elemente[97] für die geänderte Handlungsstrategie zeigt, dass sich die Elementklassifizierung in folgenden Punkten ändert:

- Unter den Bauprojektzielen ändert der relativ stark gewichtete Zielbereich *Bauprojektorganisation* seine Eigenschaft vom kritischen zum reaktiven Element. Der ebenfalls relativ stark gewichtete Zielbereich *Controlling* ändert seine Eigenschaft vom reaktiven zu trägen Element. Der stark gewichtete Zielbereich *Erhaltung* ändert seine Eigenschaft vom reaktiven zum trägen Element.
- Unter den Unternehmungszielen GMZ ändert der stark gewichtete Zielbereich *Finanzen* seine Eigenschaft vom kritischen zum aktiven Element.

---

97 vgl. dazu Seite 114
Tabelle: "Papiercomputer zur Klassifizierung der Elemente für eine geänderte Handlungsstrategie am Beispiel von Neubauprojekten in einer Handelsunternehmung"

GMZ	erweitertes Netzwerk von -> auf	1	2	3	4	5	6	7	8	9	10	11	12	13	14	15	16	17	18	19	20	21	22	23	Zeilensumme = Einflussnahme	Element
	Variante Handlungsstrategie (TU)																									
1	Bauprojektorganisation		3	3																					6	reaktiv
2	Ablauf			2																					2	reaktiv
3	Ressourcen																									reaktiv
4	Controlling	3	2																						5	
5	Gestaltung																									
6	Nutzung	2						2	1	1	1						2								9	kritisch
7	Kosten	1		2	2					2	2														9	kritisch
8	Termine		2		3			2																	7	kritisch
9	Betrieb																1								1	reaktiv
10	Erhaltung									1															1	
11	Sicherheit																									
12	Verkauf						3		3					2	3	2	2	1							16	aktiv
13	Marketing						2									2	1								5	
14	Finanzen							2						2		2		1							7	aktiv
15	Investitionen/Bauwesen	3				1		3	3	3	2														15	kritisch
16	Personelles/Dienste											1													1	reaktiv
17	Kulturelles/Klubschulen																									
18	wirtschaftlich				1		2	3							3		1	1		2	2	1		1	17	aktiv
19	technisch						2	2																1	5	
20	sozial/gesellschaftlich					1			2				1			1							1		6	
21	politisch/rechtlich						2	2	2	2	1	2		1		2							1	1	16	aktiv
22	Architektur			1		3	2																		6	
23	Betriebs-, Nutzungspl.						3			1		2													6	
	Spaltensumme = Beeinflussbarkeit	9	7	8	6	5	16	16	11	10	6	5	1	5	6	9	7	3		2	2	1	2	3		

Tabelle 10: Papiercomputer zur Klassifizierung der Elemente für eine geänderte Handlungsstrategie am Beispiel von Neubauprojekten in einer Handelsunternehmung

GMZ erweitertes Netzwerk (TU)	Element	max. krit. Wert	min. krit. Wert	Ausgangswert
Bauprojektorganisation	reaktiv	1.4	0.8	1.0
Ablauf	reaktiv	1.6	0.9	1.0
Ressourcen	reaktiv	1.0	0.8	1.0
Controlling		1.0	0.7	1.0
Gestaltung		1.0	0.7	1.0
Nutzung	kritisch	1.0	0.9	1.0
Kosten	kritisch	1.8	0.9	1.0
Termine	kritisch	1.0	0.9	1.0
Betrieb	reaktiv	1.1	0.9	1.0
Erhaltung		1.0	0.7	1.0
Sicherheit		1.0	0.7	1.0
Verkauf	aktiv	1.0	0	1.0
Marketing		1.2	0.7	1.0
Finanzen	aktiv	1.0	0.7	1.0
Investitionen/Bauwesen	kritisch	1.1	0.8	1.0
Personelles/Dienste	reaktiv	2.5	0.9	1.0
Kulturelles/Klubschulen		2.0	0.4	1.0
wirtschaftlich	aktiv			1.0
technisch				1.0
sozial/gesellschaftlich				1.0
politisch/rechtlich	aktiv			1.0
Architektur				1.0
Betriebs-, Nutzungspl.				1.0

Tabelle 11: Sensitivitätsanalyse zur Stabilitätsprüfung der Elementklassifizierung für die geänderte Handlungsstrategie am Beispiel von Neubauprojekten in einer Handelsunternehmung

Im Vergleich der beiden betrachteten Varianten von Handlungsstrategien können folgende Feststellungen und Aussagen gemacht werden:

- Durch die Wahl eines Totalunternehmer bei den bauprozessbezogenen Handlungsstrategien stehen gegenüber einer Organisationsform mit Einzelleistungsträgern aus der Sicht des Bauherrn eindeutig weniger einflussreiche aktive oder kritische Elemente unter den Handlungsbereichen zur Verfügung. Diese Aussage erscheint plausibel, da der Besteller mit der Wahl eines Totalunternehmers ein mehr oder weniger klar definiertes Bauwerk bestellt und somit nur noch beschränkte Lenkungsmöglichkeiten im Rahmen der vertraglichen Vereinbarungen benötigt.
- Ein Vergleich der Sensitivitätsanalysen bei den beiden betrachteten Varianten von Handlungsstrategien zeigt, dass durch die Wahl einer Organisationsform mit Totalunternehmer die Bandbreite, in welcher das Gewicht der einzelnen Zielbereiche variiert werden kann, generell stark abnimmt. Diese Aussage erscheint zutreffend, da gerade bei der Wahl eines Totalunternehmers schon früh im Projektablauf das zu erstellende Bauwerk mit Hilfe der Ziele und ihrer Gewichtung definiert werden muss. Somit scheint es klar, dass jede Veränderung in der Gewichtung der betrachteten Ziele einen unmittelbaren Einfluss auf die zur erfüllenden Eigenschaften des Bauwerks und somit auf den Erfolg des damit verbundenen Bauprojekts haben.

5.2. Unterhalts- und Erneuerungsprojekte bei Hochschulgebäuden

Unterhalts- und Erneuerungsprojekte unterscheiden sich in vielen Belangen von Neubauvorhaben. Im Rahmen eines Forschungsprojekts mit dem Ziel einen Leitfaden zu erarbeiten, welcher als Grundlage für die angestrebte Denkweise und das Vorgehen insbesondere in den Vorbereitungs- und Planungsphasen bei Projekten zur Erhaltung von Gebäuden der Eidgenössischen Technischen Hochschule Zürich (ETHZ) dienen soll, hatte der Autor die Gelegenheit in einem Team von Experten mitzurarbeiten.

Die Erfahrungen aus dieser Projektmitarbeit sind gemäss dem hier betrachteten Systemansatz aufgearbeitet und dargestellt worden. Sie beziehen sich vor allem auf die Anfangsphase des Forschungsprojekts, wo es darum ging, die Problematik im Zusammenhang mit dem Unterhalt und der Erneuerung von Hochschulgebäuden zu erfassen und darzustellen. Dabei stand die bevorstehende Erneuerung von zahlreichen ETHZ-Laborgebäuden im Vordergrund.

5.2.1. Bestimmen der Ziele und Umweltfaktoren

A.) Umweltfaktoren

Die in diesem Zusammenhang betrachtete Systemumgebung lässt sich in wirtschaftliche, sozial/gesellschaftliche, politisch/rechtliche und technische Umweltfaktoren gliedern. Für eine ausführlichere Umschreibung der einzelnen Umweltfaktoren wird auf die vorgängigen Ausführungen[98] verwiesen. Vor allem bei Unterhalts- und Erneuerungsprojekten sind diejenigen Faktoren, welche sich auf das bestehende Bauwerk beziehen, speziell zu beachten. Diese sind unter dem Stichwort *Grundstück* zusammengefasst.

---

[98] vgl. dazu Seite 47

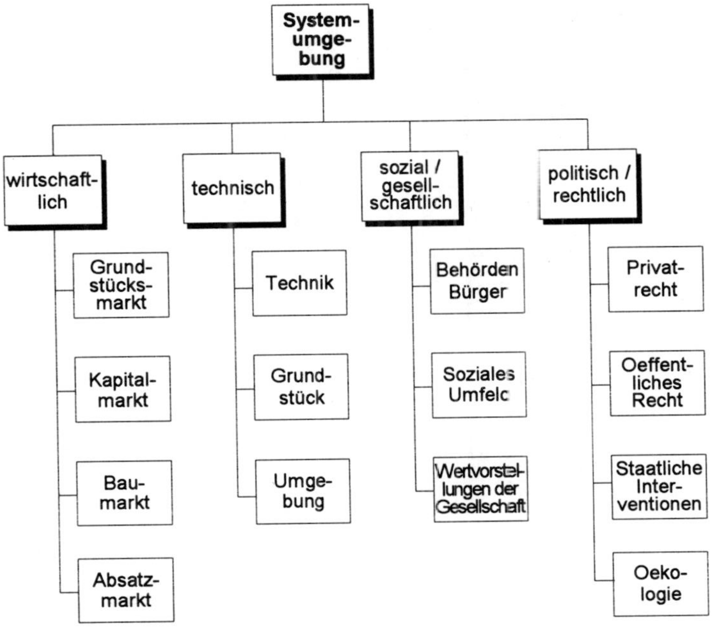

Figur 38: Betrachtete Umweltfaktoren am Beispiel von Unterhalts- und Erneuerungsprojekten bei Hochschulgebäuden

B.) Bestellerziele

Das Zielsystem des Bestellers bei Investitionsprojekten zur Erhaltung von Hochschulgebäuden ist aus den darin zusammengefassten Funktionseinheiten[99] wie Benutzer, Betreiber und Investor abgeleitet. So lassen sich Zielbereiche bezüglich der ETHZ, der Realisierung und des Unterhalts von Bauwerken sowie der Finanzierung von baulichen Investitionsprojekten unterscheiden. Bei der Gliederung und Formulierung der Bestellerziele ETHZ wurde auf zuvor publizierte Quellen[100] zurückgegriffen.

---

99 vgl. dazu Seite 15
Figur: "Funktionen im Bauprozess"

100 Die Formulierungen der Bestellerziele ETHZ stammen aus folgenden Quellen:
Rat der Eidgenössischen Technischen Hochschulen, Vision und Ziele des ETH-Bereichs, ETH-RAT 1992.
Reorganisation Bauwesen des Bundes, vorgelegt von der Arbeitsgruppe unter Leitung des Direktors der Eidgenössischen Finanzverwaltung im Auftrage des Bundesrates, Bern 1990.

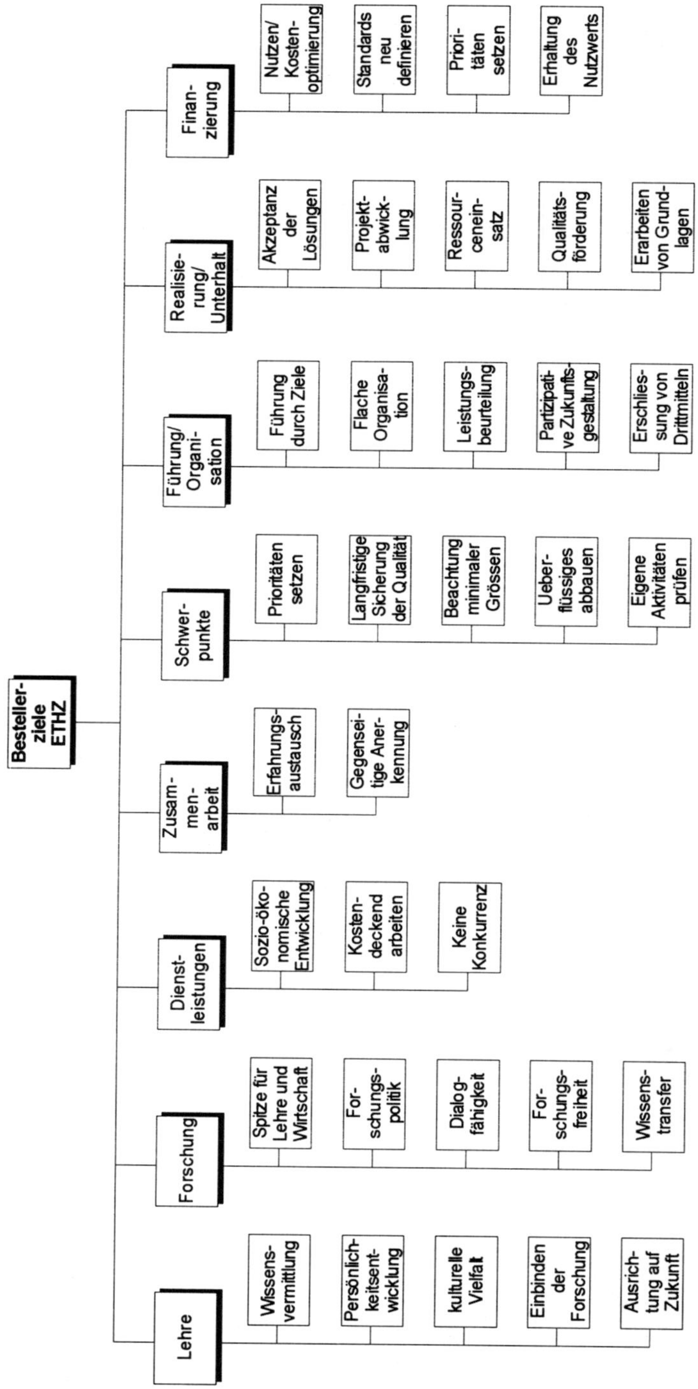

Figur 39: Betrachtete Bestellerziele am Beispiel von Unterhalts- und Erneuerungsprojekten bei Hochschulgebäuden

ZIELBEREICH LEHRE

Dieser Bereich umfasst die verschiedensten Aspekte der Lehrtätigkeit einer Hochschule, wie:

- Die Vermittlung des Grundwissens und der relevanten Fachkenntnisse;
- Durch ein qualitativ hochstehendes Ausbildungsangebot auch nach Diplomabschluss das spezielle Fachwissen vertiefen;
- Persönlichkeitsbildung und Verständnis der grossen Zusammenhänge durch den Einbezug der Humanwissenschaften in das Ausbildungsangebot;
- Durch das Zusammentreffen verschiedener Kulturen Denkarten und Sprachen nutzen;
- Das Einbinden der Forschung durch Lehraufträge, Praktika usw. in das Ausbildungsangebot;
- Eine Ausrichtung des Hochschulwesens auf zukünftige Entwicklungen.

ZIELE:

- Die Studierenden mit einer anspruchsvollen und breiten Ausbildung auf die hohen Anforderungen von Gesellschaft, Beruf und Laufbahn vorbereiten.

ZIELBEREICH FORSCHUNG

Dieser Bereich umfasst die verschiedensten Aspekte der Forschungstätigkeit einer Hochschule, wie:

- Spitzenforschung in den traditionellen und auch in Zukunft wichtigen Disziplinen im Hinblick auf die Lehre, aber auch zur Unterstützung der Innovation in wichtigen Wirtschaftszweigen;
- Neuere zukunftsträchtige Forschungsrichtungen fördern in Abstimmung mit der längerfristigen Forschungspolitik des Bundes;
- Aktive Teilnahme am Prozess der Früherkennung von längerfristigen Tendenzen in Wissenschaft und Technik und dabei auch den Dialog mit der Wirtschaft und der Öffentlichkeit suchen;
- Einen hohen Grad an Forschungsfreiheit anstreben;
- Forschungsergebnisse rasch der Praxis zur Verfügung stellen.

ZIELE:

- Die Forschung immer wieder auf zukünftige Gebiete ausdehnen und die Ergebnisse vielseitig auswerten.

ZIELBEREICH DIENSTLEISTUNGEN

Dieser Bereich umfasst die verschiedensten Aspekte von Dienstleistungen einer Hochschule gegenüber Dritten, wie:

- Mit der Durchführung von Studien und Expertisen einen Beitrag zur sozio-ökonomischen Entwicklung der Schweiz leisten und den Technologie-Transfer fördern;
- Die Dienstleistungen kostendeckend anbieten;
- Keine unzulässige Konkurrenz zu privaten Forschungs- und Entwicklungsinstitutionen entwickeln.

ZIELE:

- Dienstleistungen von hohem wissenschaftlichen Gehalt zugunsten der Gesellschaft und der Wirtschaft anbieten.

ZIELBEREICH ZUSAMMENARBEIT

Dieser Bereich umfasst die verschiedensten Aspekte in bezug auf die Zusammenarbeit zwischen den Hochschulen und anderen Institutionen, wie:

- Im Interesse der Qualität und Aktualität von Lehre und Forschung bewusst den Erfahrungsaustausch und das Eingehen von Allianzen mit ähnlich gelagerten Institutionen und der Wirtschaft pflegen;
- Die gegenseitige Anerkennung von Studiengängen und -abschlüssen anstreben.

ZIELE:

- Die Chancen von strategischen Allianzen nutzen und interdisziplinäre Projekte fördern.

ZIELBEREICH SCHWERPUNKTE

Dieser Bereich umfasst die verschiedensten Aspekte bei der Bildung von Schwerpunkten im Hochschulbereich, wie:

- Das Festlegen von Stossrichtungen und Prioritäten im Hochschulbereich;
- Die längerfristige Sicherung der Qualität von Lehre, Forschung und Infrastruktur der Hochschule;
- Die Beachtung einer kritischen Minimalgrösse von Lehr- oder Forschungsaktivitäten in bezug auf ihre Gesamtbedeutung für die Hochschule;
- Überflüssige oder für den Hochschulbereich ungeeignete Aktivitäten abbauen;
- Regelmässige Überprüfung der eigenen Aktivitäten im Lehr- und Forschungsbereich.

ZIELE:

- Im ETH-Bereich Schwerpunkte setzen und damit die verfügbaren Mittel langfristig optimal einsetzen.

ZIELBEREICH FÜHRUNG/ORGANISATION

Dieser Bereich umfasst die verschiedensten Aspekte in bezug auf die Führung und Organisation der Hochschule, wie:

- Dezentrale Führung über längerfristige Zielsetzungen mit einer periodischen Überprüfung der Zielerreichung;
- Eine flache Organisationen mit klaren, möglichst eindimensionalen Führungsstrukturen;
- Regelmässige Leistungsbeurteilung der Mitarbeiter in Verbindung mit leistungsabhängigen Honorierungsmodellen;
- Nach Möglichkeit die Studierenden und Mitarbeiter der Hochschule an der Zukunftsgestaltung beteiligen und in geeigneter Weise in den Entscheidungsprozess einbeziehen;

- Eine vertretbare Erweiterung der Finanzierungsbasis durch Erschliessung von zusätzlichen Drittmitteln.

ZIELE:

- Den ETH-Bereich in einem unternehmerischen Sinne erfolgsorientiert führen.

ZIELBEREICH REALISIERUNG/UNTERHALT

Innerhalb der hier betrachteten Organisation des Bestellers werden die Aufgaben bezüglich der Planung und Ausführung von Bauprojekten des Bundes sowie bezüglich des Betriebs und Unterhalts von Bundesbauten durch das Amt für Bundesbauten (AFB) wahrgenommen.

ZIELE:

- Hohe Akzeptanz der gewählten Lösungen;
- Gute Projektabwicklung durch einen angemessen kurzen Planungs- und Realisierungszeitraum;
- Rationeller Einsatz von Ressourcen sowie Personal- und Sachgütern des Bundes;
- Fördern der architektonischen und technischen Qualität;
- Erarbeiten von Grundlagen für das Bauwesen des Bundes.

ZIELBEREICH FINANZIERUNG

Investitionsprojekte der öffentlichen Hand sind immer in mehrjährige Finanzplanungen eingebunden. Im Rahmen des Bundes werden bei Bauwerken die Aufgaben , welche sich mit der Koordinierung der Bauvorhaben im Hinblick auf die Finanzierungsmöglichkeiten und die Bedarfsentwicklung beschäftigen, durch die Koordinationsstelle Bauwesen Zivil (KBZ) wahrgenommen. Die damit verbundenen Aufgaben sind unter dem Aspekt der Wirtschaftlichkeit zu erfüllen.

ZIELE:

- Unter Nutzen- und Kostengesichtspunkten optimierte Lösungen;
- Definition von Standards bei Bauwerken;
- Setzen von Prioritäten bei der Finanzierung von Bauprojekten;
- Erhaltung des Nutzwerts der bestehenden Bauwerke des Bundes und Abbruch der nicht mehr benötigten Bauwerke.

C.) Bauprojektziele

Im Zielsystem der Bauprojektziele sind alle Ziele zusammengefasst, welche bei baulichen Investitionen im Zusammenhang mit Unterhalts- und Erneuerungsprojekten bei Hochschulgebäuden verfolgt werden. Für eine ausführlichere Umschreibung der einzelnen Bauprojektziele wird auf die vorgängigen Ausführungen[101] verwiesen.

---

[101] vgl. dazu Seite 55

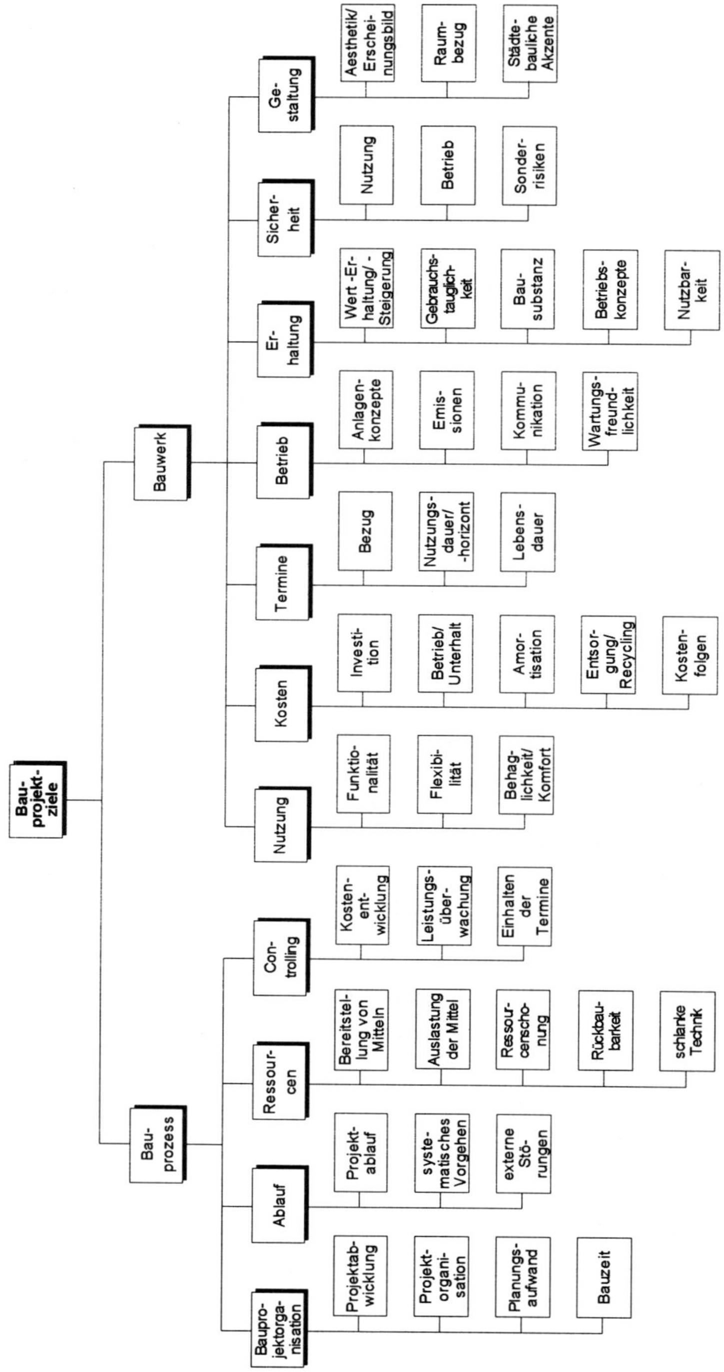

Figur 40: Betrachtete Bauprojektziele am Beispiel von Unterhalts- und Erneuerungsprojekten bei Hochschulgebäuden

5.2.2. Aufbau des Netzwerks

A.) Gewichtung der Ziele

Die Prioritäten innerhalb der betrachteten Bestellerziele ETHZ sowie der Bauprojektziele werden wie folgt angenommen:

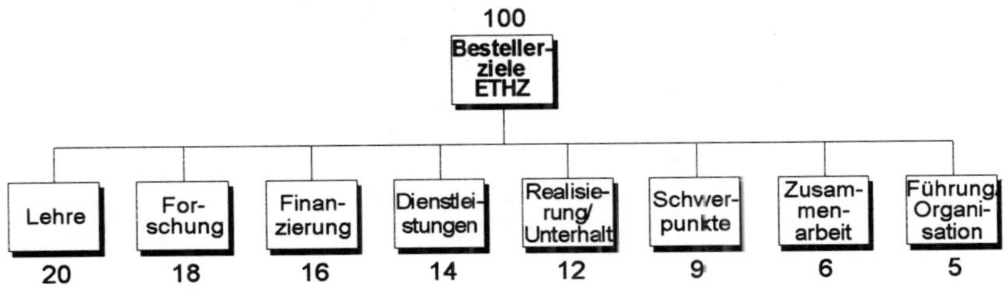

Figur 41: Gewichtung der Bestellerziele am Beispiel von Unterhalts- und Erneuerungsprojekten bei Hochschulgebäuden

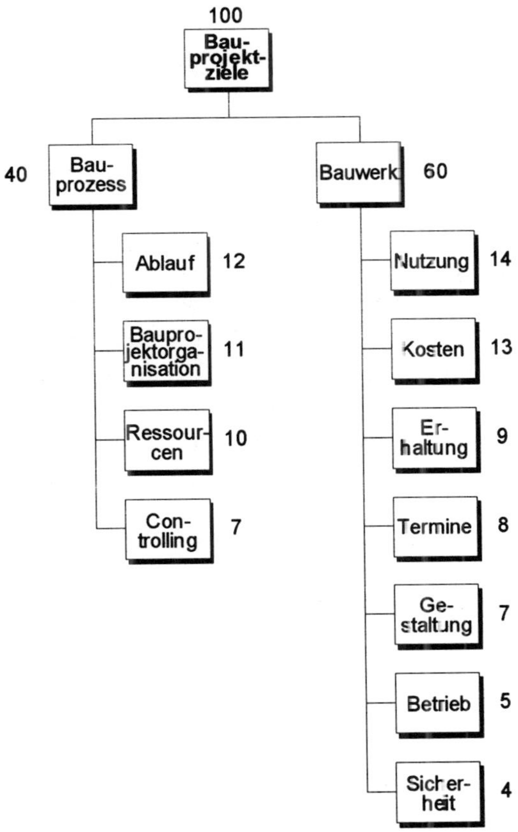

Figur 42: Gewichtung der Bauprojektziele am Beispiel von Unterhalts- und Erneuerungsprojekten bei Hochschulgebäuden

B.) Betrachtete Wirkungsbeziehungen

+ = gleichgerichtet
- = entgegengerichtet

1= schwache Intensität
2= mittlere Intensität
3= starke Intensität

ETHZ

Einfluss von	Einfluss auf	Art	Intensität
Umweltfaktoren			
wirtschaftlich	Schwerpunkte (Besteller)	-	2
wirtschaftlich	Finanzierung (Besteller)	+	2
wirtschaftlich	Kosten (baulich)	+	2
wirtschaftlich	Termine (baulich)	+	1
technisch	Realisierung/Unterhalt (Besteller)	+	1
technisch	Ressourcen (baulich)	+	1
technisch	Ablauf (baulich)	+	2
technisch	Gestaltung (baulich)	-	2
technisch	Nutzung (baulich)	+	3
technisch	Kosten (baulich)	+	2
technisch	Betrieb (baulich)	+	1
technisch	Erhaltung (baulich)	+	1
technisch	Sicherheit (baulich)	+	2
sozial/gesellschaftlich	politisch/rechtlich	+	1
sozial/gesellschaftlich	Lehre (Besteller)	+	1
sozial/gesellschaftlich	Forschung (Besteller)	+	1
sozial/gesellschaftlich	Realisierung/Unterhalt (Besteller)	+	1
sozial/gesellschaftlich	Gestaltung (baulich)	+	1
politisch/rechtlich	Zusammenarbeit (Besteller)	+	1
politisch/rechtlich	Führung/Organisation (Besteller)	+	1
politisch/rechtlich	Ablauf (baulich)	+	2
politisch/rechtlich	Ressourcen (baulich)	+	2
politisch/rechtlich	Gestaltung (baulich)	+	1

Tabelle 12: Betrachtete Wirkungsbeziehungen ausgehend von den Umweltfaktoren am Beispiel von Unterhalts- und Erneuerungsprojekten bei Hochschulgebäuden

ETHZ

+ = gleichgerichtet
- = entgegengerichtet

1= schwache Intensität
2= mittlere Intensität
3= starke Intensität

Einfluss von	Einfluss auf	Art	Intensität
Ziele des Bestellers			
Lehre	Forschung	+	2
Lehre	Zusammenarbeit	+	1
Lehre	Nutzung (baulich)	+	2
Forschung	Dienstleistungen	+	1
Forschung	Schwerpunkte	+	2
Forschung	Ablauf (baulich)	+	2
Forschung	Gestaltung (baulich)	+	1
Forschung	Nutzung (baulich)	+	3
Forschung	Sicherheit (baulich)	+	1
Dienstleistungen	Führung/Organisation	+	1
Dienstleistungen	Nutzung (baulich)	+	1
Schwerpunkte	Zusammenarbeit	+	1
Schwerpunkte	Führung/Organisation	+	1
Realisierung/Unterhalt	Bauprojektorganisation (baulich)	+	1
Realisierung/Unterhalt	Ablauf (baulich)	+	2
Realisierung/Unterhalt	Ressourcen (baulich)	+	2
Realisierung/Unterhalt	Controlling (baulich)	+	1
Realisierung/Unterhalt	Betrieb (baulich)	+	2
Realisierung/Unterhalt	Erhaltung (baulich)	+	2
Finanzierung	Realisierung/Unterhalt	+	3
Finanzierung	Ablauf (baulich)	+	2
Finanzierung	Controlling (baulich)	+	1
Finanzierung	Gestaltung (baulich)	+	1
Finanzierung	Kosten (baulich)	+	3
Finanzierung	Erhaltung (baulich)	+	2
Finanzierung	Sicherheit (baulich)	-	1

Tabelle 13: Betrachtete Wirkungsbeziehungen ausgehend von den Unternehmungszielen am Beispiel von Unterhalts- und Erneuerungsprojekten bei Hochschulgebäuden

ETHZ

+ = gleichgerichtet
- = entgegengerichtet

1= schwache Intensität
2= mittlere Intensität
3= starke Intensität

Einfluss von	Einfluss auf	Art	Intensität
Bauprojektziele			
Bauprojektorganisation	Ressourcen	+	1
Bauprojektorganisation	Termine	+	1
Bauprojektorganisation	Controlling	+	1
Bauprojektorganisation	Erhaltung	-	1
Ablauf	Ressourcen	+	2
Ablauf	Controlling	+	1
Ablauf	Termine	+	2
Ressourcen	Termine	+	1
Ressourcen	Betrieb	+	2
Ressourcen	Erhaltung	+	2
Ressourcen	Sicherheit	-	2
Nutzung	Ressourcen	-	1
Nutzung	Gestaltung	-	2
Nutzung	Kosten	-	3
Nutzung	Betrieb	-	2
Nutzung	Erhaltung	-	2
Nutzung	Sicherheit	+	1
Nutzung	Schwerkpunkte (Besteller)	+	2
Kosten	Bauprojektorganisation	+	1
Kosten	Ablauf	+	1
Kosten	Ressourcen	+	2
Kosten	Betrieb	+	2
Kosten	Erhaltung	+	2
Kosten	Sicherheit	-	2
Termine	Gestaltung	+	1
Termine	Betrieb	+	1
Betrieb	Sicherheit	+	2
Erhaltung	Betrieb	-	1
Erhaltung	Gestaltung	-	1
Erhaltung	Sicherheit	+	1

Tabelle 14: Betrachtete Wirkungsbeziehungen ausgehend von den Bauprojektzielen am Beispiel von Unterhalts- und Erneuerungsprojekten bei Hochschulgebäuden

C.) Klassifizierung der Elemente

ETHZ	von -> auf	1	2	3	4	5	6	7	8	9	10	11	12	13	14	15	16	17	18	19	20	21	22	23	Zeilensumme = Einflussnahme	Element
1	Bauprojektorganisation			1	1				1		1														4	
2	Ablauf			2	1				2																5	reaktiv
3	Ressourcen								1	2	2	2													7	kritisch
4	Controlling																									
5	Gestaltung																									reaktiv
6	Nutzung			1		2		3		2	2	1					2								13	kritisch
7	Kosten	1	1	2						2	2	2													10	kritisch
8	Termine					1				1															2	
9	Betrieb											2													2	reaktiv
10	Erhaltung									1		1													2	reaktiv
11	Sicherheit																									reaktiv
12	Lehre						2							2		1									5	
13	Forschung		2			1	3					1			1		2								10	aktiv
14	Dienstleistungen						1											1							2	
15	Zusammenarbeit																									
16	Schwerpunkte															1		1							2	reaktiv
17	Führung/Organisation																									
18	Realisierung/Unterhalt	1	2	2	1					2	2														10	aktiv
19	Finanzierung		2		1	1		3			2	1							3						13	aktiv
20	wirtschaftlich							2	1								2			2					7	aktiv
21	technisch		2	1		2	3	2		1	1	2							1						15	aktiv
22	sozial/gesellschaftlich					1							1	1					1					1	5	
23	politisch/rechtlich		2	2		1										1		1							7	aktiv
	Spaltensumme = Beeinflussbarkeit	2	11	11	4	9	9	10	5	11	12	12	1	3	1	3	6	3	5	2				1		

Tabelle 15: Papiercomputer zur Klassifizierung der Elemente am Beispiel von Unterhalts- und Erneuerungsprojekten bei Hochschulgebäuden

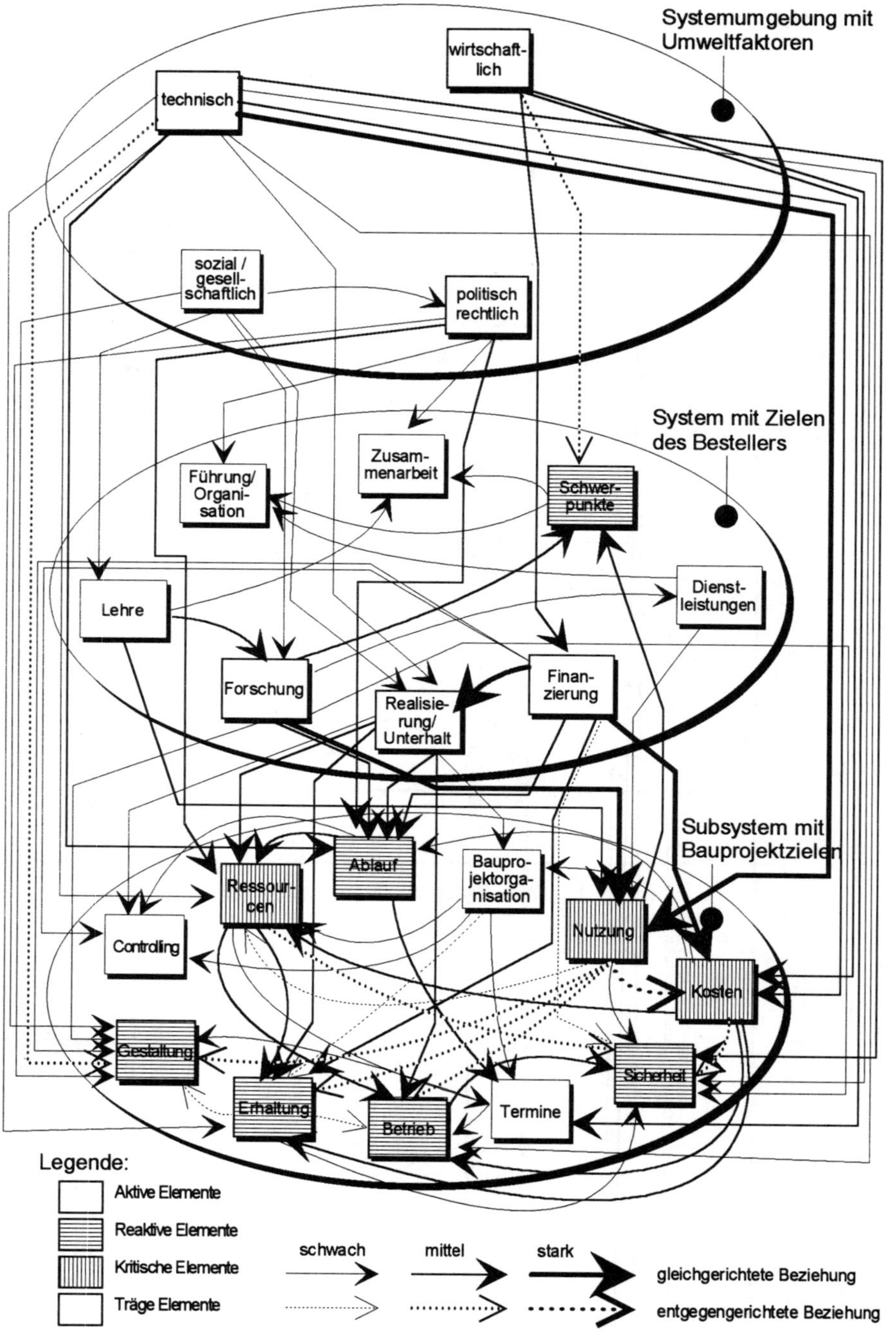

Figur 43: Betrachtetes Netzwerk am Beispiel von Unterhalts- und Erneuerungsprojekten bei Hochschulgebäuden

5.2.3. Analyse des Netzwerks

In der Folge findet sich eine Zusammenstellung der maximalen und minimalen Werte für jedes betrachtete Ziel aus den Unternehmungs- und den Bauprojektzielen, um die sich die entsprechenden Zielgewichte verändern können, bevor sich die Eigenschaften der Elemente verändern oder zusätzliche reaktive, kritische und aktive Elemente im Netzwerk auftauchen. Dabei wurde von einem Ausgangswert von 1.0 als Faktor für alle Ziele im betrachteten Netzwerk ausgegangen. Für die Sensitivitätsanalyse wurde dieser Faktor mit den Intensitäten der Wirkungsbeziehungen, welche zu dem betreffenden Ziel hinführen, multipliziert. Eventuell ändernde Richtungen der betrachteten Wirkungsbeziehungen zwischen den Zielen aufgrund von veränderten Zielgewichtungen[102] sind dabei nicht berücksichtigt.

ETHZ	Element	max. krit. Wert	min. krit. Wert	Ausgangswert
Bauprojektorganisation		2.7	0	1.0
Ablauf	reaktiv	2.5	0.5	1.0
Ressourcen	kritisch	1.1	0.5	1.0
Controlling		1.3	0	1.0
Gestaltung	reaktiv	1.4	0.6	1.0
Nutzung	kritisch	1.1	0.6	1.0
Kosten	kritisch	2.7	0.6	1.0
Termine		1.0	0	1.0
Betrieb	reaktiv	2.5	0.5	1.0
Erhaltung	reaktiv	2.4	0.6	1.0
Sicherheit	reaktiv	2.4	0.6	1.0
Lehre		1.2	0	1.0
Forschung	aktiv	1.1	0	1.0
Dienstleistungen		5.4	0	1.0
Zusammenarbeit		1.2	0	1.0
Schwerpunkte	reaktiv	7.6	0.9	1.0
Führung/Organisation		1.7	0	1.0
Realisierung/Unterhalt	aktiv	1.0	0	1.0
Finanzierung	aktiv	2.7	0.1	1.0
wirtschaftlich	aktiv			1.0
technisch	aktiv			1.0
sozial/gesellschaftlich				1.0
politisch/rechtlich	aktiv			1.0

Tabelle 16: Sensitivitätsanalyse zur Stabilitätsprüfung der Elementklassifizierung am Beispiel von Unterhalts- und Erneuerungsprojekten bei Hochschulgebäuden

Bei der Sensitivitätsanalyse wurde auf eine Gewichtung der Umweltfaktoren verzichtet, da diese nicht im direkten Einflussbereich des betrachteten Systems liegen. Die Gewichtung dieser Einflussfaktoren auf das bauliche Investitionsprojekt kann nicht durch das System selbst verändert werden. Bezogen auf die Ergebnisse der Sensitivitätsanalyse können folgende Feststellungen gemacht werden

[102] vgl. dazu Seite 65
Figur "Richtung des Einflusses zwischen Zielen"

- Bei den Bestellerzielen ETHZ kann das Gewicht des Zielbereichs *Realisierung/ Unterhalt* nicht gesteigert werden, sonst tritt eine klare Veränderung der Einflussverhältnisse ein. Das Gewicht des Zielbereichs *Forschung* kann lediglich um 10% erhöht und das Gewicht des Zielbereichs *Schwerpunkte* um 10 gesenkt werden. Das Gewicht der Zielbereiche *Lehre* und *Zusammenarbeit* kann um 20% gesteigert werden, bis eine klare Veränderung der Einflussverhältnisse eintritt. Bei den übrigen Bestellerzielen ETHZ kann die Gewichtung um mindestens 30% variiert werden. Somit sind die stark gewichteten Zielbereiche *Lehre* und *Forschung* wenig empfindlich gegenüber Verminderungen in der Zielgewichtung, jedoch relativ empfindlich auf Steigerungen in der Zielgewichtung.
- Bei den Bauprojektzielen kann das Gewicht des Zielbereichs *Termine* nicht gesteigert werden und der Zielbereiche *Ressourcen* und *Nutzung* lediglich um 10% gesteigert werden bevor eine klare Veränderung der Einflussverhältnisse eintritt. Bei allen übrigen Bauprojektzielen kann das Gewicht um mehr als 30% variiert werden, bevor eine klare Veränderung der Einflussverhältnisse im Netzwerk auftritt. Somit ist der stark gewichtete Zielbereich *Nutzung* wenig empfindlich gegenüber Verminderungen in der Zielgewichtung, jedoch relativ stark empfindlich gegenüber Steigerungen in der Zielgewichtung. Der ebenfalls stark gewichtete Zielbereich *Kosten* ist unempfindlich auf Veränderungen der Gewichtung.

Daraus lassen sich folgende Aussagen ableiten:

- In der Systemumgebung sind die *wirtschaftlichen*, die *technischen* und die *politisch/rechtlichen* Umweltfaktoren einflussreiche aktive Elemente. Diese Aussage erscheint plausibel, da gerade in bezug auf Unterhalts- und Erneuerungsprojekte die bestehenden Bauwerke wichtige Rahmenbedingungen bilden. So sind neben den wirtschaftlichen vor allem die politsch/rechtlichen Umweltfaktoren im Zusammenhang mit den bestehenden Bauwerken zu betrachten.
- Bei den Bestellerzielen ETHZ sind die Zielbereiche *Forschung*, *Realisierung/Unterhalt* und *Finanzierung* einflussreiche aktive Elemente. Da der Grossteil der betrachteten Bauwerke der ETHZ neben der Lehre haupsächlich zu Forschungszwecken genutzt werden, erscheint diese Feststellung in bezug auf Unterhalts- und Erneuerungsprojekte realistisch.
- Bei den Bauprojektzielen sind die Zielbereiche *Ressourcen*, *Nutzung* und *Kosten* einflussreiche kritische Elemente. Diese Aussage erscheint zutreffend, da es gerade diese Bereiche sind, welche in einem Unterhalt- oder Erneuerungsprojekt über Erfolg oder Misserfolg entscheiden. Vor allem hier sind die Nutzungsziele von hoher Bedeutung, da schon auf Nutzungserfahrungen in den betrachteten Bauwerken zurückgegriffen werden kann. Darüber hinaus ist in der heutigen Zeit einer ressourcenschonenden Handlungs- und Denkweise den Vorzug zu geben.

5.2.4. Bestimmen der Lenkungsmöglichkeiten

Bei den möglichen Handlungsstrategien wird auf die Ausführungen über bauprozessbezogene[103] und bauwerkbezogene[104] Handlungsstrategien im Zusammenhang mit Unterhalts- und Erneuerungsprojekten verwiesen. Beim hier betrachteten Beispiel von Unterhalts- und Erneuerungsprojekten wird hinsichtlich der bauprozessbezogenen Strategien ein Vorgehen in einem Schritt ohne Etappierung gewählt, d.h. die geplanten Unterhalts- und Erneuerungsmassnahmen betreffen ein gesamtes Bauwerk und nicht nur einzelne Teile. Bei den bauwerkbezogenen Handlungsstrategien soll hier hinsichtlich der Wahl der Eingriffstiefe in ein bestehendes Bauwerk die Strategie des koordinierten Anpassens von Haustechnik und Gebäudehülle betrachtet werden, d.h. es wird eine Verbesserung der installierten Haustechnikanlagen in Zusammenhang mit einer Verbesserung der vorhandenen Gebäudehülle angestrebt.

Bei den zur Verfügung stehenden Handlungsfaktoren wird auf die Ausführungen über Handlungsbereiche[105] und Handlungsfaktoren verwiesen. Bei der gewählten bauwerkbezogenen Handlungsstrategie, wo eine koordiniertes Anpassen von Haustechnik und Gebäudehülle angestrebt werden soll, stehen hauptsächlich die folgenden Handlungsbereiche zur Verfügung:
- Gebäudetechnik;
- Bauphysik;
- Betriebs- und Nutzungsplanung;
- Projektmanagement.

Da hier weder ein massiver Eingriff in die Tragstruktur des Bauwerks, noch in dessen inneres oder äusseres Erscheinungsbild geplant ist, sind u.a. die Handlungsbereiche *Architektur* und *Tragwerksplanung* nicht massgebend und werden demnach auch nicht im Netzwerk berücksichtigt.

5.2.5. Einfügen der Handlungsfaktoren in das Netzwerk

Für die in diesem Beispiel gewählte Kombination von vorgehensbezogenen und objektbezogenen Handlungsstrategien werden die folgenden Wirkungsbeziehungen zwischen den zur Verfügung stehenden Handlungsbereichen und den Bauprojektzielen betrachtet:

---

[103] vgl. dazu Seite 76
[104] vgl. dazu Seite 76
[105] vgl.dazu Seite 78

ETHZ

+ = gleichgerichtet
- = entgegengerichtet

1= schwache Intensität
2= mittlere Intensität
3= starke Intensität

Einfluss von	Einfluss auf	Art	Intensität
Handlungsbereiche			
Gebäudetechnik	Nutzung	+	2
Gebäudetechnik	Kosten	+	2
Gebäudetechnik	Termine	+	2
Gebäudetechnik	Betrieb	+	2
Gebäudetechnik	Sicherheit	+	2
Bauphysik	Gestaltung	+	1
Bauphysik	Kosten	+	3
Bauphysik	Termine	+	2
Bauphysik	Erhaltung	+	2
Betriebs-, Nutzungsplanung	Nutzung	+	3
Betriebs-, Nutzungsplanung	Kosten	+	2
Betriebs-, Nutzungsplanung	Betrieb	+	1
Betriebs-, Nutzungsplanung	Sicherheit	+	2
Projektmanagement	Bauprojektorganisation	+	2
Projektmanagement	Ablauf	+	3
Projektmanagement	Ressourcen	+	2
Projektmanagement	Controlling	+	2

Tabelle 17: Betrachtete Wirkungsbeziehungen ausgehend von den Handlungsfaktoren am Beispiel von Unterhalts- und Erneuerungsprojekten bei Hochschulgebäuden

Aufgrund der Intensitäten der betrachteten Wirkungsbeziehungen zwischen den Handlungsbereichen und den Bauprojektzielen sowie der Gewichtung der Bauprojektziele können über den Einfluss der Zielgewichtung auf die Auswahl von Handlungsfaktoren folgende Aussagen gemacht werden:

- Der am stärksten gewichtete Bauprojektzielbereich *Nutzung* wird durch die Handlungsbereiche *Gebäudetechnik* sowie *Betriebs- und Nutzungsplanung* beeinflusst.
- Der stark gewichtete Bauprojektzielbereich *Kosten* wird durch die Handlungsbereiche *Gebäudetechnik, Bauphysik* sowie *Betriebs- und Nutzungsplanung* beeinflusst.
- Der stark gewichtete Bauprojektzielbereich *Ablauf* wird lediglich durch den Handlungsbereich *Projektmanagement* beeinflusst.
- Der stark gewichtete Bauprojektzielbereich *Bauprojektorgansiation* wird lediglich durch den Handlungsbereich *Projektmanagement* beeinflusst.

Die zur Verfügung stehenden Handlungsbereiche werden durch die Umweltfaktoren wie folgt beeinflusst:

ETHZ

+ = gleichgerichtet
- = entgegengerichtet

1= schwache Intensität
2= mittlere Intensität
3= starke Intensität

Einfluss von	Einfluss auf	Art	Intensität
Umweltfaktoren			
wirtschaftlich	Betriebs-, Nutzungsplanung (HF)	+	1
technisch	Gebäudetechnik (HF)	+	1
technisch	Bauphysik (HF)	+	1
technisch	Betriebs-, Nutzungsplanung (HF)	+	2
technisch	Projektmanagement (HF)	+	2
politisch/rechtlich	Gebäudetechnik (HF)	+	1
politisch/rechtlich	Bauphysik (HF)	+	1
politisch/rechtlich	Betriebs-, Nutzungsplanung (HF)	+	1
politisch/rechtlich	Projektmanagment (HF)	+	1

Tabelle 18: Betrachtete Wirkungsbeziehungen zu den Handlungsfaktoren ausgehend von den Umweltfaktoren am Beispiel von Unterhalts- und Erneuerungsprojekten bei Hochschulgebäuden

5.2.6. Analyse des erweiterten Netzwerks

Die Klassifizierung der Elemente für die in diesem Fallbeispiel gewählte Kombination von bauprozessbezogenen und bauwerkbezogenen Handlungsstrategien[106] erfolgt mit Hilfe eines durch die Einführung der zur Verfügung stehenden Handlungsbereiche erweiterten Papiercomputers. Daraus werden die Veränderungen in der Klassifizierung der Elemente aufgrund der gewählten Problemlösung ersichtlich.

Ein Vergleich der strategieunabhängigen Klassifizierung und der Klassifizierung der Elemente für die gewählte Handlungsstrategie zeigt, dass sich die Elementklassifizierung in folgenden Punkten ändert:

- Unter den Bauprojektzielen ändert der relativ schwach gewichtete Zielbereich *Termine* seine Eigenschaft vom trägen zum reaktiven Element.
- Unter den Bestellerzielen ETHZ ändert der relativ schwach gewichtete Zielbereich *Schwerpunkte* seine Eigenschaft vom reaktiven zum trägen Element.
- In der Systemumgebung treten keine Änderungen der Elementklassifizierung auf.

[106] vgl. dazu Seite 131

ETHZ	erweitertes Netzwerk von -> auf	1	2	3	4	5	6	7	8	9	10	11	12	13	14	15	16	17	18	19	20	21	22	23	24	25	26	27	Zeilensumme = Einflussnahme	Element
1	Bauprojektorganisation			1	1				1		1																		4	
2	Ablauf			2	1				2																				5	reaktiv
3	Ressourcen								1	2	2	2																	7	kritisch
4	Controlling																													
5	Gestaltung																													reaktiv
6	Nutzung			1		2		3		2	2	1					2												13	kritisch
7	Kosten	1	1	2						2	2	2																	10	kritisch
8	Termine					1				1																			2	reaktiv
9	Betrieb											2																	2	reaktiv
10	Erhaltung									1		1																	2	reaktiv
11	Sicherheit																													reaktiv
12	Lehre						2							2		1													5	
13	Forschung		2			1	3					1			1		2												10	aktiv
14	Dienstleistungen						1											1											2	
15	Zusammenarbeit																													
16	Schwerpunkte															1		1											2	
17	Führung/Organisation																													
18	Realisierung/Unterhalt	1	2	2	1					2	2																		10	aktiv
19	Finanzierung		2		1	1		3			2	1							3										13	aktiv
20	wirtschaftlich							2	1								2			2							1		8	aktiv
21	technisch		2	1		2	3	2		1	1	2							1						1	1	2	2	21	aktiv
22	sozial/gesellschaftlich					1							1	1					1					1					5	
23	politisch/rechtlich		2	2		1										1		1							1	1	1	1	11	aktiv
24	Gebäudetechnik						2	2	2	2		2																	10	aktiv
25	Bauphysik					1		3	2		2																		8	aktiv
26	Betriebs-, Nutzungspl.						3	2		1		2																	8	aktiv
27	Projektmanagement	2	3	2	2																								9	aktiv
	Spaltensumme = Beeinflussbarkeit	4	14	13	6	10	14	17	9	14	14	16	1	3	1	3	6	3	5	2				1	2	2	4	3		

Tabelle 19: Papiercomputer zur Klassifizierung der Elemente für eine bestimmte Handlungsstrategie am Beispiel von Unterhalts- und Erneuerungsprojekten bei Hochschulgebäuden

ETHZ erweitertes Netzwerk	Element	max. krit. Wert	min. krit. Wert	Ausgangswert
Bauprojektorganisation		1.2	0	1.0
Ablauf	reaktiv	1.0	0.5	1.0
Ressourcen	kritisch	1.0	0.5	1.0
Controlling	reaktiv	1.1	1.0	1.0
Gestaltung	reaktiv	1.1	0.6	1.0
Nutzung	kritisch	1.0	0.5	1.0
Kosten	kritisch	1.0	0.4	1.0
Termine	reaktiv	1.1	0.7	1.0
Betrieb	reaktiv	1.0	0.5	1.0
Erhaltung	reaktiv	1.0	0.5	1.0
Sicherheit	reaktiv	1.0	0.4	1.0
Lehre		1.9	0	1.0
Forschung	aktiv	1.3	0	1.0
Dienstleistungen		2.0	0	1.0
Zusammenarbeit		1.3	0	1.0
Schwerpunkte	reaktiv	1.1	1.0	1.0
Führung/Organisation		1.3	0	1.0
Realisierung/Unterhalt	aktiv	1.1	0	1.0
Finanzierung	aktiv	1.5	0	1.0
wirtschaftlich	aktiv			1.0
technisch	aktiv			1.0
sozial/gesellschaftlich				1.0
politisch/rechtlich	aktiv			1.0
Gebäudetechnik	aktiv			1.0
Bauphysik	aktiv			1.0
Betriebs-, Nutzungspl.	aktiv			1.0
Projektmanagement	aktiv			1.0

Tabelle 20: Sensibilitätsanalyse zur Stabilitätsprüfung der Elementklassifizierung für eine bestimmte Handlungsstrategie am Beispiel von Unterhalts- und Erneuerungsprojekten bei Hochschulgebäuden

Bezogen auf die Sensitivitätsanalyse des strategieunabhängigen Netzwerks und des für eine bestimmte Handlungsstrategie erweiterten Netzwerks können folgende Feststellungen gemacht werden:

- Unter den Bauprojektzielen nimmt bei der betrachteten Handlungsstrategie die Bandbreite, in welcher das Gewicht der einzelnen Zielbereiche variiert werden kann, generell ab.
- Die hier betrachtete Handlungsstrategie mit einem Vorgehen ohne Etappierung sowie einer koordinierten Anpassung und Erneuerung von Haustechnik und Gebäudehülle reagiert demnach sehr sensibel auf Veränderungen in der Gewichtung der Bauprojektziele, d.h. werden einzelne Bauprojektziele höher gewichtet, so kann dadurch sofort die Erreichung anderer Ziele gefährdet werden. Diese Aussage erscheint plausibel, da eine Optimierung von Gebäudehülle und installierter Haustechnik nur im Hinblick auf klare Zielvorgaben erfolgen kann.

6. Umsetzung der gewonnenen Erkenntnisse

6.1. Einführung

Der Besteller eines Bauwerks als Investor, Benutzer, Betreiber und Bauherr hat im betrachteten Systemansatz mit Umweltfaktoren, Unternehmungs- und Bauprojektzielen sowie Handlungsfaktoren verschiedene Möglichkeiten, um auf den Erfolg des damit verbunden baulichen Investitionsprojekts Einfluss zu nehmen. Diese Einflussmöglichkeiten sind jedoch immer mit Entscheidungen verbunden. So müssen Entscheidungen[107] gefällt werden, wenn es darum geht Ziele zu definieren, diese zu gewichten und Handlungsfaktoren zu verändern. Darüber hinaus ergeben sich die internen Rahmenbedingungen aus der vorgelagerten und laufenden Projektbearbeitung als Folge zuvor gefällter Entscheidungen.

In der Folge sollen die Einflussmöglichkeiten im Bauprojektablauf aus der Sicht des Bauherrn näher betrachtet werden. Zu diesem Zweck werden die sich aus der Einflussnahme ergebenden Auswirkungen auf den gewählten Modellansatz erläutert. Darüberhinaus sollen Aussagen über die Lenkungsmöglichkeiten des Bauherrn im Bauprojektablauf gemacht werden.

6.2. Einflussmöglichkeiten aus der Sicht des Bauherrn

Die Ziele bilden die Grundlage zur Lösung von Problemen. Sie geben dem gesamten Problemlösungsprozess eine Richtung und dienen als Massstab zur Bestimmung des Projekterfolgs. Die **Zieldefinition**[108] selbst kann dabei als Entscheidungsprozess[109] aufgefasst werden, in dessen Verlauf zunächst vage Vorstellungen und Bedürfnisse immer weiter zu klaren Zielgrössen konkretisiert werden. Sind die Ziele einmal definiert, so hat der Entscheidungsträger mit der **Zielgewichtung**[110] die Möglichkeit, auftretende Zielkonflikte zu bewältigen, indem er die Wichtigkeit der einzelnen Ziele untereinander festlegt. Mit der Wahl einer bestimmten Handlungsstrategie kann der Besteller entscheiden, welchen Weg er zur Lösung des Problems einschlägt und welche **Handlungsfaktoren**[111] in welcher Form verändert werden. Über die dabei gefällten Entscheidungen werden jedoch bereits einige der betrachteten Handlungsfaktoren festgelegt. Daraus können sich

---

[107] vgl. dazu Seite 45

[108] vgl. dazu Seite 32
Figur: "Determinanten des Zielbildungsprozesses"

[109] vgl. dazu Seite 24
"Sämtliche Teilvorgänge, die für eine rationale Entscheidungsfindung notwendig sind."

[110] vgl. dazu Seite 22
"Das Gewicht als Wertziffer, die die Bedeutung eines Kriteriums für einen Entscheidungsträger angibt."

[111] vgl. dazu Seite 41
"Handlungsfaktoren eignen sich aufgrund ihre Eigenschaft, dass sie durch Massnahmen verändert werden können, als Ansatzpunkte, um in den Problemlösungsprozess einzugreifen."

für den weiteren Entscheidungsablauf zusätzliche **Rahmenbedingungen**[112] ergeben, wodurch der zulässige Lösungsspielraum weiter eingeschränkt wird.

Die Einflussnahme erfolgt demnach über die zu fällenden Entscheidungen im Projektablauf. Somit wird es aus der Sicht des Bestellers von Bauleistungen wichtig zu wissen, wann er welche Entscheidungen zu fällen hat. Dieser Entscheidungsablauf innerhalb des Problemlösungsprozesses lässt sich aufgrund des zugrundegelegten Systemansatzes [Daenzer/Huber, 1994, Hg. S.37ff.] in Phasen unterteilen. Dieses Vorgehen bezweckt, den Werdegang einer Problemlösung in überschaubare Teiletappen zu gliedern. Damit wird es möglich, einen stufenweisen Planungs-, Entscheidungs- und Konkretisierungsprozess mit vordefinierten Marschhalten bzw. Korrekturpunkten zu definieren. Bei den hier betrachteten Investitionsprojekten, die der Entwicklung und Realisierung einer Lösung dienen, können so grob die Phasen der Planung, Realisierung und Nutzung unterschieden werden. Bezogen auf bauliche Investitionsprojekte lassen sich diese Phasen wie folgt beschreiben:

Die Phase der **Investitionsplanung** dient zur Abklärung der eigentlichen Investitionsbedürfnisse. Sie umfasst u.a. die Definition der Ziele, die Abklärung aller Rahmenbedingungen und den Nachweis der Machbarkeit. Die Phase der **Investitionsrealisierung** baut auf den Ergebnissen der Phase Investitionsplanung, d.h. auf der Projektdefinition auf. Sie hat zum Ziel, ein funktionstüchtiges Bauwerk[113] zu projektieren und zu erstellen. Die Phase der **Investitionsnutzung** erstreckt sich von der Ingebrauchnahme des Bauwerks bis zum Ende der vorgesehenen Nutzungsdauer. Darin eingeschlossen sind eventuelle Sanierungs- oder Umnutzungsentscheide sowie deren Umsetzung durch bauliche Massnahmen.

Mit Bezug auf gängige Phasenkonzepte im Bauwesen kann diese grobe Phasengliederung noch feiner unterteilt werden. Dazu wird folgende Phaseneinteilung im Bauprojektablauf[114] betrachtet:

---

[112] vgl. dazu Seite 38
"Rahmenbedingungen definieren den zulässigen Spielraum, der bei der Lösung von Problemen zur Verfügung steht."

[113] vgl. dazu Seite 14
"Das Bauwerk als Produkt des Bauprozesses umfasst das eigentliche Gebäude mit allen darin installierten Anlagen."

[114] SIA: Leistungsmodell 95, Phaseneinteilung im Bauprojektablauf gemäss LM95, Stand Dezember 1994

Grobphase	Phase	Phasenziele
Investitions-planung	Strategische Planung	Definition der Bedürfnisse
	Vorstudien	Projektdefinition Nachweis der Machbarkeit und Wirtschaftlichkeit Standortwahl
Investitions-realisierung	Vorprojekt	Definition der optimalen baulichen Lösung
	Bauprojekt	Baureifes Projekt Definition der Kosten und Termine
	Ausschreibung	Vergabereife
	Ausführung	Projekt- und vertragsgemässe Realisierung des Bauwerks
	Inbetriebsetzung	Nachweis der Vertragserfüllung Bezug
	Abschluss	Schlussabrechung Schlussabnahme
Investitions-nutzung	Bewirtschaftung	Optimale Nutzung Erhaltung und Entwicklung
	Rückbau	Entsorgung und Recycling

Figur 44: Phaseneinteilung im Bauprojektablauf

Die aus der Sicht eines Bestellers von Bauleistungen zu fällenden Entscheidungen beruhen dabei auf den Grundlagen, welche im bisherigen Projektablauf phasenweise[115] erarbeitet wurden. Die wichtigen Entscheidungen in einem baulichen Investitionsprojekt lassen sich demnach in eine zeitliche Abfolge bringen. Zu Beginn des Projektablaufs stehen dem Besteller mehrere Verhaltensmöglichkeiten offen, mit denen er seine betrieblichen Bedürfnisse befriedigen kann. Mit zunehmendem Fortschritt werden jedoch, aufgrund der gewonnenen Erkenntnisse und der bisher gefällten Entscheidungen, auch die möglichen Verhaltensweisen[116] eingeschränkt. Die damit zusammenhängenden Einflussmöglichkeiten nehmen dementsprechend ebenfalls mit zunehmendem Projektfortschritt ab. So stehen zunächst neben dem Verhalten *Bauprojekt* meistens auch mögliche Verhaltensweisen, wie beispielsweise *alles verkaufen* oder *mieten* zur Verfügung. Mit dem

[115] vgl. dazu Seite 75
Figur: "Phasenweiser Entscheidungsablauf"

[116] vgl. dazu Seite 139
Figur: "Verhaltensmöglichkeiten des Bestellers im Bauprojektablauf"

Entscheid für ein Bauprojekt werden indessen oftmals alle anderen Lösungsmöglichkeiten ausgeschlossen.

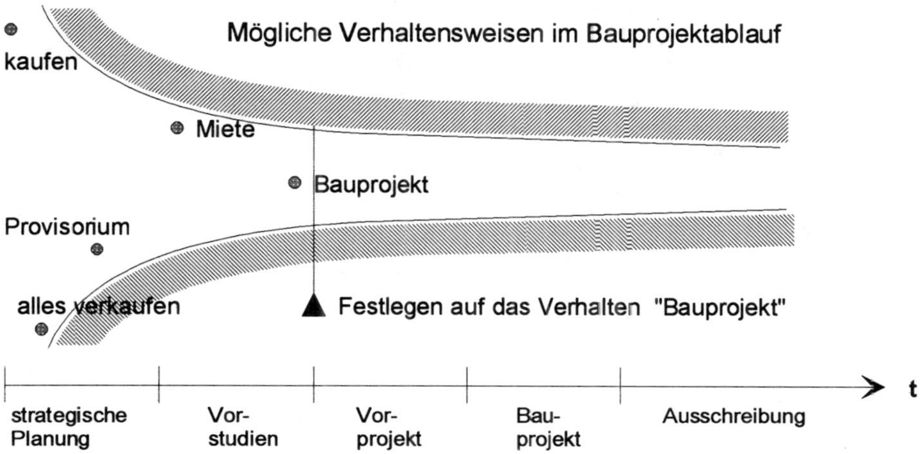

Figur 45: Verhaltensmöglichkeiten des Bestellers im Bauprojektablauf

6.3. Auswirkungen der Entscheidungen und Lenkungsmassnahmen auf den gewählten Modellansatz

Der hier vorgestellte Ansatz zur Modellierung von Bauprojekten[117] hinsichtlich der Ziele und Lenkungsmöglichkeiten aus der Sicht des Bauherrn geht von einer primären Betrachtungsebene auf Stufe der Unternehmungsziele aus. In diesem System sind die Unternehmungsziele mit den betrieblichen Lenkungsfaktoren sowie die Bauprojektziele mit den baulichen Lenkungsfaktoren zusammengefasst. Mit dem Entscheid des Bestellers im Projektablauf für die Alternative *Bauprojekt* wird jedoch der Betrachtungshorizont auf die Ebene der Bauprojektziele verschoben.

Bis zum Zeitpunkt dieses Entscheides standen im Projektablauf noch weitere Verhaltensmöglichkeiten, wie z.B. *Miete* zur Verfügung. Erst durch diesen Entscheid gewinnt die Funktion des **Bauherrn** als Baufachorgan des Bestellers einen massgebenden Einfluss auf den Erfolg des baulichen Investitionsprojekts. Mit dieser Veränderung des Betrachtungsstandpunkts von der Ebene der Unternehmungsziele auf die Ebene der Bauprojektziele werden die zuvor als Systemelemente betrachteten Unternehmungsziele und die betrieblichen Lenkungsfaktoren aus der Sicht des Bauherrn zu Einflussfaktoren des Bauprojekts in der Systemumgebung. Der Bauherr kann diese Elemente nicht selbst beeinflussen, sie können jedoch im Hinblick auf eine optimale Erfüllung der gestellten Bauprojektziele und den damit zusammenhängenden Projekterfolg massgebend sein.

---

[117] vgl. dazu Seite 43
Figur: "Betrachteter Systemansatz"

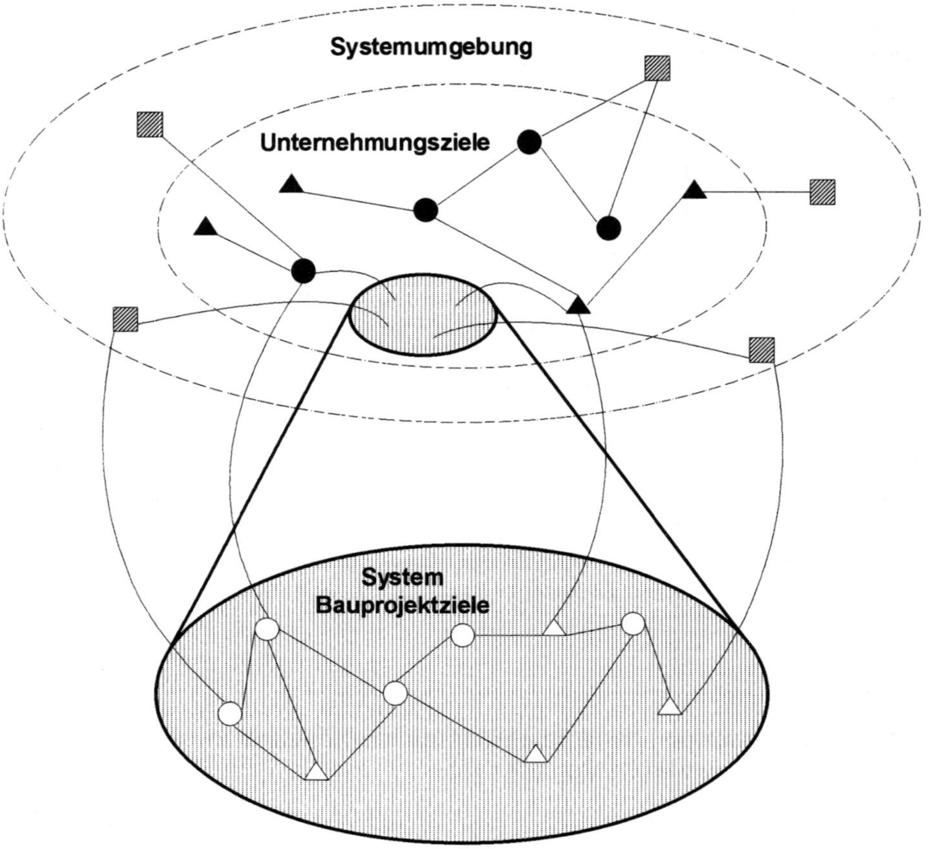

Legende:

○ Bauprojektziele ● Unternehmungsziele
△ bauliche Lenkungsfaktoren ▲ betriebliche Lenkungsfaktoren ▨ Umweltfaktoren

Figur 46: Betrachteter Systemansatz aus Sicht des Bauherrn

Im Verlauf des baulichen Investitionsprojekts verändert sich demnach die Grenze des betrachteten Systems. Somit stehen auch je nach Projektfortschritt aufgrund der gefällten Entscheidungen immer weniger Handlungsmöglichkeiten in Form von Lenkungsfaktoren zur Verfügung. Dabei ergibt sich die Systemgrenze jeweils dadurch, dass alle Systemelemente durch das System selbst beeinflusst werden können und alle übrigen, nicht oder nur schlecht beeinflussbaren Elemente, zur Systemumgebung gezählt werden.

Neben diesen Veränderungen der Systemgrenze im betrachteten Modellansatz zeichnen sich komplexe Systeme[118] durch eine Vielfalt von Verhaltensmöglichkeiten aus. Diese Vielfalt resultiert einerseits aus Veränderungen der einzelnen Elemente und anderseits durch Veränderungen der Beziehungen zwischen den einzelnen Elementen. Die durch den Bauherrn beeinflussbaren Bauprojektziele und baulichen Lenkungsfaktoren können sich aufgrund ihrer Beeinflussbarkeit über die betrachteten Wirkungsbeziehungen verändern, wobei die Beeinflussung durch andere Systemelemente oder durch Elemente aus der Systemumgebung erfolgen kann. Die Wirkungsbeziehungen selbst sind ihrerseits Veränderungen unterworfen. So ist die Intensität der Wirkungsbeziehungen zwischen Handlungsfaktoren und Zielen[119] abhängig vom betrachteten Zeitpunkt im Projektablauf.

Die meisten Entscheidungen eines Bauherrn im Bauprojektablauf beziehen sich auf die Wahl[120] verschiedener Handlungsalternativen. Bei jeder Handlungsalternative werden jedoch die damit zusammenhängenden Handlungsfaktoren in einer bestimmten Art beeinflusst oder festgelegt. Folglich werden die Handlungsmöglichkeiten aus der Sicht des Entscheidungsträgers mit jeder Entscheidung zunehmend eingeengt. Es stehen daher mit fortschreitendem Projektablauf immer weniger Handlungsfaktoren zur Beeinflussung der gesteckten Bauprojektziele zur Verfügung. Dieser Tatsache wird im betrachteten Modellansatz mit Hilfe der zeitabhängigen Intensitäten von Wirkungsbeziehungen zwischen Handlungsfaktoren und Zielen Rechnung getragen.

Stehen irgendwann im Projektablauf keine Handlungsfaktoren mehr zur Verfügung, um die Erreichung eines bestimmten Ziels zu beeinflussen, so verliert dieses Ziel im Hinblick auf die Lenkungsmöglichkeiten des Bauherrn an Bedeutung. Seine Beeinflussbarkeit durch andere Ziele und Umweltfaktoren ist jedoch aufgrund der betrachteten Wirkungsbeziehungen immer noch gegeben. Wird die Zielerreichung durch Einflussfaktoren aus der Systemumgebung stark beeinflusst, ohne dass Lenkungsmöglichkeiten in Form von Handlungsfaktoren zur Verfügung stehen, ergibt sich daraus ein Risiko für den Bauherrn in bezug auf den angestrebten Projekterfolg. Solche Risikofaktoren lassen sich schon früh im Projektablauf mit Hilfe des betrachteten Netzwerks[121] in Form von stark beeinflussbaren *kritischen* oder *reaktiven* Elementen unter den Bauprojektzielen ableiten.

Ist nun für ein bestimmtes Bauprojektziel dieser Zeitpunkt erreicht, d.h. stehen keine Handlungsfaktoren mehr zur Verfügung hinsichtlich der Beeinflussbarkeit des betreffenden Zielerreichungsgrades, so geht es aus der Sicht des Bauherrn für die weitere Projektbearbeitung darum, die übrigen noch beeinflussbaren Bauprojektziele innerhalb der vorgegebenen Rahmenbedingungen so optimal wie möglich zu erfüllen.

---

[118] vgl. dazu Seite 5
"Komplexität als die Vielfalt von Verhaltensmöglichkeiten der Elemente und ihrer Beziehungen."

[119] vgl. dazu Seite 86

[120] vgl. dazu Seite 24

[121] vgl. dazu Seite 68

Stehen in einem bereits bewilligten Bauprojekt beispielsweise die Kosten in Form eines Kostenvoranschlags zur Verfügung und sind die Wirtschaftlichkeit der betreffenden Investition und die Machbarkeit der damit verbundenen Lösung nachgewiesen sowie die Finanzierung gesichert, so werden aufgrund der entsprechend fortgeschrittenen Definition des Bauprojekts die diesbezüglichen Einflussmöglichkeiten im weiteren Projektverlauf aufgrund der bisher gefällten Entscheidungen sehr gering und das damit verbundene Ziel von *tiefen Investitionskosten* verliert somit an Bedeutung.

Dieses Beispiel zeigt auf, dass durch Entscheidungen bestimmte Handlungsfaktoren "eingefroren" werden, d.h. nicht mehr frei veränderbar sind und dadurch Rahmenbedingungen für die weitere Projektbearbeitung geschaffen werden. Durch die Genehmigung eines Baukredits werden klare interne Rahmenbedingungen geschaffen, indem der damit geschaffene Kreditrahmen eingehalten werden muss. Das Bestreben der Entscheidungsträger wird sich demnach in der weiteren Projektbearbeitung auf die optimale Erfüllung der verbleibenden in ihrem Zielerreichungsgrad beeinflussbare Ziele innerhalb des gesteckten Kreditrahmens richten.

6.4. Entscheidungen und Lenkungsmöglichkeiten des Bauherrn im Bauprojektablauf

Für den Bauherrn als Baufachorgan eines Bestellers von Bauleistungen stellt sich schon früh im Projektablauf die Frage nach der zeitlichen Verfügbarkeit von einzelnen Handlungsfaktoren im Sinne von Lenkungsmöglichkeiten. Dabei ist vor allem von Interesse, wann im Bauprojektablauf, durch welche wichtigen Entscheidungen, welche Bauprojektziele hinsichtlich ihrer Lenkbarkeit ihre Bedeutung verlieren.

Die Abwicklung und Bearbeitung eines Bauprojekts hat dabei aufgrund der Komplexität der betrachteten Systeme[122] in Phasen zu erfolgen. Dieses schrittweise Vorgehen wird innerhalb des Bauprojektablaufs mittels zu fällender Entscheidungen[123] vollzogen.

In der Folge wird der Versuch unternommen, vor allem für die frühen Phasen im Bauprojektablauf die aus der Sicht des Bestellers wichtigen Entscheidungen zu definieren und einige der zur Verfügung stehenden Handlungsmöglichkeiten näher zu beschreiben. Hierfür wird auf die früher vorgeschlagene Phaseneinteilung[124] im Bauprojektablauf zurückgegriffen, wobei die zeitliche Zuordnung der

---

[122] vgl. dazu Seite 14
"Es wird ein erzeugendes System betrachtet, welches Tätigkeiten verrichtet, ein erzeugtes System, für das die Tätigkeiten verrichtet werden und ein Zielsystem mit Anforderungen an das erzeugende sowie das erzeugte System."

[123] vgl. dazu Seite 75
Figur: "Phasenweiser Entscheidungsablauf"

[124] vgl. dazu Seite 138
Figur: "Phaseneinteilung im Bauprojektablauf"

einzelnen Entscheide in Projektphasen zu ihrem spätest möglichen Zeitpunkt im Projektablauf erfolgt. Darüberhinaus werden die Entscheidungen den einzelnen Funktionen des Bestellers[125], wie Investor, Benutzer, Betreiber und Bauherr zugeordnet.

Aufgrund einer Reduktion der Handlungsmöglichkeiten mit den gefällten Entscheidungen besteht ein direkter Zusammenhang zwischen den in einer Projektphase wichtigen Entscheidungen und dem Verlust des Einflusses auf einzelne Bauprojektziele[126] in der entsprechenden Phase.

Strategische Planung

Phasenziele: - Definition der Bedürfnisse

Strategische Planung

Entscheidung	Besteller			
	Investor	Benutzer	Betreiber	Bauherr
Investitionsanstoss	X	X	X	
Investitionsbedarf anerkennen	X	X	X	
Unternehmungsziele und Soll-Zustand genehmigen	X	X	X	
Standortanforderungen genehmigen	X	X		
Kredit für Vorstudien genehmigen	X			
Investitionsrahmen genehmigen	X			
Risikobandbreite genehmigen	X			
Ecktermine genehmigen	X	X		
Organisation und weiteres Vorgehen festlegen	X	X	X	

Tabelle 21: Wichtige Entscheidungen in der Phase Strategische Planung

In dieser ersten Projektphase geht es darum, einen Investitionsbedarf anzuerkennen. Dabei stehen aus der Sicht des Bestellers noch alle Handlungsmöglichkeiten offen. Er kann demnach auch einen möglichen Investitionsbedarf nicht anerkennen, womit das Investitionsprojekt jedoch abgebrochen würde.

Wird ein Investitionsbedarf als notwendig erarchtet, so geht es in dieser ersten Projektphase darum, aufgrund einer Zustandsanalyse sowie den Bedürfnissen und Zielsetzungen des Bestellers mögliche Lösungsstrategien zu erarbeiten. Dabei werden auch *nicht-bauliche* Lösungsmöglichkeiten betrachtet.

---

[125] vgl. dazu Seite 15
"Der *Investor* stellt die finanziellen Mittel ganz oder teilweise zur Verfügung, der *Benutzer* will nach Abschluss des Bauprojekts das erstellte Bauwerk nutzen, der *Betreiber* ist für die laufende Betriebsbereitschaft des Bauwerks verantwortlich und der *Bauherr* ist während der gesamten Dauer des Bauprojekts für dessen zielgerichtete Durchführung verantwortlich."

[126] vgl. dazu Seite 55 ff.

Vorstudien

Phasenziele: - Projektdefinition
- Nachweis der Machbarkeit und Wirtschaftlichkeit
- Standortwahl

Vorstudien

Entscheidung	Besteller			
	Investor	Benutzer	Betreiber	Bauherr
Ziele und Rahmenbedingungen genehmigen	X	X	X	X
Aufbau- Ablauforganisation genehmigen	X	X	X	X
Projektrisiken genehmigen	X	X	X	
Nutzungsprogramm genehmigen	X	X		
Machbarkeitsstudie genehmigen	X	X	X	X
Wahl der Projektalternative "Bauen"	X	X	X	X
Standortwahl	X	X		
Wahl des Grundstücks	X	X		X
Baurechtliches Planungsverfahren festlegen	X			X
Grobkostenschätzung genehmigen	X	X		X
Mittelbedarf der einzelnen Phasen genehmigen	X			X
Grobterminierung des Projekts genehmigen	X	X	X	X
Wirtschaftlichkeitsnachweis genehmigen	X	X		X
Budget Vorprojekt genehmigen	X			X
Informationskonzept genehmigen	X	X		X
Finanzierungsmodell auswählen	X			
Ideenwettbewerb oder Studienauftrag genehmigen	X	X		X
Projektierungskredit genehmigen	X			
Projektdefinition genehmigen	X	X	X	X
Entscheid über weiteres Vorgehen	X	X	X	X

Tabelle 22: Wichtige Entscheidungen in der Phase Vorstudien

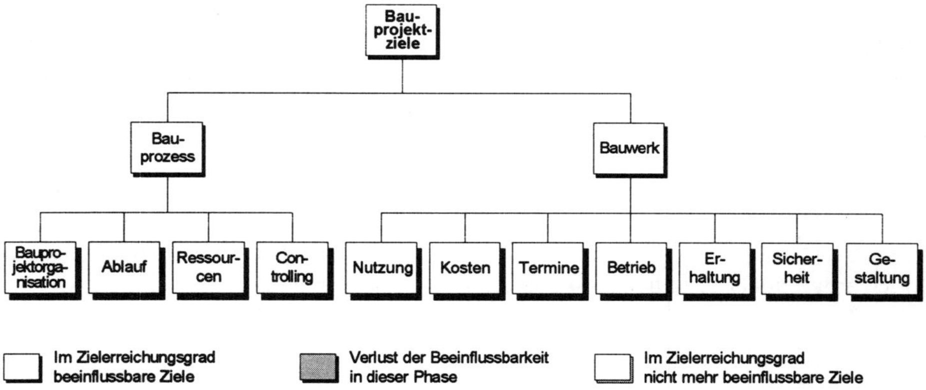

Figur 47: Im Zielerreichungsgrad beeinflussbare Bauprojektziele in der Phase Vorstudien

In dieser Projektphase werden die Bauprojektziele[127] definiert und gewichtet. Zu diesem frühen Zeitpunkt im Projektablauf stehen dabei noch genügend Handlungsmöglichkeiten zur Verfügung, um die definierten Bauprojektziele in ihrem Zielerreichungsgrad zu beeinflussen.

Mit der Definition von Zielen wird dem gesamten Problemlösungsprozess eine Richtung gegeben. Die Rahmenbedingungen schränken die Lösungssuche ein. Sie definieren den zulässigen Spielraum, der bei der Lösung von anstehenden Problemen zur Verfügung steht.

Standen bisher noch verschiedene *nicht-bauliche* Verhaltensmöglichkeiten, wie z.B. *alles verkaufen* oder *etwas Bestehendes kaufen* zur Wahl, so werden sie mit dem Entscheid für die Projektalternative "Bauen" verworfen. Dies hat zur Folge, dass sich der Lösungsraum aufgrund der vorhandenen internen und externen Rahmenbedingungen weiter einschränkt. Durch den Entscheid für die Projektalternative "Bauen" gewinnt die Funktion des Bauherrn als Baufachorgan des Bestellers einen massgebenden Einfluss auf den weiteren Projektverlauf.

Vor der Wahl des Standorts und des Grundstücks stehen noch Handlungsmöglichkeiten bezüglich der Erschliessung, wie z.B. die verkehrstechnische Erschliessung durch Strasse, Bahn oder Schiff oder die Erschliessung durch Gas oder andere Medien zur Verfügung. Diese werden mit dem Entscheid für ein bestimmtes Grundstück weitgehend eingeschränkt, indem sich die Erschliessung nach der Lage des betreffenden Grundstücks richtet und somit weitere Rahmenbedingungen festgesetzt werden. In der Entscheidungsfindung für ein bestimmtes Grundstück sind jedoch auch damit verbundene Parameter, wie z.B. der vorhandene Baugrund mit eventuell vorhandenen Altlasten oder lokale Gesetze und baupolizeiliche Vorschriften zu berücksichtigen. Die Wahl eines bestimmten Grundstücks führt somit zu wichtigen Rahmenbedingungen für die weitere Lösungssuche im Projektablauf. Wird zu einem späteren Zeitpunkt diese Entscheidung umgestossen und ein anderes Grundstück gewählt, so sind in jedem Fall die daraus resultierenden Auswirkungen auf die bisherige Lösungssuche abzuklären und eventuell früher verworfene Handlungsmöglichkeiten wieder hinsichtlich ihres Einflusses auf die Erreichung der gesetzten Ziele zu untersuchen.

---

[127] vgl. dazu Seite 55
Figur "System der Bauprojektziele"

Vorprojekt

Phasenziele: - Definition der optimalen baulichen Lösung

Vorprojekt

Entscheidung	Besteller			
	Investor	Benutzer	Betreiber	Bauherr
Projektablauf festlegen				X
Korrigierte verfeinerte Ziele u. Rahmenbed. genehmigen	X	X	X	X
Bestellerseitige Aufgaben- u. Entscheidungsplanung	X	X	X	X
Angepasste Aufbau- Ablauforganisation genehmigen	X	X	X	X
Evtl. weitere rechtliche Verfahren auslösen	X			X
Planungsentscheide fällen				X
Projektkonzepte genehmigen		X	X	X
Raumprogramm und Anforderungen genehmigen	X	X		X
Vorprojekt genehmigen	X	X	X	X
UVB zu Vorprojekt genehmigen				X
Kosteninformation genehmigen	X	X		X
Wirtschaftlichkeitsnachweis genehmigen	X	X		X
Grobterminprogramm u. Entscheidungsablauf gen.	X	X		X
Budget Bauprojekt genehmigen	X			X
Finanzierungskonzept genehmigen	X			
Wahl und Beauftrag. von Gesamtleiter, Planer, Berater				X
Dokumentationskonzept genehmigen		X	X	X
Projektwettbewerb genehmigen	X	X		X
PR u. Marketingkonzept genehmigen	X		X	X
Controlling u. bauherrenseitiges Qalitätsmanagement				X
Entscheid über weiteres Vorgehen	X	X	X	X

Tabelle 23: Wichtige Entscheidungen in der Phase Vorprojekt

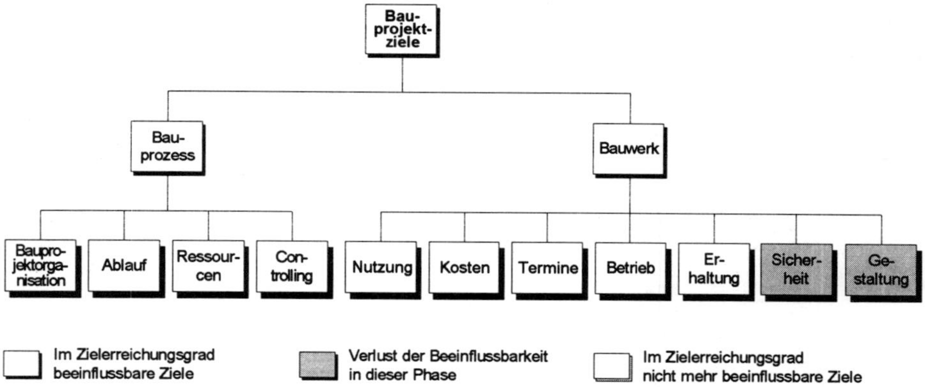

Figur 48: Im Zielerreichungsgrad beeinflussbare Bauprojektziele in der Phase Vorprojekt

Nachdem das Bauprojekt definiert ist, der Nachweis über Machbarkeit und Wirtschaftlichkeit erbracht sind sowie ein möglicher Standort gewählt wurde, bestehen hinsichtlich des weiteren Vorgehens im Projektablauf grundsätzlich zwei Möglichkeiten. In beiden Fällen ist es das Ziel aus Sicht des Bauherrn, die optimale bauliche Lösung für ein bestimmtes Grundstück aus mehreren verschiedenen zur

Verfügung stehenden Alternativen wählen zu können. Dieses Ziel kann er durch Direktvergaben an entsprechend qualifizierte Architekten und Ingenieure oder mit der Durchführung eines Projektwettbewerbs erreichen. Je nach gewähltem Projektablauf werden jedoch die Handlungsmöglichkeiten aus der Sicht des Bauherrn unterschiedlich sein. So werden, abhängig von den gewählten Wettbewerbsbedingungen, hier die Einflussmöglichkeiten des Bauherrn auf die verschiedenen Projektalternativen weniger ausgeprägt sein als bei Direktvergaben an entsprechend qualifizierte Architekten und Ingenieure.

Durch die Genehmigung des Vorprojekts als optimale bauliche Lösung werden die übrigen Alternativen verworfen und somit verringern sich die Handlungsmöglichkeiten auf die Weiterentwicklung des genehmigten Vorprojekts. Dies hat zur Folge, dass vor allem in bezug auf die Erreichung der betrachteten Bauprojektziele[128] *Gestaltung* und *Sicherheit* wichtige Prämissen gesetzt werden.

Bauprojekt

Phasenziele: - Baureifes Projekt
- Definition der Kosten und Termine

Bauprojekt

Entscheidung	Besteller			
	Investor	Benutzer	Betreiber	Bauherr
Korrigierte verfeinerte Ziele u. Rahmenbed. genehmigen	X	X	X	X
Angepasste bauherrens. Aufgaben- u. Entscheidungspl.	X	X	X	X
Angepasste Aufbau- Ablauforganisation genehmigen		X	X	X
Erschliessungsplanung genehmigen	X		X	X
Evt. weitere rechtliche Schritte auslösen				X
Planungsentscheide fällen				X
Baubeschrieb genehmigen	X	X	X	X
Bauprojekt genehmigen	X	X	X	X
Anlagekonzept genehmigen		X	X	X
Prov. Belegungslayout genehmigen		X	X	
UVB zu Vorprojekt genehmigen				X
Baueingabe genehmigen	X	X	X	X
Termin für Baueingabe festlegen	X	X		X
Kostenvoranschlag genehmigen	X	X		X
Wirtschaftlichkeitsnachweis genehmigen	X	X		X
Terminprogramm mit Entscheidungsablauf genehmigen				X
Projektänderungen genehmigen	X	X		X
Finanzbedarf u. Finanzierungsplan genehmigen	X			
Wahl Bauträgerschaft mit Vertragsabschluss				X
Wahl u. Beauftragung Bauleitung				X
Anforderungen an Projektrechnungswesen genehmigen				X
Prov. Ausführungsprojekt genehmigen	X	X	X	X
Budget Ausschreibung genehmigen	X			X
Entscheid über weiteres Vorgehen	X	X	X	X

Tabelle 24: Wichtige Entscheidungen in der Phase Bauprojekt

[128] vgl. dazu Seite 55 ff.

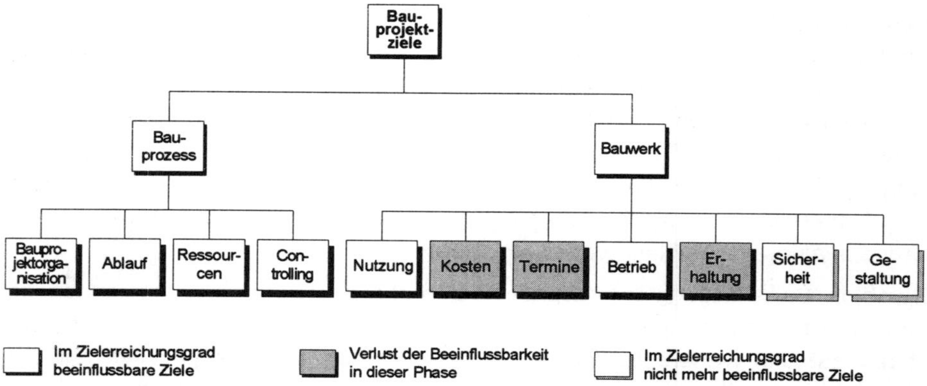

Figur 49: Im Zielerreichungsgrad beeinflussbare Bauprojektziele in der Phase Bauprojekt

Mit der Genehmigung des Kostenvoranschlags, der Wirtschaftlichkeit und dem Entscheid über die Finanzierung wird der finanzielle Rahmen des Bauprojekts festgelegt. Von nun an geht es nicht mehr primär darum die Baukosten möglichst gering zu halten, es sollen nun möglichst viele Ziele innerhalb dieses Kostenrahmens verwirklicht werden. Zeichnen sich in der weiteren Projektbearbeitung Kostenüberschreitungen ab, so müssen gegebenenfalls Redimensionierungen und somit Abstriche in der Zielerfüllung vorgenommen werden. Im Gegensatz dazu können jedoch bei sich abzeichnenden Kostenunterschreitungen auch zusätzliche Leistungen im Hinblick auf eine verbesserte Zielerfüllung erbracht werden. Es geht demnach darum, den erhaltenen Kostenrahmen möglichst optimal auszunützen.

In dieser Phase des Bauprojektablaufs gehen somit hauptsächlich Handlungsmöglichkeiten in bezug auf die Erreichung der Bauprojektziele[129] *Kosten*, *Termine* und *Erhaltung* verloren. Beim Bauprojektziel *Termine* stehen aus der Sicht des Bestellers lediglich noch Handlungsmöglichkeiten in bezug auf die Festsetzung des Bezugstermins. Dieser muss spätestens in der Ausführungsphase festgelegt werden. Bei Unterhalts- und Erneuerungsprojekten stehen hinsichtlich der *Erhaltung* von Bausubstanz noch Handlungsmöglichkeiten bis in die Phase Ausführung zur Verfügung.

---

[129] vgl. dazu Seite 55 ff.

Ausschreibung

Phasenziele: - Vergabereife

Ausschreibung

Entscheidung	Besteller			
	Investor	Benutzer	Betreiber	Bauherr
Korrigierte verfeinerte Ziele u. Rahmenbed. genehmigen	X	X	X	X
Angepasste bauherrens. Aufgaben- u. Entscheidungspl.		X	X	X
Angepasste Aufbau- Ablauforganisation genehmigen	X	X	X	X
Gesichertes Grundstück erwerben	X			X
Ausschreibe- u. Vergabeverfahren genehmigen				X
Unternehmerliste genehmigen				X
Vertragsmantel und Submissionsunterlagen genehmigen				X
Versicherungskonzept genehmigen				X
Vergabeentscheid				X
Vertragswerke genehmigen				X
Planungsentscheide fällen				X
Projektänderungen genehmigen	X	X		X
Belegungslayout genehmigen		X	X	
Mehr- Minderkosten genehmigen	X	X		X
Verbindliches Bauprogramm genehmigen		X		X
Baubeginn festlegen		X		X
Wirtschaftlichkeitsnachweis genehmigen	X	X		X
Finanzierungskonzept Betrieb u. Unterhalt genehmigen	X		X	
PR u. Marketingkonzept genehmigen	X		X	X
Baukredit genehmigen	X			
Entscheid über weiteres Vorgehen	X	X	X	X

Tabelle 25: Wichtige Entscheidungen in der Phase Ausschreibung

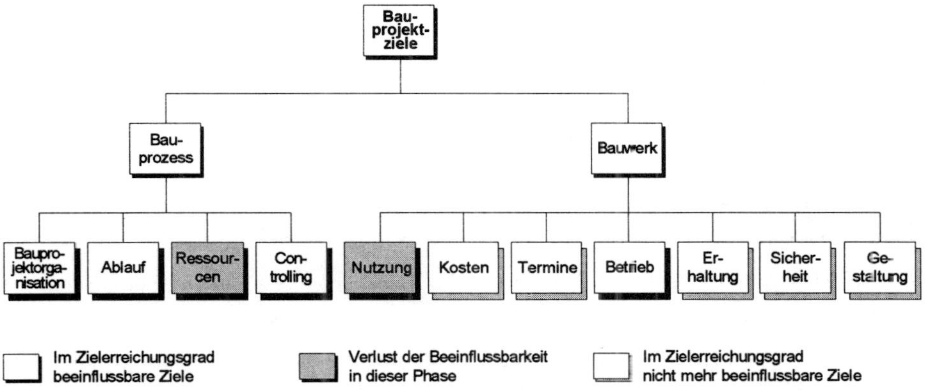

Figur 50: Im Zielerreichungsgrad beeinflussbare Bauprojektziele in der Phase Ausschreibung

Bei der Wahl des Ausschreibe- und Vergabeverfahrens stehen verschiedene Handlungsmöglichkeiten zur Verfügung. So kann der Bauherr beispielsweise im Hinblick auf die Vergabe der gesamten Arbeiten an einen Generalunternehmer ausschreiben oder aber einzelne Leistungen an verschiedene Ausführende vergeben.

Ausführung

Phasenziele: - Projekt- und vertragsgemässe Realisierung des Bauwerks

Ausführung

Entscheidung	Besteller			
	Investor	Benutzer	Betreiber	Bauherr
Verträge mit Ausführenden abschliessen				X
Planungs- und Ausführungsentscheide fällen		X	X	X
Ausführungsprojekt genehmigen	X	X	X	X
Angepasste Aufbau- Ablauforganisation genehmigen	X	X	X	X
Betriebs- u. Verwaltungsorganisation genehmigen		X	X	
Prozedere für Abnahme u. Inbetriebsetzung gen.		X	X	X
Wahl der Rechtsmittel				X
Terminprogramm für Inbetriebsetzung genehmigen		X	X	X
Terminprogramm für Bezug genehmigen		X	X	X
Bezugslayout genehmigen		X	X	
Termin für Betriebsbeginn festlegen		X	X	X
Periodisch Kostenstand genehmigen	X	X		X
Mehr- Minderkosten inkl. Korrekturmassnahmen	X	X		X
Projektänderungen genehmigen	X	X	X	X
Finanzierung bei ausserordentlichen Projektänderungen	X			X
Vorsprung / Verspätung ink. Korrekturmassnahmen				X
Funktionstauglichkeit bestätigen		X	X	X
Abnahmeprotokolle genehmigen		X	X	X
Entscheid über weiteres Vorgehen	X	X	X	X

Tabelle 26: Wichtige Entscheidungen in der Phase Ausführung

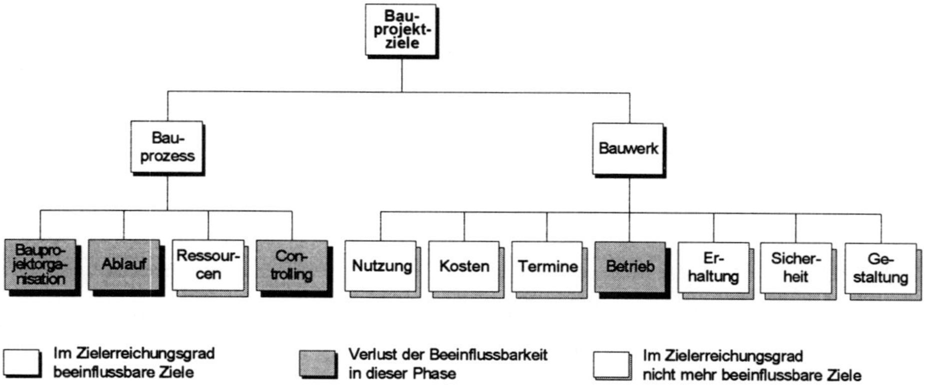

Figur 51: Im Zielerreichungsgrad beeinflussbare Bauprojektziele in der Phase Ausführung

Mit der Festlegung des Baubeginns und der Genehmigung des Ausführungsprojekts verliert der Bauherr den grössten Teil der verbleibenden Handlungsmöglichkeiten im Bauprojektablauf. Spätestens ab diesem Zeitpunkt geht es aus der Sicht des Bauherrn darum sicherzustellen, dass der zuvor in der Projektbearbeitung angestrebte Zielerreichungsgrad auch wirklich realisiert werden kann.

Inbetriebsetzung

Phasenziele: - Nachweis der Vertragserfüllung
- Bezug

Inbetriebsetzung

Entscheidung	Besteller			
	Investor	Benutzer	Betreiber	Bauherr
Angepasste Aufbau- Ablauforganisation genehmigen	X	X	X	X
Betriebs- u. Verwaltungsorganisation einsetzen		X	X	
Abnahme behobener Mängel genehmigen		X	X	X
Wahl der Rechtsmittel				X
Mehr- Minderkosten genehmigen	X	X		X
Anlage- u. Betriebsdokumentation genehmigen		X	X	X
Betriebsanleitungen genehmigen		X	X	
Vertragserfüllung bestätigen		X	X	X
Überwachungs- u. Unterhaltsplan genehmigen	X	X	X	X
Entscheid über weiteres Vorgehen	X	X	X	X

Tabelle 27: Wichtige Entscheidungen in der Phase Inbetriebsetzung

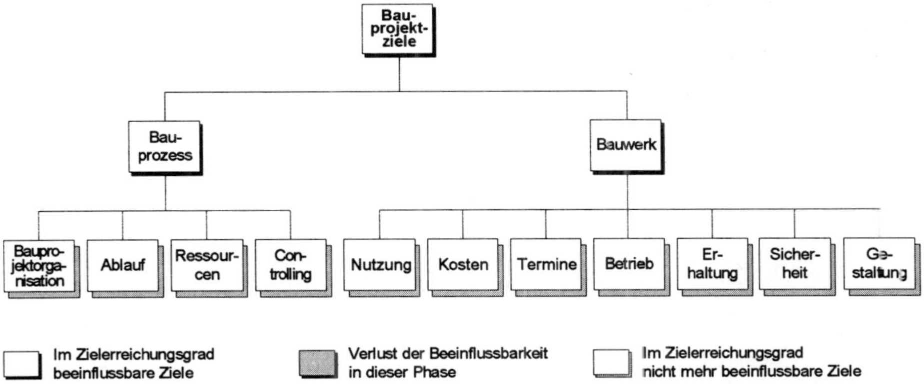

Figur 52: Im Zielerreichungsgrad beeinflussbare Bauprojektziele in der Phase Inbetriebsetzung

In dieser Phase des Bauprojekts beschränken sich die Handlungsmöglichkeiten aus der Sicht des Bauherrn hauptsächlich auf Kontrolle der erbrachten Leistungen aller Projektbeteiligten. Im Hinblick auf die Erreichung des Ziels *Betrieb* stehen in dieser Phase noch einige Handlungsmöglichkeiten bei der Inbetriebsetzung und Einregulierung der installierten Anlagen zur Verfügung

Abschluss

Phasenziele: - Schlussabrechnung
- Schlussabnahme

Abschluss

Entscheidung	Besteller			
	Investor	Benutzer	Betreiber	Bauherr
Terminprogramm für Mängelbehebung genehmigen				X
Wahl der Rechtsmittel				X
Treminprogramm für Wartung- u. Instandhaltung		X	X	
Termin für Übergabe festlegen		X	X	X
Revisionspläne genehmigen		X	X	X
Baudokumentation genehmigen u. Standort festlegen		X	X	X
Schlussabrechnung genehmigen	X	X		X
Garantien genehmigen				X
Aufbau- u. Ablauforganisation auflösen	X	X	X	X
Nutzungsvorschriften genehmigen		X	X	
Zutrittsberechtigungskonzept gehemigen		X	X	
Abnahme behobener Mängel genehmigen		X	X	X
Schlussabnahme genehmigen	X	X	X	X
Übergabeprotokoll genehmigen		X	X	X
Schlussbericht Qualitätsmanagement genehmigen	X	X	X	X
Erfolgskontrolle über Ziele und Rahmenbedingungen	X	X	X	X

Tabelle 28: Wichtige Entscheidungen in der Phase Abschluss

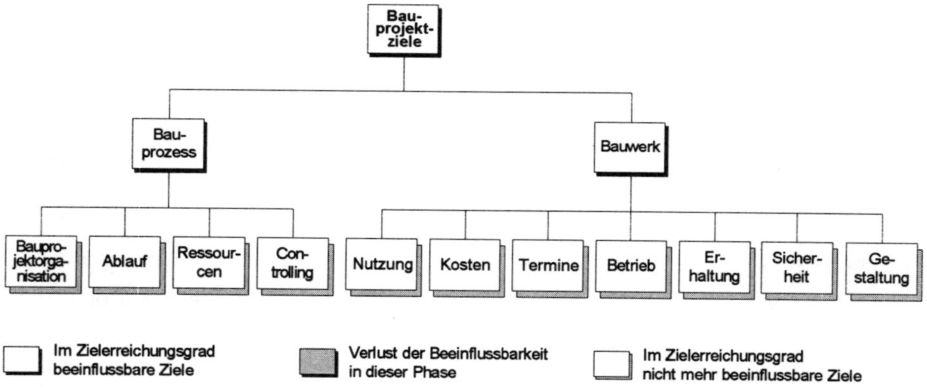

Figur 53: Im Zielerreichungsgrad beeinflussbare Bauprojektziele in der Phase Abschluss

Diese Phase dient dazu das betrachtete Bauprojekt geordnet abzuschliessen. Dabei ist vor allem aus der Sicht des Bestellers dafür zu sorgen, dass genügend Informationen für die Bewirtschaftung und einen späteren Rückbau des Bauwerks dokumentiert und jederzeit zugänglich sind.

Die im Bauprojektablauf gefällten Entscheidungen bilden eine logische Kette von aufeinander aufbauenden Einzelentscheidungen. Dies wird unterstützt durch eine Gliederung des gesamten Projektablaufs in einzelne Phasen. Somit lässt sich eine phasengerechte Entscheidungsfindung erreichen.

Darüber hinaus zeigt die vorgeschlagene Entscheidungsabfolge deutlich auf, dass die getroffenen Entscheidungen den aus der Sicht des Entscheidungsträgers zur Verfügung stehenden Handlungsspielraum immer mehr einengen, indem bei jeder Entscheidung bestimmte Handlungsfaktoren "eingefroren" werden und somit in der weiteren Projektbearbeitung als Rahmenbedingungen zu beachten sind.

Ein zurückkehren auf früher im Projektablauf gefällte Entscheidungen ist dabei jedoch immer möglich. Hier ist jedoch zu beachten, dass unter Beachtung der zur Lösungssuche notwendigen Zyklen alle einer betreffenden Entscheidung nachfolgenden Projektphasen nocheinmal zu durchlaufen sind. Dieses Vorgehen ergibt sich aus der Feststellung, dass in einer logisch sinnvollen Entscheidungsabfolge durch zuvor gefällte Entscheidungen wichtige Parameter für den weiteren Entscheidungsprozess gesetzt werden. Solche zyklischen Durchläufe ganzer Projektphasen sind jedoch immer mit zeitlichen und finanziellen Aufwendungen verbunden.

> Werden beispielsweise zu Beginn der Phase Ausführung die Investitionskosten als zu hoch erachtet, so können durch die in der Folge vorgenommenen finanziellen Kürzungen am vorliegenden Ausführungsprojekt ebenfalls in früheren Projektphasen gefällte Entscheidungen tangiert sein. Diese Auswirkungen sind in jedem Fall aufzuzeigen und in der Entscheidungsfindung mit zu berücksichtigen.

Die selben Überlegungen gelten auch bei Veränderungen innerhalb der Unternehmungsziele[130]. Werden im Projektablauf, als Folge von Veränderungen in der Systemumgebung oder aufgrund veränderter Wertvorstellungen innerhalb der Unternehmung, neue Unternehmungsziele definiert oder die bestehende Zielgewichtung angepasst, so können dadurch auch Entscheidungen im betrachteten Projektablauf tangiert werden. Zur Abklärung solcher Einflüsse kann auf das im Rahmen des gewählten Modellansatzes aufgebaute Netzwerk[131] aus Umweltfaktoren, Unternehmungs- und Bauprojektzielen mit Handlungsfaktoren zurückgegriffen werden.

---

[130] vgl. dazu Seite 64

[131] vgl. dazu Seite 63 ff.

7. Kritik und Ausblick

Die Kritik betreffend die Untersuchung über die Ziele und Lenkungsmöglichkeiten des Bauherrn gliedert sich in eine Kritik hinsichtlich der Grenzen der Anwendbarkeit des gewählten Ansatzes sowie in eine solche bezüglich der Chancen und Möglichkeiten der gewonnenen Modelle, Regeln und Resultate in Form eines Vorschlags für ein ganzheitliches Vorgehen zur Zieldefinition und Analyse der Lenkungsmöglichkeiten aus der Sicht des Bauherrn. Aufgrund dieser Kritik können mögliche weiterführende Betrachtungen mit Hilfe der hier gewonnenen Erkenntnisse aufgezeigt werden.

7.1. Grenzen der Anwendbarkeit

Die Untersuchungen über die Ziele und Lenkungsmöglichkeiten des Bauherrn stützen sich auf den Ansatz des ganzheitlichen Denkens und Handelns ab. Es wird dabei der Versuch unternommen, diesen vor allem für stationäre Prozesse in Unternehmungen und anderen gesellschaftlichen Institutionen entwickelten Ansatz aus der Sicht eines Bauherrn zur Erarbeitung der für ihn relevanten Ziele und der für ihn notwendigen Lenkungsmöglichkeiten zu adaptieren und weiterzuentwickeln. Hierfür wird von der Voraussetzung ausgegangen, dass Bauprojekte mit den darin ablaufenden Bauprozessen und den dadurch erstellten Bauwerken generell als Systeme aufgefasst werden können. Innerhalb der Bauprojekte als Systeme wird nun nicht nur zwischen den Teilsystemen *Bauprozess* oder erzeugendes System und *Bauwerk* oder erzeugtes System als Produkt des Bauprozesses unterschieden, sondern auch ein *Zielsystem* mit Bauprojektzielen und Anforderungen für das Bauprojekt betrachtet.

Bei der Entwicklung eines *Ansatzes* zur Modellierung von Bauprojekten hinsichtlich der Ziele und Lenkungsmöglichkeiten aus der Sicht des Bauherrn wurde im weiteren von der Voraussetzung ausgegangen, dass ein Bauwerk als Ergebnis des Bauprozesses die übergeordneten Ziele und Anforderungen derjenigen Unternehmung zu erfüllen hat, welche in das betreffende Bauwerk investiert und/ oder es nutzt. Daraus ergibt sich eine zweistufige Betrachtungsweise über das gesamte Bauprojekt. So werden einerseits die Ziele derjenigen Unternehmung oder Institution betrachtet, welche als Besteller von Bauleistungen die Funktionen Investor, Benutzer, Betreiber und Bauherr wahrnimmt und anderseits das Bauprojekt selbst mit seinen eigenen Bauprojektzielen. Die Einflussgrössen aus der Systemumwelt werden als Umweltfaktoren in den Systemansatz miteinbezogen.

Die Lenkungsmöglichkeiten ergeben sich dabei aufgrund der Lösungen oder Strategien die der Besteller auswählt und in Form von Projekten umzusetzen versucht. So tauchen je nach Ebene, in welcher die Strategie anzusiedeln ist, entweder betriebliche Lenkungsfaktoren auf der Ebene der Unternehmungsziele oder bauliche Lenkungsfaktoren auf der Ebene der Bauprojektziele im Systemansatz auf. Aus der Sicht des Bauherrn sind hinsichtlich der Lenkungsmöglichkeiten im Bauprojekt lediglich die baulichen Lenkungsfaktoren von Interesse, da er nur auf diese einen direkten Einfluss ausüben kann, was wiederum für die Erreichung der gesteckten Bauprojektziele und somit den Erfolg des Bauprojekts relevant ist.

Bei der hier vorgestellten *Modellierung* von Bauprojekten werden die verschiedenen betrachteten Faktoren und Ziele mit Hilfe von Wirkungsbeziehungen zu einem Netzwerk verbunden. Basierend auf den in diesem Netzwerk dargestellten Zusammenhängen, lassen sich aufgrund der herrschenden Einflussverhältnisse verschiedene Typen von Elementen unterscheiden. Die einflussreichen unter diesen Elementen bilden ihrerseits Ansatzpunkte für Lenkungsmassnahmen im betrachteten Systemansatz. Dieses erste strategieunabhängige Modell bildet aus der Sicht des Bauherrn die Grundlage für die eigentliche Suche nach Lösungen oder Strategien, welche im Bauprojekt zu verfolgen sind, um die gesteckten Bauprojektziele zu erfüllen.

Die betrachteten Zielsysteme der Unternehmung und des Bauprojekts sind das Ergebnis von Zielbildungsprozessen, innerhalb derer die anfänglich jeweils vagen Bedürfnisse und Wünsche schrittweise in gewichteten Zielsystemen konkretisiert werden. Die Gewichtung der einzelnen Ziele ist dabei Aufgabe der jeweiligen Entscheidungsträger in den entsprechenden Ebenen der Unternehmung sowie des betrachteten Bauprojekts, dessen Ziele zu erfüllen sind. Dabei ist die Gewichtung der Bauprojektziele Ausdruck der Prioritäten, welche die Entscheidungsträger hinsichtlich der Erfüllung der einzelnen sich oft konkurrenzierenden Ziele setzen. Die Gewichtung bildet zusammen mit den eigentlichen Bauprojektzielen die Grundlage des betreffenden Bauprojekts. Wird die Zielgewichtung im Verlauf des Projektablaufs massgebend verändert, so kann dem Bauprojekt dadurch unter Umständen die Grundlage entzogen werden, so dass plötzlich Handlungsstrategien oder Lösungen wieder aufgegriffen oder gesucht werden müssen, die zuvor als wenig vorteilhaft erachtet und verworfen wurden. Wenn dies der Fall ist, so besteht die logische Konsequenz in der Definition eines neuen Projekts aufgrund der veränderten Zielgewichtung. Nur so können auf die optimale Erfüllung aller gesteckten Ziele ausgerichtete Lösungen im Projektablauf gefunden und erreicht werden.

Die aufgrund des hier vorgeschlagenen ganzheitlichen Vorgehens zur Zieldefinition und Analyse der Lenkungsmöglichkeiten zu erwartenden *Resultate* können keine klaren Handlungsanweisungen zur Lösung einer betrachteten Problemsituation darstellen. Diese Feststellung gründet in der Erkenntnis, dass die zur Erarbeitung des hier vorgeschlagenen Systemansatzes angewandte ganzheitliche Denkweise auf die systematische Erfassung und Darstellung von sich beeinflussenden Zusammenhängen ausgerichtet ist. Je grösser dabei die Bereitschaft des betreffenden Bauherrn ist, aktiv bei der Erarbeitung des hier vorgeschlagenen Modells von Bauprojekten mitzuarbeiten, desto klarer, verständlicher und weitgreifender werden jedoch die aus der Zieldefinition und der Analyse der Lenkungsmöglichkeiten zu erwartenden Resultate und Erkenntnisse aus seiner Sicht sein. Vor diesem Hintergrund sind auch die Resultate der beiden zur Illustration des vorgeschlagenen Vorgehens zur ganzheitlichen Definition von Zielen und Analyse der Lenkungsmöglichkeiten aus der Sicht des Bauherrn zu betrachten.

7.2. Chancen und Möglichkeiten

Der hier betrachtete *Ansatz* zur Modellierung von Bauprojekten hinsichtlich der Ziele und Lenkungsmöglichkeiten aus der Sicht des Bauherrn berücksichtigt einerseits diejenige Unternehmung oder Institution, welche als Besteller von Bauleistungen die Funktionen Investor, Benutzer, Betreiber und Bauherr wahrnimmt und anderseits das Bauprojekt selbst mit den zu erfüllenden Zielen und Anforderungen. Diese zweistufige Betrachtungsweise ermöglicht es dem Bauherrn, alle für den Erfolg des betrachteten Bauprojekts relevanten Einflussgrössen in Form von Umweltfaktoren, Unternehmungs- und Bauprojektzielen sowie Lenkungsfaktoren zu berücksichtigen. Der hier betrachtete Ansatz unterstützt die vernetzte Erfassung und Analyse aller für den Erfolg eines Bauprojekts relevanten Faktoren. Die einzelnen, oft gegensätzlichen Ziele und Anforderungen an ein Bauwerk, können durch die hier vorgeschlagene ganzheitliche Betrachtungsweise unter den oft sehr unterschiedlichen Gesichtspunkten aller an einem Bauprojekt beteiligten Interessengruppen erfasst sowie systematisch und nachvollziehbar dargestellt werden. So bietet der hier betrachtete Systemansatz die Möglichkeit, auf die unterschiedlichen Interessen einzutreten und die sich daraus ergebenden vernetzten Aspekte im betrachteten Bauprojekt zu integrieren. Durch die vernetzte Betrachtung der unterschiedlichsten Interessen in einem Systemansatz erhält der Bauherr die Chance, die zunehmenden Ansprüche der Benutzer und der Gesellschaft an ein Bauwerk schon früh im Projektablauf zu berücksichtigen und bei sich abzeichnenden Änderungen in den gesellschaftlichen und gesetzlichen Rahmenbedingungen die entsprechenden Massnahmen zu ergreifen. Dies wird zusehends wichtiger, da sich einerseits unser Umfeld immer rascher verändert und anderseits das Bauen immer kostspieliger und zeitraubender wird.

Weil das hier vorgestellte *Modell* auf einem zweiphasigen Vorgehen beruht, erhält der Besteller von Bauleistungen die Möglichkeit, sich schrittweise an eine für ihn optimale Lösung der gestellten Aufgaben heranzuarbeiten. Eine zunächst strategieunabhängige Modellierung des jeweiligen Bauprojekts ermöglicht es, darauf aufbauend verschiedene Handlungsstrategien zu erarbeiten und miteinander zu vergleichen. Aufgrund der zuvor definierten Ziele und gestellten Anforderungen und unter Berücksichtigung der dabei zu beachtenden Zusammenhänge wird es möglich, ein breites Spektrum von möglichen Handlungsstrategien oder Lösungen zu betrachten. Dieses Vorgehen erlaubt es dem jeweiligen Entscheidungsträger, die verschiedenen Handlungsstrategien über eine Erweiterung des zuvor erstellten Netzwerks hinsichtlich ihres Beitrags an den Zielerfüllungsgrad und der zur Verfügung stehenden Lenkungsmöglichkeiten miteinander zu vergleichen.

In bezug auf die zu erwartenden *Resultate* zeigt sich ein klarer Zusammenhang zwischen dem eigenen Engagement im hier vorgeschlagenen Vorgehen und der Aussagekraft der erhaltenen Ergebnisse. Die Erfassung und systematische Darstellung von komplexen Systemen, wie bauliche Investitionsprojekte, muss auf einer hohen Abstraktionsebene erfolgen, wenn ihr hoher Grad an Vernetztheit von den einzelnen Entscheidungsträgern verstanden werden soll. Das dazu vorgeschlagene Vorgehen ermöglicht es den daran Beteiligten, einen Überblick über die zu berücksichtigenden Gesichtspunkte zu gewinnen. Mit diesem Wissen und dem Verständnis der vorhandenen Zusammenhänge eröffnen sich den einzelnen daran beteiligten Entscheidungsträgern neue Chancen und Möglichkeiten, sich über die Folgen ihrer Entscheidungen klar zu werden und in einer sich rasch verändernden Umwelt zielorientiert zu handeln. Die Umsetzung der gewonnenen Erkenntnisse erfolgt dabei über die zu fällenden Entscheidungen im Projektablauf. Hier zeigt sich, dass durch eine geschickte Phasengliederung des Projektablaufs ein stufenweiser Planungs-, Entscheidungs- und Konktretisierungsprozess mit vorgegebenen Marschhalten bzw. Korrekturpunkten definiert werden kann. Die im Projektablauf gefällten Entscheidungen bilden dabei eine logische Kette von aufeinander aufbauenden Einzelentscheidungen in deren Verlauf sich der aus der Sicht des Entscheidungsträgers zur Verfügung stehende Handlungsspielraum immer mehr einengt.

7.3. Weiterführende Betrachtungsmöglichkeiten

In den hier vorliegenden Untersuchungen konnte gezeigt werden, dass es möglich ist, mit dem verwendeten Modellansatz plausible und glaubwürdige Resultate und Erkenntnisse zu erhalten. Dies erlaubt es die zum Teil unterschiedlichen Interessen und Aspekte aller an einem Bauprojekt Beteiligen in einem Modell zusammenzufassen. Für einen Investor stehen beispielsweise andere Interessen im Vordergrund als etwa für den Benutzer oder den Betreiber eines Bauwerks. Dementsprechend unterschiedlich gestalten sich die Lenkungsmöglichkeiten aus Sicht der verschiedenen Funktionen des Bestellers von Bauleistungen. Aus diesem Grund sind der hier vorgestellte Systemansatz und das vorgeschlagene Vorgehen zur Zieldefinition und Analyse der Lenkungsmöglichkeiten unter den Aspekten von Investor, Benutzer und Betreiber vertiefter zu untersuchen und zu verifizieren.

Die Lenkungsmöglichkeiten aus der Sicht eines Bestellers von Bauleistungen beschränken sich dabei nicht nur auf die baulichen Lenkungsfaktoren. Entsprechend sind in einem weiteren Schritt die betrieblichen Lenkungsfaktoren genauer zu umschreiben. Dies erfordert weitergehende Aussagen über die Einflüsse dieser betrieblichen Lenkungsfaktoren auf die übrigen Elemente im hier betrachteten Systemansatz.

Darüberhinaus ist abzuklären, inwieweit die hier exemplarisch aufgeführten Handlungsfaktoren hinsichtlich ihrer zeitlichen Verfügbarkeit strukturiert und in einen phasenweisen Projektablauf gegliedert werden können. Durch den Einbezug einer Zeitkomponente in den betrachteten Modellansatz wird es möglich, klarere Aussagen über die Lenkungsmöglichkeiten einzelner Entscheidungsträger im Bauprojektablauf zu machen. Dazu sind vor allem weitere Erkenntnisse und Erfahrungen bei der Umsetzung der vorgeschlagenen phasenweisen Entscheidungsabfolge und deren Auswirkungen auf die Erreichung der gesteckten Ziele von Interesse.

LITERATURVERZEICHNIS

[Ackoff/Emery, 1975]
Ackoff, Russell L. / Emery, Fred E.:
Zielbewusste Systeme, Anwendung der Systemforschung auf gesellschaftliche Vorgänge, Verlag Campus, Frankfurt/New York, 1975

[Ackoff/Gupta/Sayer Minas, 1968]
Ackoff, R.L. / Gupta, S.K. / Sayer Minas, J.:
Scientific Method, optimizing applied research decisions, Wiley & sons, New York/London/Sydney, 1968

[Aggteleky, 1990]
Aggteleky, Béla:
Fabrikplanung, Band 1-3, Werksentwicklung und Betriebsrationalisierung, Verlag Carl Hanser, München/Wien, 1990

[Amrein, 1982]
Amrein, Anton:
Wie funktionieren Unternehmung und Betrieb? Grundriss der Betriebswirtschaftslehre, Verlag des Schweizerischen Kaufmännischen Verbandes, Zürich, 1982

[Beer, 1967]
Beer, Stafford: Kybernetik und Management, Fischer Verlag, Frankfurt, 1967

[Berger, 1988]
Berger, Rudolf:
Bauprojektkosten, Ein Indikatormodell zur nutzenorientierten Kostenplanung und Kostenbeurteilung, CRB, Zürich, 1988

[Bertalanffy, 1973]
Bertalanffy, v. Ludwig:
General System Theory, Foundations, Development, Applications, Georg Braziller, New York, 1973

[Berthel, 1973]
Berthel, Jürgen:
Zielorientierte Unternehmungssteuerung, Die Formulierung operativer Zielsysteme, C.E. Poeschel Verlag, Stuttgart, 1973

[Bleicher, 1972, Hg.]
Bleicher, Kurt (Hg.):
Organisation als System, Betriebswirtschaftlicher Verlag Dr. Th. Gabler, Wiesbaden/München, 1972

[Bomm, 1992]
Bomm, Hansjörg:
Ein Ziel- & Kennzahlensystem zum Investitionscontrolling komplexer Produktionssysteme, Forschungsberichte Band 56, Berichte aus dem Institut für Werkzeugmaschinen und Betriebswirtschaften der Technischen Universität München, Herausgeber: Prof. Dr.-Ing. J. Milberg, Verlag Springer, Berlin/Heidelberg/New York, 1992

[Borkowsky/Moosmann, 1982, Hg.]
Borkowsky, R. / Moosmann, R. (Hg.):
Kleiner Merkur, Betriebswirtschaft, Schulthess Polygraphischer Verlag, Zürich, 1982

[Bramsemann, 1990]
Bramsemann, Rainer:
Handbuch Controlling, Methoden und Techniken, Verlag Carl Hanser, München/Wien, 1990

[Brandenberger/Ruosch, 1985]
Brandenberger, J. / Ruosch, R.:
Projekt Management im Bauwesen, Baufachverlag, Zürich, 1985

[Capra, 1987]
Capra, Fritjof:
Das neue Denken, Aufbruch zum neuen Bewusstsein, Die Entstehung eines ganzheitlichen Weltbildes im Spannungsfeld zwischen Naturwissenschaft und Mystik, Verlag Scherz, Bern/München/Wien, 1987

[Daenzer, 1983, Hg.]
Daenzer, Walter F. (Hg.):
Systems Engineering, Leitfaden zur methodischen Durchführung umfangreicher Planungsvorhaben, Verlag Industrielle Organisation, Zürich 1983

[Daenzer/Huber, 1994, Hg.]
Daenzer, W.F. / Huber, F. (Hg.), Haberfellner/Nagel/Becker/Büchel/von Masow:
Systems Engineering, Methodik und Praxis, 8. verbesserte Auflage, Verlag Industrielle Organisation, Zürich, 1994

[Deyhle/Steigmeier, 1985]
Deyhle, A. / Steigmeier, B.:
Controller und Controlling, in: die Orientierung Nr. 93, Schweizerische Volksbank, Bern, 1988

[Diederichs, 1985]
Diederichs, C.J.:
Wirtschaftlichkeitsberechnungen, Nutzen/Kosten-Untersuchungen, Allgemeine Grundlagen und spezielle Anwendungen im Bauwesen, Verlag Expert, Sindelfingen, 1985

[DIN 69'901, 1987]
DIN 69'901:
Projektwirtschaft, Projektmanagement, Begriffe, Ausgabe 1987

[Duden, 1983]
Der Duden:
Deutsches Universalwörterbuch, Mannheim, 1983

[Flechtner, 1972]
Flechtner, H-J.: Grundbegriffe der Kybernetik, Eine Einführung, Hirzel Verlag, Stuttgart, 1972

[Gareis, 1981]
Gareis, R.:
Investitionsplanung des Bauunternehmens, Grundlagen, Politik, Planungen, Fallstudien, Verlag Springer, Berlin/Heidelberg/New York, 1981

[Gomez, 1981]
Gomez, Peter:
Modelle und Methoden des systemorientierten Managements, Eine Einführung, Verlag Haupt, Bern/Stuttgart, 1981

[Gomez, 1983]
Gomez, Peter:
Frühwarnung in der Unternehmung, Verlag Haupt, Bern/Stuttgart, 1983

[Gomez/Zimmermann, 1991]
Gomez, Peter / Zimmermann, Tim:
Unternehmensorganisation, Profile, Dynamik, Methodik, Verlag Campus, Frankfurt/New York, 1991

[Haberfellner, 1974]
Haberfellner, Reinhard:
Unternehmung als dynamisches System, Der Prozesscharakter der Unternehmungsaktivitäten, Verlag Industrielle Organisation, Zürich, 1974

[Hahn/Taylor, 1990, Hg.]
Hahn, D. / Taylor, B. (Hg.):
Strategische Unternehmungsplanung, Strategische Unternehmungsführung, Stand und Entwicklungstendenzen, Verlag Physica, Heidelberg, 1990

[Haist/Fromm, 1991]
Haist, F. / Fromm, H.:
Qualität im Unternehmen, Prinzipien - Methoden - Techniken, Verlag Carl Hanser, München/Wien, 1991

[Hall, 1962]
Hall, Arthur D.:
A methodology of systems engineering, Nostrand, Princeton/Toronto/London/Melbourne, 1962

[Hall, 1989]
Hall, Arthur D.:
Metasystems methodology, Pergamon Press, Oxford, 1989

[Heinen, 1970]
Heinen, Edmund:
Zielprogramm und Entscheidungsprozess in der Unternehmung, Verlag Dr. Th. Gabler, Wiesbaden/München, 1970

[Heinen, 1971, Hg.]
Heinen, Edmund (Hg.):
Grundlagen betriebswirtschaftlicher Entscheidungen, Das Zielsystem der Unternehmung, Verlag Dr. Th. Gabler, Wiesbaden/München, 1971

[Hensler, 1986]
Hensler, Friedrich:
Investitionsanalyse bei Hochbauten, Bauverlag, Wiesbaden und Berlin, 1986

[Hill/Fehlbaum/Ulrich, 1976]
Hill, W. / Fehlbaum, R. / Ulrich, H.:
Organisationslehre, Ziele, Instrumente und Bedingungen der Organisation sozialer Systeme, Band 1/2, Verlag Haupt, Bern/Stuttgart, 1976

[Hinterhuber, 1992]
Hinterhuber, Hans H.:
Strategische Unternehmungsführung, I Strategisches Denken, Vision - Unternehmungspolitik - Strategie, 5. neubearbeitete und erweiterte Auflage, Verlag Walter de Gruyter, Berlin/New York, 1992

[HOAI, 1991]
HOAI:
Verordnungen über die Honorare für Leistungen der Architekten und der Ingenieure in der Fassung der Vierten ÄnderungsVO, Textfassung, Stand 1. Januar 1991, Verlag Werner, Düsseldorf 1991

[IP BAU, 1991]
IP BAU:
Bauerneuerung - Was tun?, Eine Übersicht für Eigentümer, Mieter und Planer, Bundesamt für Konjunkturfragen, 1991, EDMZ 724.426d

[ISO 8402, 1988]
ISO 8402:
Qualität - Begriffe, Schweizerische Normen-Vereinigung, Zürich, 1988

[Kalusche, 1988]
Kalusche, Wolfdietrich:
Einfluss der Gebäudeplanung auf die Wirtschaftlichkeit von Betrieben, Universität Karlsruhe, 1988

[Klimecki/Probst/Gmür, 1993]
Klimecki, Rüdiger G. / Probst, Gilbert J.B. / Gmür, Markus:
Flexibilisierungsmanagement, in: die Orientierung Nr.102, Schweizerische Volksbank, Bern, 1993

[Kreikebaum, 1981]
Kreikebaum, H.:
Strategische Unternehmensplanung, Verlag W. Kohlhammer, Stuttgart/ Berlin/Köln/Main, 1981

[Kreikebaum, 1989]
Kreikebaum, Hartmut:
Strategisches Management, 3. erweiterte Auflage, Verlag W. Kohlhammer, Stuttgart/Berlin/Köln/Mainz, 1989

[Kretschmer/Gabele, 1986]
Kretschmer, H. / Gabele, E.:
Unternehmensgrundsätze, Empirische Erhebungen und praktische Erfahrungsberichte zur Konzeption, Einrichtung und Wirkungsweise eines modernen Führungsinstrumentes, Verlag Industrielle Organisation, Zürich, 1986

[Kronast, 1989]
Kronast, Matthias:
Controlling, Notwendigkeit eines unternehmensspezifischen Selbstverständnisses, Verlag Barbara Kirsch, München, 1989

[Kummer/Spühler/Wyssen, 1985]
Kummer, W. / Spühler, R. / Wyssen, R.:
Projekt-Management, Leitfaden zu Methode und Teamführung in der Praxis, Verlag Industrielle Organisation, Zürich, 1985

[Litke, 1991]
Litke, Hans-D.:
Projektmanagement, Methoden, Techniken, Verhaltensweisen, Verlag Carl Hanser, München/Wien, 1991

[Magyar, 1987]
Magyar, Kasimir M.:
Das Marketing-Puzzle, Buchclub Ex Libris, Zürich, 1987

[Masing, 1988, Hg.]
Masing, Walter (Hg.):
Handbuch der Qualitätssicherung, Verlag Carl Hanser, München/Wien, 1988

[Mayer, 1987, Hg.]
Mayer, Elmar (Hg.):
Controlling-Konzepte, Perspektiven für die 90er Jahre, Verlag Dr. Th. Gabler, Wiesbaden/München, 1987

[Michel, 1991]
Michel, Reiner M.:
Know-how der Unternehmensplanung, Budgetierung, Controlling, Taktische Planung, Langfristplanung und Strategie, Verlag Industrielle Organisation Zürich, 1991

[Nordmann, 1974]
Nordmann, Alfred:
Zielsetzungen der schweizerischen Maschinenindustrie, Eine empirische Ermittlung, Verlag Haupt, Bern/Stuttgart, 1974

[Probst, 1987]
Probst, Gilbert J.B.:
Selbst-Organisation, Ordungsprozesse in sozialen Systemen aus ganzheitlicher Sicht, Verlag Paul Parey, Berlin und Hamburg, 1987

[Probst, 1993, Hg.]
Probst, Gilbert J.B. (Hg.):
Organisation, Strukturen Lenkungsinstrumente Entwicklungsperspektiven, Verlag Moderne Industrie, Landsberg/Lech, 1993

[Probst/Gomez, 1991]
Probst, G.J.B. / Gomez, P.:
Vernetztes Denken, Ganzheitliches Führen in der Praxis, 2. erweiterte Auflage, Verlag Dr. Th. Gabler, Wiesbaden/München, 1991

[Probst/Siegwart, 1985, Hg.]
Probst, G.J.B. / Siegwart, H. (Hg.):
Integriertes Management, Bausteine des systemorientierten Managements, Festschrift zum 65. Geburtstag von Prof. Dr. Dr.h.c. Hans Ulrich, Verlag Haupt, Bern/Stuttgart, 1985

[Rinza/Schmitz, 1992]
Rinza, Peter / Schmitz, Heiner:
Nutzwert-Kosten-Analyse, Eine Entscheidungshilfe, Verlag VDI, Düsseldorf, 1992

[Schalcher, 1979]
Schalcher, Hans-Rudolf: Optimale Gestaltung und Nutzung des Kommunikationssystems für die Verwirklichung eines Bauvorhabens, Dissertation Nr. 6470, ETH Zürich, Zürich, 1979

[Scheifele, 1991]
Scheifele, D.:
Bauprojektablauf, Grundlagen und Modelle für eine effiziente Ablaufplanung im Bauwesen, Institut für Bauplanung und Baubetrieb, ETH Zürich, Verlag TÜV Rheinland, 1991

[Schneider/Schmalt, 1981]
Schneider, Klaus, Schmalt, Heinz-Dieter:
Motivation, Verlag W. Kohlhammer, Stuttgart/Berlin/Köln/Mainz, 1981

[Seiwert, 1979]
Seiwert, Lothar:
Mitbestimmung und Zielsystem der Unternehmung, Ansätze zu einem erweiterten Unternehmensmodell der Betriebswirtschaftslehre, Verlag Vandenhoeck & Ruprecht, Göttingen, 1979

[SIA E169, 1987]
SIA:
Erhaltung von Ingenieurbauwerken, Schweizerischer Ingenieur- und Architekten Verein, Empfehlung 169: Erhaltung von Ingenieurbauwerken, Zürich, 1987

[SN-EN 29000, 1990]
SN-EN 29000:
Schweizerische Normen-Vereinigung, Qualitätsmanagement- und Qualitätssicherungsnormen - Leitfaden zur Auswahl und Anwendung, Zürich, 1990

[Thomae, 1965, Hg.]
Thomae, H. (Hg.):
Allgemeine Psychologie, II. Motivation, Verlag für Psychologie Dr. C.J. Hogrefe, Göttingen, 1965

[Ulrich, 1970]
Ulrich, Hans:
Die Unternehmung als produktives soziales System, Grundlagen der allgemeinen Unternehmungslehre, Verlag Haupt, Bern/Stuttgart, 1970

[Ulrich/Probst, 1985]
Ulrich, H. / Probst, G.J.B.:
Unternehmungsorganisation, Verlag Haupt, Bern/Stuttgart, 1985

[Ulrich/Probst, 1991]
Ulrich, Hans / Probst, Gilbert:
Anleitung zum ganzheitlichen Denken und Handeln, Ein Brevier für Führungskräfte, Verlag Haupt, Bern/Stuttgart, 1991

[Vester/Hesler, 1980]
Vester, F. / von Hesler, A.:
Sensitivitätsmodell, Reg. Planungsgemeinschaft Untermain, Frankfurt, 1980

[VSGU, 1983]
VSGU-Verband schweizerischer Generalunternehmer:
Leitfaden für die Zusammenarbeit Bauherrschaft und Generalunternehmung, VSGU, Zürich, ca.1983

[Werhahn, 1989]
Werhahn, Peter H.:
Menschenbild, Gesellschaftsbild & Wissenschaftsbegriff in der neueren Betriebswirtschaftslehre, Verlag Haupt, Bern/Stuttgart, 1989

[Wiener, 1963]
Wiener, Norbert: Kybernetik, Regelung und Nachrichtenübertragung im Lebewesen und in der Maschine, Econ Verlag, Düsseldorf/Wien, 1963

[Will, 1982]
Will, Ludwig:
Die Rolle des Bauherrn im Planungs- und Bauprozess, Verlag Peter Lang, Frankfurt/Bern/New York, 1982

[Will, 1992]
Will, Hermann:
Zielarbeit in Organisationen, Analyse, Bewertung und Entwicklung von Organisations- und Unternehmenszielen, Verlag Peter Lang, Frankfurt/ Bern/New York/Paris, 1992

[Zangemeister, 1976]
Zangemeister, Christoph:
Nutzwertanalyse in der Systemtechnik, Eine Methodik zur multidimensionalen Bewertung und Auswahl von Projektalternativen, Wittemannsche Buchhandlung, München, 1976

[Zogg, 1974]
Zogg, Andreas:
Systemorientiertes Projekt-Management, Verlag Industrielle Organisation, Zürich, 1974

INDEX